知足知不足

跟季羡林品味人生

季羡林／著

人民日报出版社

图书在版编目（CIP）数据

知足知不足：跟季羡林品味人生 / 季羡林著. --
北京：人民日报出版社，2015.1（2018.5重印）
ISBN 978-7-5115-2942-8

Ⅰ.①知… Ⅱ.①季… Ⅲ.①散文集-中国-当代
Ⅳ.①I267

中国版本图书馆CIP数据核字（2014）第300942号

书　　名：	知足知不足：跟季羡林品味人生
作　　者：	季羡林
出 版 人：	董　伟
责任编辑：	周海燕
封面设计：	华夏视觉
出版发行：	人民日报出版社
社　　址：	北京金台西路2号
邮政编码：	100733
发行热线：	（010）65369527 65369512 65369509 65369510
邮购热线：	（010）65369530
编辑热线：	（010）65369518
网　　址：	www.peopledailypress.com
经　　销：	新华书店
印　　刷：	北京凯达印务有限公司
开　　本：	880mm×1230mm　　1/32
字　　数：	258千字
印　　张：	10
印　　次：	2015年5月第1版　2018年5月第2次印刷
书　　号：	ISBN 978-7-5115-2942-8-01
定　　价：	49.00元

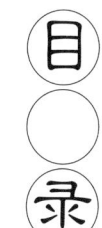

第一辑 人生的意义

人生 … / 002

再谈人生 … / 004

三论人生 … / 006

人生的意义与价值 … / 008

不完满才是人生 … / 011

知足知不足 … / 014

有为有不为 … / 016

世态炎凉 … / 018

走运与倒霉 … / 020

缘分与命运 … / 022

做人与处世 … / 024

牵就与适应 … / 026

谦虚与虚伪 … / 028

容忍 … / 030

爱情 … / 032

论朋友 … / 037

论压力 … / 039

毁誉 … / 041

三思而行 … / 043

第二辑 时间与读书

时间 … / 046

成功 … / 050

一寸光阴不可轻 … / 052

"天下第一好事,还是读书" … / 055

对我影响最大的几本书 … / 058

我最喜爱的书 … / 061

藏书与读书 … / 065

如何利用时间 … / 067

文字之国 … / 069

抓住一个问题终生不放 … / 071

精华与糟粕 … / 073

多读一点中外文学作品 … / 075

莫让时间再怕东方人 … / 078

青年的使命 … / 080

第三辑 那些记忆那些人

我的家 … / 084

我的童年 … / 087

北京忆旧 … / 096

清华梦忆 … / 099

德国学习生活回忆 … / 102

几件小事 … / 106

温馨的回忆 … / 110

三个小女孩 … / 112
黄色的军衣 … / 119
一双长满老茧的手 … / 123
一个抱小孩子的印度人 … / 128
塔什干的一个男孩子 … / 133
难忘的一家人 … / 141

第四辑 那些动物朋友

兔子 … / 148

一只小猴 … / 154

咪咪 … / 156

老猫 … / 160

咪咪二世 … / 170

喜鹊窝 … / 172

乌鸦和鸽子 … / 178

神牛 … / 181

加德满都的狗 … / 184

鳄鱼湖 … / 186

一条老狗 … / 193

第五辑 阅世的心语

我的座右铭 … / 202

赞"代沟" … / 204

老少之间 … / 208

忘 … / 210

我写我 … / 215

我的心是一面镜子 … / 218

老年谈老 … / 247

老年四"得" … / 251

老年十忌 … / 253

长生不老 … / 268

长寿之道 … / 270

难得糊涂 … / 272

八十述怀 … / 275

九十述怀 … / 280

九三述怀 … / 290

九十五岁初度 … / 295

反躬自省 … / 299

天上人间 … / 307

死的浮想 … / 309

笑着走 … / 311

第一辑 人生的意义

人 生

在一个"人生漫谈"的专栏中,首先谈一谈人生,似乎是理所当然的,未可厚非的。

而且我认为,对于我来说,这个题目也并不难写。我已经到了望九之年,在人生中已经滚了八十多个春秋了。一天天面对人生,时时刻刻面对人生,让我这样一个世故老人来谈人生,还有什么困难呢?岂不是易如反掌吗?

但是,稍微进一步一琢磨,立即出了疑问:什么叫人生呢?我并不清楚。

不但我不清楚,我看芸芸众生中也没有哪一个人真清楚的。古今中外的哲学家谈人生者众矣。什么人生意义,又是什么人生的价值,花样繁多,扑朔迷离,令人眼花缭乱;然而他们说了些什么呢?恐怕连他们自己也是越谈越糊涂。以己之昏昏,焉能使人昭昭!

哲学家的哲学,至矣高矣。但是,恕我大不敬,他们的哲学同吾辈凡人不搭界,让这些哲学,连同它们的"家",坐在神圣的殿堂里去独现辉煌吧!像我这样一个凡人,吃饱了饭没事儿的时候,有时也会想到人生问题。我觉得,我们"人"的"生",都绝对是被动的。没有哪一个人能先制定一个诞生计划,然后再下生,一步步让计划实现。只有一个人是例外,他就是佛祖释迦牟尼。他住在天上，忽然想降生人寰，超度众生。先考虑要降生的国家，再考虑要降生的父母。考虑周详之后，才从容下降。但他是佛祖，不是吾辈凡人。

吾辈凡人的诞生，无一例外，都是被动的，一点主动也没有。我们糊里糊涂地降生，糊里糊涂地成长，有时也会糊里糊涂地夭折，当然也会糊里糊涂地寿登耄耋，像我这样。

生的对立面是死。对于死，我们也基本上是被动的。我们只有那么一点主动权，那就是自杀。但是，这点主动权却是不能随便使用的。除非万不得已，是决不能使用的。

我在上面讲了那么些被动，那么些糊里糊涂，是不是我个人真正欣赏这一套，赞扬这一套呢？否，否，我决不欣赏和赞扬。我只是说了一点实话而已。

正相反，我倒是觉得，我们在被动中，在糊里糊涂中，还是能够有所作为的。我劝人们不妨在吃饱了燕窝鱼翅之后，或者在吃糠咽菜之后，或者在卡拉OK、高尔夫之后，问一问自己：你为什么活着？活着难道就是为了恣睢的享受吗？难道就是为了忍饥受寒吗？问了这些简单的问题之后，会使你头脑清醒一点，会减少一些糊涂。谓予不信，请尝试之。

1996年11月9日

再谈人生

人生这样一个变化莫测的万花筒,用千把字来谈,是谈不清楚的。所以来一个"再谈"。

这一回我想集中谈一下人性的问题。

大家知道,中国哲学史上,有一个不大不小的争论问题:人是性善,还是性恶?这两个提法都源于儒家。孟子主性善,而荀子主性恶。争论了几千年,也没有争论出一个名堂来。

记得鲁迅先生说过:"人的本性是,一要生存,二要温饱,三要发展。"(记错了,由我负责)这同中国古代一句有名的话,精神完全是一致的:"食色,性也。"食是为了解决生存和温饱的问题,色是为了解决发展问题,也就是所谓传宗接代。

我看,这不仅仅是人的本性,而且是一切动植物的本性。试放眼观看大千世界,林林总总,哪一个动植物不具备上述三个本能?动物姑且不谈,只拿距离人类更远的植物来说,"桃李无言",它们不但不能行动,连发声也发不出来。然而,它们求生存和发展的欲望,却表现得淋漓尽致。桃李等结甜果子的植物,为什么结甜果子呢?无非是想让人和其他能行动的动物吃了甜果子把核带到远的或近的其他地方,落在地上,生入土中,能发芽、开花、结果,达到发展,即传宗接代的目的。

你再观察，一棵小草或其他植物，生在石头缝中，或者甚至压在石头块下，缺水少光，但是它们却以令人震惊得目瞪口呆的毅力，冲破了身上的重压，弯弯曲曲地、忍辱负重地长了出来，由细弱变为强硬，由一根细苗甚至变成一棵大树，再作为一个独立体，继续顽强地实现那三种本性。"下自成蹊"，就是"无言"的结果吧。

你还可以观察，世界上任何动植物，如果放纵地任其发挥自己的本性，则在不太长的时间内，哪一种动植物也能长满塞满我们生存的这一个小小的星球地球。那些已绝种或现在濒临绝种的动植物，属于另一个范畴，另有其原因，我以后还会谈到。

那么，为什么到现在还没有哪一种动植物——包括万物之灵的人类在内——能塞满了地球呢？

在这里，我要引老子的话："天地不仁，以万物为刍狗。"是造化小儿——谁也不知道，他究竟有没有？他究竟是什么样子？我不信什么上帝，什么天老爷，什么大梵天，宇宙间没有他们存在的地方。

但是，冥冥中似乎应该有这一类的东西，是他或它巧妙计算，不让动植物的本性光合得逞。

1996 年 11 月 12 日

三论人生

上一篇《再论》戛然而止，显然没有能把话说完，所以再来一篇《三论》。

造化小儿对禽兽和人类似乎有点区别对待的意思。它给你生存的本能，同时又遏制这种本能，方法或者手法颇多。制造一个对立面似乎就是手法之一，比如制造了老鼠，又制造它的天敌猫。

对于人类，它似乎有点优待。它先赋予人类思想（动物有没有思想和言语是一个有争论的问题），又赋予人类良知良能。关于人类本性，我在上面已经谈到。我不大相信什么良知，什么"恻隐之心，人皆有之"；但是我又无从反驳。古人说："人之所以异于禽兽者几希。""几希"者，极少极少之谓也。即使是极少极少，总还是有的。我个人胡思乱想，我觉得，在对待生物的生存、温饱、发展的本能的态度上，就存在着一点点"几希"。

我们观察，老虎、狮子等猛兽，饿了就要吃别的动物，包括人在内。它们决没有什么恻隐之心，决没有什么良知。吃的时候，它们也决不会像人吃人的时候那样，有时还会捏造一些我必须吃你的道理，做好"思想工作"。它们只是吃开了，吃饱为止。人类则有所不同。人与人当然也不会完全一样。有的人确实能够遏制自己的求生本能，表现出一定的良知和一定的恻隐之心。古往今来的许多仁人志士,都是这方面的好榜样。他们为什么能为国捐躯?为什么能为了救别人而牺牲自己的性命?鲁迅先生所说的"中国的脊梁",就是这样的人。孟子所谓的"浩然之气",只有这样的人能有。禽兽中是决不会有什么"脊梁",有什么"浩然之气"的,这就叫做"几希"。

但是人也不能一概而论,有的人能够做到,有的人就做不到。像曹操说:"宁教我负天下人,休教天下人负我!"他怎能做到这一步呢?

说到这里,就涉及伦理道德问题。我没有研究过伦理学,不知道怎样给道德下定义。我认为,能为国家,为人民,为他人着想而遏制自己的本性的,就是有道德的人。能够百分之六十为他人着想,百分之四十为自己着想,他就是一个及格的好人。为他人着想的百分比越高越好,道德水平越高。百分之百,所谓"毫不利己,专门利人"的人是绝无仅有。反之,为自己着想而不为他人着想的百分比,越高越坏。到了曹操那样,就算是坏到了顶。毫不利人,专门利己的人,普天之下倒是不老少的。说这话,有点泄气。无奈这是事实,我有什么办法?

1996 年 11 月 13 日

人生的意义与价值

人生的意义与价值就在于对人类发展的承上启下，承前启后的责任感。

当我还是一个青年大学生的时候，报刊上曾刮起一阵讨论人生的意义与价值的微风，文章写了一些，议论也发表了一通。我看过一些文章，但自己并没有参加进去。原因是，有的文章不知所云，我看不懂。更重要的是，我认为这种讨论本身就无意义，无价值，不如实实在在地干几件事好。

时光流逝，一转眼，自己已经到了望九之年，活得远远超过了我的预算。有人认为长寿是福，我看也不尽然。人活得太久了，对人生的种种相，众生的种种相，看得透透彻彻，反而鼓舞时少，叹息时多。远不如早一点离开人世这个是非之地，落一个耳根清净。

那么，长寿就一点好处都没有吗？也不是的。这对了解人生的意义与价值，会有一些好处的。

根据我个人的观察，对世界上绝大多数人来说，人生一无意义，二无价值。他们也从来不考虑这样的哲学问题。走运时，手里攥满了钞票，白天两顿美食城，晚上一趟卡拉OK，玩一点小权术，耍一点小聪明，甚至恣睢骄横，飞扬跋扈，昏昏沉沉，浑浑噩噩，等到钻入了骨灰盒，也不明白自己为什么活过一生。

其中不走运的则穷困潦倒，终日为衣食奔波，愁眉苦脸，长吁短叹。即使日子还能过得去的，不愁衣食，能够温饱，然而也终日忙忙碌碌，被困于名缰，被缚于利索。同样是昏昏沉沉，浑浑噩噩，不知道为什么活过一生。

对这样的芸芸众生，人生的意义与价值从何处谈起呢？

我自己也属于芸芸众生之列，也难免浑浑噩噩，并不比任何人高一丝一毫。如果想勉强找一点区别的话，那也是有的：我，当然还有一些别的人，对人生有一些想法，动过一点脑筋，而且自认这些想法是有点道理的。

我有些什么想法呢？话要说得远一点。当今世界上战火纷飞，人欲横流，"黄钟毁弃，瓦釜雷鸣"，是一个十分不安定的时代。但是，对于人类的前途，我始终是一个乐观主义者。我相信，不管还要经过多少艰难曲折，不管还要经历多少时间，人类总会越变越好的，人类大同之域决不会仅仅是一个空洞的理想。但是，想要达到这个目的，必须经过无数代人的共同努力。有如接力赛，每一代人都有自己的一段路程要跑。又如一条链子，是由许多环组成的，每一环从本身来看，只不过是微不足道的一点东西；但是没有这一点东西，链子就组不成。在人类社会发展的长河中，我们每一代人都有自己的任务，而且是绝非可有可无的。如果说人生有意义与价值的话，其意义与价值就在这里。

但是，这个道理在人类社会中只有少数有识之士才能理解。鲁迅先生所称之"中国的脊梁"，指的就是这种人。对于那些肚子里吃满了肯德基、麦当劳、比萨饼，到头来终不过是浑浑噩噩的人来说，有如夏虫不足以与语冰，这些道理是没法谈的。他们无法理解自己对人类发展所应当承担的责任。

话说到这里，我想把上面说的意思简短扼要地归纳一下：如果人生真有意义与价值的话，其意义与价值就在于对人类发展的承上启下，承前启后的责任感。

不完满才是人生

每个人都争取一个完满的人生。然而,自古及今,海内海外,一个百分之百完满的人生是没有的。所以我说,不完满才是人生。

在人生的道路上,每一个人都是孤独的旅客。

对于人类的前途,我始终是一个乐观主义者。我相信,不管还要经过多少艰难曲折,不管还要经历多少时间,人类总会越变越好,人类大同之域决不会仅仅是一个空洞的理想。但是,想要达到这个目的,必须经过无数代人的共同努力。有如接力赛,每一代人都有自己的一段路程要跑。又如一条链子,是由许多环组成的,每一环从本身来看,只不过是微不足道的一点东西;但是没有这一点东西,链子就组不成。在人类社会发展的长河中,我们每一代人都有自己的任务,而且是绝非可有可无的。如果说人生有意义与价值的话,其意义与价值就在这里。

人活得太久了,对人生的种种相,众生的种种相,看得透透彻彻,反而鼓舞时少,叹息时多。远不如早一点离开人世这个是非之地,落一个耳根清净。

根据我个人的观察,对世界上绝大多数人来说,人生一无意义,二无价值。

我在这里发现了一条定理:年龄大小与处境坎坷同对世态炎凉

的感受成正比。年龄越大，处境越坎坷，则对世态炎凉感受越深刻。反之，年龄越小，处境越顺利，则感受越肤浅。

任何一个人，包括我自己在内，以及任何一个生物，从本能上来看，总是趋吉避凶的。因此，我没怪罪任何人，包括打过我的人。我没有对任何人打击报复，并不是由于我度量特别大，能容天下难容之事，而是由于我洞明世事，又反求诸躬。假如我处在别人的地位上，我的行动不见得会比别人好。

走运有大小之别，倒霉也有大小之别，而二者往往是相通的。走的运越大，则倒的霉也越惨，二者之间成正比。

我认为，能为国家、为人民、为他人着想而遏制自己的本性的，就是有道德的人。能够百分之六十为他人着想，百分之四十为自己着想，他就是一个及格的好人。为他人着想的百分比越高越好，道德水平越高。百分之百，所谓"毫不利己，专门利人"的人是绝无仅有。

从历史上到现在，中国知识分子有一个"特色"，这在西方国家是找不到的：中国历代的诗人、文学家，不倒霉则走不了运。

对待一切善良的人，不管是家属，还是朋友，都应该有一个两字箴言：一曰真，二曰忍。真者，以真情实意相待，不允许弄虚作假；对待坏人，则另当别论。忍者，相互容忍也。

总之，谦虚是美德，但必须掌握分寸，注意东西。在东方谦虚涵盖的范围广，不能施之于西方，此不可不注意者。然而，不管东方或西方，必须出之以真诚。有意的过分的谦虚就等于虚伪。

把成功的三个条件拿来分析一下，天资是由"天"来决定的，我们无能为力。机遇是不期而来的，我们也无能为力。只有勤奋一项完全是我们自己决定的，我们必须在这一项上狠下功夫。

信缘分与不信缘分，对人的心情影响是不一样的。信者，胜可以做到不骄，败可以做到不馁；决不至于胜则忘乎所以，败则怨天尤人。中国古话说："尽人事而听天命。"首先必须"尽人事"，否则馅儿饼决不会自己从天上落到你嘴里来。但又必须"听天命"。人世间，波诡云谲，因果错综。只有能做到"尽人事而听天命"，一个人才能永远保持心情的平衡。

知足知不足

曾见冰心老人为别人题座右铭:"知足知不足,有为有不为。"言简意赅,寻味无穷。特写短文两篇,稍加诠释。先讲知足知不足。

中国有一句老话:"知足常乐。"为大家所遵奉。什么叫"知足"呢?还是先查一下字典吧。《现代汉语词典》说:"知足满足于已经得到的(指生活、愿望等)。"如果每个人都能满足于已经得到的东西,则社会必能安定,天下必能太平,这个道理是显而易见的。可是社会上总会有一些人不安分守己,癞蛤蟆想吃天鹅肉。这样的人往往要栽大跟头的。对他们来说,"知足常乐"这句话就成了灵丹妙药。

但是,知足或者不知足也要分场合的。在旧社会,穷人吃草根树皮,阔人吃燕窝鱼翅。在这样的场合下,你劝穷人知足,能劝得动吗?正相反,应当鼓励他们不能知足,要起来斗争。这样的不知足是正当的,是有重大意义的,它能伸张社会正义,能推动人类社会前进。

除了场合以外,知足还有一个分的问题。什么叫分?笼统言之,就是适当的限度。人们常说的"安分"、"非分"等等,指的就是限度。这个限度也是极难掌握的,是因人而异、因地而异的。勉强找一个标准的话,那就是"约定俗成"。我想,冰心老人之所以写这一句话，其意不过是劝人少存非分之想而已。至于知不足，在汉文中虽然字面上相同，其涵义则有差别。

这里所谓"不足"，指的是"不足之处"，"不够完美的地方"。这句话同"自知之明"有联系。

自古以来，中国就有一句老话："人贵有自知之明。"这一句话暗示给我们，有自知之明并不容易，否则这一句话就用不着说了。事实上确实如此。就拿现在来说，我所见到的人，大都自我感觉良好。专以学界而论，有的人并没有读几本书，却不知天高地厚，以天才自居，靠自己一点小聪明——这能算的上聪明吗？——狂傲恣睢，骂尽天下一切文人，大有用一管毛锥横扫六合之概，令明眼人感到既可笑，又可怜。这种人往往没有什么出息。因为，又有一句中国老话："学如逆水行舟，不进则退。"还有一句中国老话："学海无涯。"说的都是真理。但在这些人眼中，他们已经穷了学海之源，往前再没有路了，进步是没有必要的。他们除了自我欣赏之外，还能有什么出息呢？

古代希腊人也认为自知之明是可贵的，所以语重心长地说出了："要了解你自己！"中国同希腊相距万里，可竟说了几乎一模一样的话，可见这些话是普遍的真理。中外几千年的思想史和科学史，也都证明了一个事实：只有自知不足的人才能为人类文化做出贡献。

2001年2月21日

有为有不为

"为",就是"做"。应该做的事,必须去做,这就是"有为"。不应该做的事必不能做,这就是"有不为"。

在这里,关键是"应该"二字。什么叫"应该"呢?这有点像仁义的"义"字。韩愈给"义"字下的定义是"行而宜之之谓义"。"义"就是"宜",而"宜"就是"合适",也就是"应该",但问题仍然没有解决。要想从哲学上,从伦理学上,说清楚这个问题,恐怕要写上一篇长篇论文,甚至一部大书。我没有这个能力,也认为根本无此必要。我觉得,只要诉诸一般人都能够有的良知良能,就能分辨清是非善恶了,就能知道什么事应该做,什么事不应该做了。

中国古人说:"勿以善小而不为,勿以恶小而为之。"可见善恶是有大小之别的,应该不应该也是有大小之别的,并不是都在一个水平上。什么叫大,什么叫小呢?这里也用不着烦琐的论证,只须动一动脑筋,睁开眼睛看一看社会,也就够了。

小恶、小善,在日常生活中随时可见,比如,在公共汽车上给老人和病人让座,能让,算是小善;不能让,也只能算是小恶,够不上大逆不道。然而,从那些一看到有老人或病人上车就立即装出闭目养神的样子的人身上,不也能由小见大看出了社会道德的水平吗?

至于大善大恶,目前社会中也可以看到,但在历史上却看得更清楚。比如宋代的文天祥。他为元军所虏。如果他想活下去,屈膝投敌就行了,不但能活,而且还能有大官做,最多是在身后被列入"贰臣传","身后是非谁管得",管那么多干嘛呀。然而他却高赋《正气歌》,从容就义,留下英名万古传,至今还在激励着我们全国人民的爱国热情。

通过上面举的一个小恶的例子和一个大善的例子,我们大概对大小善和大小恶能够得到一个笼统的概念了。凡是对国家有利,对人民有利,对人类发展前途有利的事情就是大善,反之就是大恶。凡是对处理人际关系有利,对保持社会安定团结有利的事情可以称之为小善,反之就是小恶。大小之间有时难以区别,这只不过是一个大体的轮廓而已。

大小善和大小恶有时候是有联系的。俗话说:"千里之堤,溃于蚁穴。"拿眼前常常提到的贪污行为而论,往往是先贪污少量的财物,心里还有点打鼓。但是,一旦得逞,尝到甜头,又没被人发现,于是胆子越来越大,贪污的数量也越来越多,终至于一发而不可收拾,最后受到法律的制裁,悔之晚矣。也有个别的识时务者,迷途知返,就是所谓浪子回头者,然而难矣哉!

我的希望很简单,我希望每个人都能有为有不为。一旦"为"错了,就毅然回头。

2001 年 2 月 23 日

世态炎凉

世态炎凉,古今所共有,中外所同然,是最稀松平常的事,用不着多伤脑筋。元曲《冻苏秦》中说:"也素把世态炎凉心中暗忖。"《隋唐演义》中说:"世态炎凉,古今如此。"不管是"暗忖",还是明忖,反正你得承认这个"古今如此"的事实。

但是,对世态炎凉的感受或认识的程度,却是随年龄的大小和处境的不同而很不相同的,绝非大家都一模一样。我在这里发现了一条定理:年龄大小与处境坎坷同对世态炎凉的感受成正比。年龄越大,处境越坎坷,则对世态炎凉感受越深刻。反之,年龄越小,处境越顺利,则感受越肤浅。这是一条放诸四海而皆准的定理。

我已到望九之年,在八十多年的生命历程中,一波三折,好运与多舛相结合,坦途与坎坷相混杂,几度倒下,又几度爬起来,爬到今天这个地步,我可是真正参

透了世态炎凉的玄机，尝够了世态炎凉的滋味。特别是"十年浩劫"中，我因为胆大包天，自己跳出来反对"北大"那一位炙手可热的"老佛爷"，被戴上了种种莫须有的帽子，被"打"成了反革命，遭受了极其残酷的至今回想起来还毛骨悚然的折磨。从牛棚里放出来以后，有长达几年的一段时间，我成了燕园中一个"不可接触者"。走在路上，我当年辉煌时对我低头弯腰毕恭毕敬的人，那时却视若路人，没有哪一个敢或肯跟我说一句话的。我也不习惯于抬头看人，同人说话。我这个人已经异化为"非人"。一天，我的孙子发烧到四十度，老祖和我用破自行车推着到校医院去急诊。一个女同事竟吃了老虎心豹子胆似的，帮我这个已经步履蹒跚的花甲老人推了推车。我当时感动得热泪盈眶，如吸甘露，如饮醍醐。这件事、这个人我毕生难忘。

雨过天晴，云开雾散，我不但"官"复原职，而且还加官晋爵，又开始了一段辉煌。原来是门可罗雀，现在又是宾客盈门。你若问我有什么想法没有，想法当然是有的，一个忽而上天堂，忽而下地狱，又忽而重上天堂的人，哪能没有想法呢？我想的是：世态炎凉，古今如此。任何一个人，包括我自己在内，以及任何一个生物，从本能上来看，总是趋吉避凶的。因此，我没怪罪任何人，包括打过我的人。我没有对任何人打击报复。并不是由于我度量特别大，能容天下难容之事，而是由于我洞明世事，又反求诸躬。假如我处在别人的地位上，我的行动不见得会比别人好。

1997 年 3 月 19 日

走运与倒霉

走运与倒霉，表面上看起来，似乎是绝对对立的两个概念。世人无不想走运，而决不想倒霉。

其实，这两件事是有密切联系的，互相依存的，互为因果的。说极端了，简直是一而二二而一者也。这并不是我的发明创造。两千多年前的老子已经发现了，他说："祸兮福之所倚，福兮祸之所伏，孰知其极？其无正。"老子的"福"就是走运，他的"祸"就是倒霉。

走运有大小之别，倒霉也有大小之别，而二者往往是相通的。走的运越大，则倒的霉也越惨，二者之间成正比。中国有一句俗话说："爬得越高，跌得越重。"形象生动地说明了这种关系。

吾辈小民，过着平平常常的日子，天天忙着吃、喝、拉、撒、睡；操持着柴、米、油、盐、酱、醋、茶。有时候难免走点小运，有的是主动争取来的，有的是时来运转，好运从天上掉下来的。高兴之余，不过喝上二两二锅头，飘飘然一阵了事。但有时又难免倒点小霉，"闭门家中坐，祸从天上来"，没有人去争取倒霉的。倒霉以后，也不过心里郁闷几天，对老婆孩子发点小脾气，转瞬就过去了。

但是，历史上和眼前的那些大人物和大款们，他们一身系天下安危，或者系一个地区、一个行当的安危。他们得意时，比如打了一个大胜仗，或者倒卖房地产、炒股票，发了一笔大财，意气风发，踌躇满志，自以为天上天下，唯我独尊。"固一世之雄也"，怎二两二锅头了得！然而一旦失败，不是自刎乌江，就是从摩天高楼跳下，"而今安在哉！"

从历史上到现在，中国知识分子有一个"特色"，这在西方国家是找不到的。中国历代的诗人、文学家，不倒霉则走不了运。司马迁在《太史公自序》中说："昔西伯拘羑里，演《周易》；孔子厄陈蔡，作《春秋》；屈原放逐，著《离骚》；左丘失明，厥有《国语》；孙子膑脚，而论兵法；不韦迁蜀，世传《吕览》；韩非囚秦，《说难》、《孤愤》；《诗》三百篇，大抵贤圣发愤之所为作也。"司马迁算的这个总账，后来并没有改变。汉以后所有的文学大家，都是在倒霉之后，才写出了震古烁今的杰作。像韩愈、苏轼、李清照、李后主等一批人，莫不皆然。从来没有过状元宰相成为大文学家的。

了解了这一番道理之后，有什么意义呢？我认为，意义是重大的。它能够让我们头脑清醒，理解祸福的辩证关系；走运时，要想到倒霉，不要得意过了头；倒霉时，要想到走运，不必垂头丧气。心态始终保持平衡，情绪始终保持稳定，此亦长寿之道也。

1998年11月2日

缘分与命运

缘分与命运本来是两个词儿,都是我们口中常说,文中常写的。但是,仔细琢磨起来,这两个词儿涵义极为接近,有时达到了难解难分的程度。

缘分和命运可信不可信呢?

我认为,不能全信,又不可不信。

我决不是为算卦相面的"张铁嘴"、"王半仙"之流的骗子来张目。算八字算命那一套骗人的鬼话,只要一个异常简单的事实就能揭穿。试问普天之下——番邦暂且不算,因为老外那里没有这套玩意儿——同年,同月,同日,同时生的孩子有几万,几十万,他们一生的经历难道都能够绝对一样吗?绝对地不一样,倒近于事实。

可你为什么又说,缘分和命运不可不信呢?

我也举一个异常简单的事实。只要你把你最亲密的人,你的老伴——或者"小伴",这是我创造的一个名词儿,年轻的夫妻之谓也——同你自己相遇,一直到"有情人终成眷属"的经过回想一下,便立即会同意我的意见。你们可能是一个生在天南,一个生在海北,中间经过了不知道多少偶然的机遇,有的机遇简直是间不容发,稍纵即逝,可终究没有错过,你们到底走到一起来了。即使是青梅竹马的关系,也同样有个"机遇"的问题。这种"机遇"是报纸上的词,哲学上的术语是"偶然性",老百姓嘴里就叫作"缘分"或"命运"。这种情况,谁能否认,又谁能解释呢?没有办法,只好称之为缘分或命运。

北京西山深处有一座辽代古庙,名叫"大觉寺"。此地有崇山峻岭,茂林流泉,有三百年的玉兰树,二百年的藤萝花,是一个绝妙的地方。将近二十年前,我骑自行车去过一次。当时古寺虽已破败,但仍给我留下了深刻的印象,至今忆念难忘。去年春末,北大中文系的毕业生欧阳旭邀我们到大觉寺去剪彩。原来他下海成了颇有基础的企业家。他毕竟是书生出身,念念不忘为文化做贡献。他在大觉寺里创办了一个明慧茶院,以弘扬中国的茶文化。我大喜过望,准时到了大觉寺。此时的大觉寺已完全焕然一新,雕梁画栋,金碧辉煌,玉兰已开过而紫藤尚开,品茗观茶道表现,心旷神怡,浑然欲忘我矣。

将近一年以来,我脑海中始终有一个疑团:这个英年歧嶷的小伙子怎么会到深山里来搞这么一个茶院呢?前几天,欧阳旭又邀我们到大觉寺去吃饭。坐在汽车上,我不禁向他提出了我的问题。他莞尔一笑,轻声说:"缘分!"原来在这之前他携伙伴郊游,黄昏迷路,撞到大觉寺里来。爱此地之清幽,便租了下来,加以装修,创办了明慧茶院。

此事虽小,可以见大。信缘分与不信缘分,对人的心情影响是不一样的。信者胜可以做到不骄,败可以做到不馁,决不至胜则忘乎所以,败则怨天尤人。中国古话说:"尽人事而听天命。"首先必须"尽人事",否则馅儿饼决不会自己从天上落到你嘴里来。但又必须"听天命"。人世间,波诡云谲,因果错综。只有能做到"尽人事而听天命",一个人才能永远保持心情的平衡。

1998 年 1 月 16 日

做人与处世

一个人活在世界上,必须处理好三个关系:第一,人与大自然的关系;第二,人与人的关系,包括家庭关系在内;第三,个人心中思想与感情矛盾与平衡的关系。这三个关系,如果能处理得好,生活就能愉快;否则,生活就有苦恼。

人本来也是属于大自然范畴的。但是,人自从变成了"万物之灵"以后,就同大自然闹起独立来,有时竟成了大自然的对立面。人类的衣食住行所有的资料都取自大自然,我们向大自然索取是不可避免的。关键是怎样去索取?索取手段不出两途:一用和平手段,一用强制手段。我个人认为,东西文化之分野,就在这里。西方对待大自然的基本态度或指导思想是"征服自然",用一句现成的套话来说,就是用处理敌我矛盾的方法来处理人与大自然的关系。结果呢,从表面上看上去,西方人是胜利了,大自然真的被他们征服了。自从西方产业革命以后,西方人屡创奇迹。楼上楼下,电灯电话。大至宇宙飞船,小至原子,无一不出自西方"征服者"之手。

然而,大自然的容忍是有限度的,它是能报复的,它是能惩罚的。报复或惩罚的结果,人皆见之,比如环境污染,生态失衡,臭氧层出洞,物种灭绝,人口爆炸,淡水资源匮乏,新疾病产生,如此等等,不一而足。这些弊端中哪一项不解决都能影响人类生存的前途。我并非危言耸听,现在全世界人民和政府都高呼环保,并采取措施。古人说:"失之东隅,收之桑榆。"犹未为晚。

中国或者东方对待大自然的态度或哲学基础是"天人合一"。宋人张载说得最简明扼要:"民吾同胞,物吾与也。""与"的意思是伙伴。我们把大自然看作伙伴。可惜我们的行为没能跟上。在某种程度上,也采取了"征服自然"的办法,结果也受到了大自然的报复,前不久南北的大洪水不是很能发人深省吗?

至于人与人的关系,我的想法是:对待一切善良的人,不管是家属,还是朋友,都应该有一个两字箴言:一曰真,二曰忍。真者,以真情实意相待,不允许弄虚作假。对待坏人,则另当别论。忍者,相互容忍也。日子久了,难免有点磕磕碰碰。在这时候,头脑清醒的一方应该能够容忍。如果双方都不冷静,必致因小失大,后果不堪设想。唐朝张公艺的"百忍"是历史上有名的例子。

至于个人心中思想感情的矛盾,则多半起于私心杂念。解之之方,唯有消灭私心,学习诸葛亮的"淡泊以明志,宁静以致远",庶几近之。

1998年11月17日

牵就与适应

牵就,也作"迁就"和"适应",是我们说话和行文时常用的两个词儿,含义颇有些类似之处;但是,一仔细琢磨,二者间实有差别,而且是原则性的差别。

根据词典的解释,《现代汉语词典》注"牵就"为"迁就"和"牵强附会"。注"迁就"为"将就别人",举的例是:"坚持原则,不能迁就。"注"将就"为"勉强适应不很满意的事物或环境"。举的例是:"衣服稍微小一点,你将就着穿吧!"注"适应"为"适合(客观条件或需要)"。举的例子是"适应环境"。"迁就"这个词儿,古书上也有,《辞源》注为"舍此取彼,委曲求合"。

我说,二者含义有类似之处,《现代汉语词典》注"将就"一词时就使用了"适应"一词。

词典的解释,虽然头绪颇有点乱,但是,归纳起来,"牵就(迁就)"和"适应"这两个词儿的含义还是清楚的。"牵就"的宾语往往是不很令人愉快、令人满意的事情。在平常的情况下,这种事情本来是不能或者不想去做的。极而言之,有些事情甚至是违反原则的,违反做人的道德的,当然完全是不能去做的。但是,迫于自己无法掌握的形势,或者出于利己的私心,或者由于其他的什么原因,非做不行,有时候甚至昧着自己的良心,自己也会感到痛苦的。

根据我个人的语感,我觉得,"牵就"的根本含义就是这样,词典上并没有说清楚。

但是,又是根据我个人的语感,我觉得,"适应"同"牵就"是不相同的。我们每一个人都会经常使用"适应"这个词儿的。不过在大多数的情况下,我们都是习而不察。我手边有一本沈从文先生的《花花朵朵 坛坛罐罐》,汪曾祺先生的"代序:沈从文转业之谜"中有一段话说:"一切终得变,沈先生是竭力想适应这种'变'的。"这种"变",指的是解放。沈先生写信给人说:"对于过去种种,得决心放弃,从新起始来学习。这个新的起始,并不一定即能配合当前需要,惟必能把握住一个进步原则来肯定,来完成,来促进。"沈从文先生这个"适应",是以"进步原则"来适应新社会的。这个"适应"是困难的,但是正确的。我们很多人在解放初期都有类似的经验。

再拿来同"牵就"一比较,两个词儿的不同之处立即可见。"适应"的宾语,同"牵就"不一样,它是好的事物,进步的事物;即使开始时有点困难,也必能心悦诚服地予以克服。在我们的一生中,我们会经常不断地遇到必须"适应"的事务,"适应"成功,我们就有了"进步"。

简捷说:我们须"适应",但不能"牵就"。

谦虚与虚伪

在伦理道德的范畴中,谦虚一向被认为是美德,应该扬;而虚伪则一向被认为是恶习,应该抑。

然而,究其实际,二者间有时并非泾渭分明,其区别间不容发。谦虚稍一过头,就会成为虚伪。我想,每个人都会有这种体会的。

在世界文明古国中,中国是提倡谦虚最早的国家。在中国最古的经典之一的《尚书·大禹谟》中就已经有了"满招损,谦受益,时(是)乃天道"这样的教导,把自满与谦虚提高到"天道"的水平,可谓高矣。从那以后,历代的圣贤无不张皇谦虚,贬抑自满。一直到今天,我们常用的词汇中仍然有一大批与"谦"字有联系的词儿,比如"谦卑"、"谦恭"、"谦和"、"谦谦君子"、"谦让"、"谦顺"、"谦虚"、"谦逊"等等,可见"谦"字之深入人心,久而愈彰。

我认为,我们应当提倡真诚的谦虚,而避免虚伪的谦虚,后者与虚伪间不容发矣。

可是在这里我们就遇到了一个拦路虎:什么叫"真诚的谦虚"?什么又叫"虚伪的谦虚"?两者之间并非泾渭分明,简直可以说是因人而异,因地而异,因时而异,掌握一个正确的分寸难于上青天。

最突出的是因地而异,"地"指的首先是东方和西方。在东方,比如说中国和日本，提到自己的文章或著作，必须说是"拙作"或"拙文"。在西方各国语言中是找不到相当的词儿的。尤有甚者，甚至可能产生误会。中国人请客，发请柬必须说"洁治菲酌"，不了解东方习惯的西方人就会满腹疑团：为什么单单用"不丰盛的宴席"来请客呢？日本人送人礼品，往往写上"粗品"二字，西方人又会问：为什么不用"精品"来送人呢？在西方，对老师，对朋友，必须说真话，会多少，就说多少。如果你说，这个只会一点点儿，那个只会一星星儿，他们就会信以为真，在东方则不会。这有时会很危险的。至于吹牛之流，则为东西方同样所不齿，不在话下。

可是怎样掌握这个分寸呢？我认为，在这里，真诚是第一标准。虚怀若谷，如果是真诚的话，它会促你永远学习，永远进步。有的人永远"自我感觉良好"，这种人往往不能进步。康有为是一个著名的例子。他自称，年届而立，天下学问无不掌握。结果说康有为是一个革新家则可，说他是一个学问家则不可。较之乾嘉诸大师，甚至清末民初诸大师，包括他的弟子梁启超在内，他在学术上是没有建树的。

总之，谦虚是美德，但必须掌握分寸，注意东西。在东方谦虚涵盖的范围广，不能施之于西方，此不可不注意者。然而，不管东方或西方，必须出之以真诚。有意的过分的谦虚就等于虚伪。

1998年10月3日

容忍

人处在家庭和社会中,有时候恐怕需要讲点容忍的。

唐朝有一个姓张的大官,家庭和睦,美名远扬,一直传到了皇帝的耳中。皇帝赞美他治家有道,问他道在何处,他一气写了一百个"忍"字。这说得非常清楚:家庭中要互相容忍,才能和睦。这个故事非常有名。在旧社会,新年贴春联,只要门楣上写着"百忍家声"就知道这一家一定姓张。中国姓张的全以祖先的容忍为荣了。

但是容忍也并不容易。1935年,我乘西伯利亚铁路的车经苏联赴德国,车过中苏边界上的满洲里,停车四小时,由苏联海关检查行李。这是无可厚非的,入国必须检查,这是世界公例。但是,当时的苏联大概认为,我们这一帮人,从一个资本主义国家到另一个资本主义国家,恐怕没有好人,必须严查,以防万一。检查其他行李,我决无意见。但是,在哈尔滨买的一把最粗糙的铁皮壶,却成了被检查的首要对象。这里敲敲,那里敲敲,薄薄的一层铁皮决藏不下一颗炸弹的,然而他却敲打不止。我真有点无法容忍,想要发火。我身旁有一位年老的老外,是与我们同车的,看到我的神态,在我耳旁悄悄地说了句:Patience is the great virtue(容忍是很大的美德)。我对他微笑,表示致谢。我立即心平气和,天下太平。

看来容忍确是一件好事,甚至是一种美德。但是,我认为,也必须有一个界限。我们到了德国以后，就碰到这个问题。旧时欧洲流行决斗之风，谁污辱了谁，特别是谁的女情人，被污辱者一定要提出决斗，或用手枪，或用剑。普希金就是在决斗中被枪打死的。我们到了的时候，此风已息，但仍发生。我们几个中国留学生相约：如果外国人污辱了我们自身，我们要揣度形势，主要要容忍，以东方的恕道克制自己。

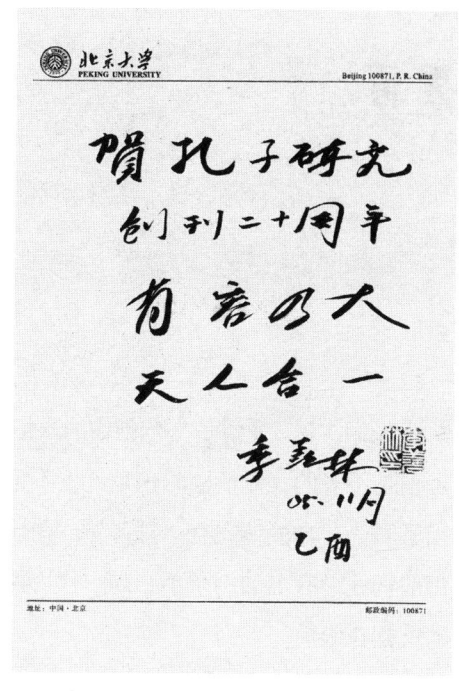

但是，如果他们污辱我们的国家，则无论如何也要同他们玩儿命，决不容忍。这就是我们容忍的界限。幸亏这样的事情没有发生，否则我就活不到今天在这里舞笔弄墨了。

现在我们中国人的容忍水平，看了真让人气短。在公共汽车上，挤挤碰碰是常见的现象。如果碰了或者踩了别人，连忙说一声："对不起！"就能够化干戈为玉帛，然而有不少人连"对不起"都不会说了。于是就相吵相骂，甚至于扭打，甚至打得头破血流。我们这个伟大的民族怎么竟变成了这个样子！我在自己心中暗暗祝愿：容忍兮，归来！

1996 年 12 月 17 日

爱情

一

人们常说，爱情是文艺创作的永恒主题。不同意这个意见的人，恐怕是不多的。爱情同时也是人生不可缺少的东西。即使后来出家当了和尚，与爱情完全"拜拜"，在这之前也曾趟过爱河，受过爱情的洗礼，有名的例子不必向古代去搜求，近代的苏曼殊和弘一法师就摆在眼前。

可是为什么我写《人生漫谈》已经写了三十多篇还没有碰爱情这个题目呢？难道爱情在人生中不重要吗？非也。只因它太重要，太普遍，但却又太神秘，太玄乎，我因而不敢去碰它。

中国俗话说："丑媳妇迟早要见公婆的。"我迟早也必须写关于爱情的漫谈的。现在，适逢有一个机会：我正读法国大散文家蒙田的随笔《论友谊》这一篇，里面谈到了爱情。我干脆抄上几段，加以引申发挥，借他人的杯，装自己的酒，以了此一段公案。以后倘有更高更深刻的领悟，还会再写的。

蒙田说：我们不可能将爱情放在友谊的位置上。"我承认，爱情之火更活跃，更激烈，更灼热……但爱情是一种朝三暮四、变化无常的感情，它狂热冲动，时高时低，忽冷忽热，把我们系于一发之上。而友谊是一种普遍和通用的热情……再者，爱情不过是一种疯狂的欲望,越是躲避的东西越要追求……爱情一旦进入友谊阶段,也就是说,进入意愿相投的阶段,它就会衰弱和消逝。爱情是以身体的快感为目的,一旦享有了,就不复存在。"

总之,在蒙田眼中,爱情比不上友谊,不是什么好东西。我个人觉得,蒙田的话虽然说得太激烈,太偏颇,太极端,然而我们却不能不承认,它有合理的实事求是的一方面。

根据我个人的观察与思考,我觉得,世人对爱情的态度可以笼统分为两大流派:一派是现实主义,一派是理想主义。蒙田显然属于现实主义,他没有把爱情神秘化、理想化。如果他是一个诗人的话,他也决不会像一大群理想主义的诗人那样,写出些卿卿我我,鸳鸯蝴蝶,有时候甚至拿肉麻当有趣的诗篇,令普天下的才子佳人们击节赞赏。他干净利落地直言不讳,把爱情说成是"朝三暮四,变化无常的感情"。对某一些高人雅士来说,这实在有点大煞风景,仿佛在佛头上着粪一样。

我不才,窃自附于现实主义一派。我与蒙田也有不同之处:我认为,在爱情的某一个阶段上,可能有纯真之处,否则就无法解释日本青年恋人在相爱达到最高潮时有的就双双跳入火山口中,让他们的爱情永垂不朽。

二

像这样的情况,在日本恐怕也是极少极少的,在别的国家,则未闻之也。

当然,在别的国家也并不缺少歌颂纯真爱情的诗篇、戏剧、小说,以及民间传说。莎士比亚的《罗密欧与朱丽叶》,中国的梁山伯与祝英台是世所周知的。谁能怀疑这种爱情的纯真呢?专就中国来说,民间类似梁祝爱情的传说，还能够举出不少来。至于"誓死不嫁"和"誓死不娶"的真实的故事，则所在多有。这样一来，爱情似乎真同蒙田的说法完全相违，纯真圣洁得不得了啦。

我在这里想分析一个有名的爱情的案例。这就是杨贵妃和唐玄宗的爱情故事，这是一个古今艳称的故事。唐代大诗人白居易的《长恨歌》歌颂的就是这一件事。你看，唐玄宗失掉了杨贵妃以后，他是多么想念，多么情深："夕殿萤飞思悄然，孤灯挑尽未成眠。"这一首歌最后两句诗是："天长地久有时尽，此恨绵绵无绝期。"写得多么动人心魄，多么令人同情，好像他们两人之间的爱情真正纯真到了无以复加的程度。但是，常识告诉我们，爱情是有排他性的，真正的爱情不容有一个第三者。可是唐玄宗怎样呢？"后宫佳丽三千人"，小老婆真够多的。即使是"三千宠爱在一身"，这"在一身"能可靠吗？白居易以唐代臣子，竟敢乱谈天子宫闱中事，这在明清是绝对办不到的。这先不去说它，白居易真正头脑简单到相信这爱情是纯真的才加以歌颂吗？抑或另有别的原因？

这些封建的爱情"俱往矣"。今天我们怎样对待爱情呢？我明人不说暗话，我是颇有点同意蒙田的意见的。中国古人说："食、色，性也。"爱情，特别是结婚，总是同"色"相联系的。家喻户晓的《西厢记》歌颂张生和莺莺的爱情，高潮竟是一幕"酬简"，也就是"以身相许"。个中消息，很值得我们参悟。

我们今天的青年怎样对待爱情呢？这我有点不大清楚，也没有什么青年人来同我这望九之年的老古董谈这类事情。据我所见所闻，那一套封建的东西早为今天的青年所扬弃。如果真有人想向我这爱情的盲人问道的话，我也可以把我的看法告诉他们的。如果一个人不想终生独身的话，他必须谈恋爱以至结婚。这是"人间正道"。

但是千万别浪费过多的时间,终日卿卿我我,闹得神魂颠倒,处心积虑,不时闹点小别扭,学习不好,工作难成,最终还可能是"竹篮子打水一场空"。这真是何苦来!我并不提倡二人"一见倾心",立即办理结婚手续。我觉得,两个人必须有一个互相了解的过程。这过程不必过长,短则半年,多则一年。余出来的时间应当用到刀刃上,搞点事业,为了个人,为了家庭,为了国家,为了世界。

三

已经写了两篇关于爱情的短文,但觉得仍然是言犹未尽,现在再补写一篇。像爱情这样平凡而又神秘的东西,这样一种社会现象或心理活动,即使再将篇幅扩大10倍,20倍,100倍,也是写不完的。补写此篇,不过聊补前两篇的一点疏漏而已。

在旧社会实行"父母之命,媒妁之言"的办法,男女青年不必伤任何脑筋,就入了洞房。我们可以说,结婚是爱情的开始。但是,不要忘记,也有"绿叶成荫子满枝"而终于不知爱情为何物的例子,而且数目还不算太少。到了现代,实行自由恋爱了,有的时候竟成了结婚是爱情的结束。西方和当前的中国,离婚率颇为可观,就是一个具体的例证。据说,有的天主教国家教会禁止离婚。但是,不离婚并不等于爱情能继续,只不过是外表上合而不离,实际上则各寻所欢而已。

爱情既然这样神秘,相爱和结婚的机遇——用一个哲学的术语就是偶然性——又极其奇怪,极其突然,决非我们个人所能掌握的。在困惑之余,东西方的哲人俊士束手无策,还是老百姓有办法,他们乞灵于神话。

一讲到神话,据我个人的思考,就有中外之分。西方人创造了一个爱神,叫做 Jupiter 或 Cupid,是一个手持弓箭的童子。他的箭射中了谁,谁就坠入爱河,印度古代文化毕竟与欧洲古希腊、罗马有缘。他们也创造了一个叫作 Kāmaolliva 的爱神,也是手持弓箭,被射中者立即相爱,决不敢有违。这个神话当然是同一来源,此不见论。

在中国,我们没有"爱神"的信仰,我们另有办法。我们创造了一个月老,他手中拿着一条红线,谁被红线拴住,不管是相距多么远,天涯海角,恍若比邻,二人必然走到一起,相爱结婚。从前西湖有一座月老祠,有一副对联是天下闻名的:"愿天下有情人都成了眷属,是前生注定事莫错过姻缘。"多么质朴,多么有人情味!只有对某些人来说,"前生"和"姻缘"显得有点渺茫和神秘。可是,如果每一对夫妇都回想一下你们当初相爱和结婚的过程的话,你能否定月老祠的这一副对联吗?

我自己对这副对联是无法否认的,但又找不到"科学根据"。我倒是想忠告今天的年轻人,不妨相信一下。我对现在西方和中国青年人的相爱和结婚的方式,无权说三道四,只是觉得不大能接受。我自知年已望九,早已属于博物馆中的人物,我力避发九斤老太之牢骚,但有时又如骨鲠在喉不得不一吐为快耳。

1997 年 11 月 22 日

论朋友

人类是社会动物。一个人在社会中不可能没有朋友。任何人的一生都是一场搏斗。在这一场搏斗中,如果没有朋友,则形单影只,鲜有不失败者。如果有了朋友,则众志成城,鲜有不胜利者。

因此,在人类几千年的历史上,任何国家,任何社会,没有不重视交友之道的,而中国尤甚。在宗法伦理色彩极强的中国社会中,朋友被尊为五伦之一,曰"朋友有信"。我又记得什么书中说:"朋友,以义合者也。""信"、"义"涵义大概有相通之处。后世多以"义"字来要求朋友关系,比如《三国演义》"桃园三结义"之类就是。

《说文》对"朋"字的解释是"凤飞,群鸟从以万数,故以为朋党字"。"凤"和"朋"大概只有轻唇音重唇音之别。对"友"的解释是"同志为友"。意思非常清楚。中国古代,肯定也有"朋友"二字连用的,比如《孟子》。《论语》"有朋自远方来,不亦说乎!"却只用一个"朋"字。不知从什么时候起,"朋友"才经常连用起来。

在中国几千年的历史上,重视友谊的故事不可胜数。最著名的是管鲍之交,钟子期和伯牙的故事等等。刘、关、张三结义更是有口皆碑。一直到今天,我们还讲究"哥儿们义气",发展到最高程度,就是"为朋友两肋插刀"。只要不是结党营私,我们是非常重视交朋友的。我们认为，中国古代把朋友归入五伦是有道理的。

我们现在看一看欧洲人对友谊的看法。欧洲典籍数量虽然远远比不上中国，但是，称之为汗牛充栋也是当之无愧的。我没有能力来旁征博引，只能根据我比较熟悉的一部书来引证一些材料，这就是法国著名的《蒙田随笔》。

《蒙田随笔》上卷，第28章，是一篇叫作《论友谊》的随笔。其中有几句话：

我们喜欢交友胜过其他一切，这可能是我们本性所使然。亚里士多德说，好的立法者对友谊比对公正更关心。

寥寥几句，充分说明西方对友谊之重视。蒙田接着说：

自古就有四种友谊：血缘的、社交的、待客的和男女情爱的。

这使我立即想到，中西对友谊涵义的理解是不相同的。根据中国的标准，"血缘的"不属于友谊，而属于亲情。"男女情爱的"也不属于友谊，而属于爱情。对此，蒙田有长篇累牍的解释，我无法一一征引。我只举他对爱情的几句话：

爱情一旦进入友谊阶段，也就是说，进入意愿相投的阶段，它就会衰落和消逝。爱情是以身体的快感为目的，一旦享有了，就不复存在。相反，友谊越被人向往，就越被人享有，友谊只是在获得以后才会升华、增长和发展，因为它是精神上的，心灵会随之净化。

这一段话，很值得我们仔细推敲、品味。

1999年10月26日

论压力

《参考消息》今年7月3日以半版的篇幅介绍了外国学者关于压力的说法。我也正考虑这个问题，因缘和合，不免唠叨上几句。

什么叫"压力"？上述文章中说："压力是精神与身体对内在与外在事件的生理与心理反应。"下面还列了几种特性，今略。我一向认为，定义这玩意儿，除在自然科学上可能确切外，在人文社会科学上则是办不到的。上述定义我看也就行了。

是不是每一个人都有压力呢？我认为，是的。我们常说，人生就是一场拼搏，没有压力，哪来的拼搏？佛家说，生、老、病、死、苦，苦也就是压力。过去的国王、皇帝，近代外国的独裁者，无法无天，为所欲为，看上去似乎一点压力都没有。然而他们却战战兢兢，时时如临大敌，担心边患，担心宫廷政变，担心被毒害被刺杀。他们是世界上最孤独的人，压力比任何人都大。大资本家钱太多了，担心股市升降，房地产价波动，等等。至于吾辈平民老百姓，"家家有一本难念的经"，这些都是压力，谁能躲得开呢？

压力是好事还是坏事？我认为是好事。从大处来看，现在全球环境污染，生态平衡破坏，臭氧层出洞，人口爆炸，新疾病丛生等等，人们感觉到了，这当然就是压力，然而压出来却是增强忧患意识，增强防范措施，这难道不是天大的好事吗？对一般人来说，法律和其他一切合理的规章制度，都是压力。然而这些压力何等好啊！没有它，社会将会陷入混乱，人类将无法生存。这个道理极其简明了，一说就懂。我举自己做一个例子。我不是一个没有名利思想的人——我怀疑真有这种人，过去由于一些我曾经说过的原因，表面上看起来，我似乎是淡泊名利，其实那多半是假象。但是，到了今天，我已至望九之年，名利对我已经没有什么用，用不着再争名于朝，争利于市，这方面的压力没有了。但是却来了另一方面的压力，主要来自电台采访和报刊以及友人约写文章。这对我形成颇大的压力。以写文章而论，有的我实在不愿意写，可是碍于面子，不得不应。应就是压力。于是"拨冗"苦思，往往能写出有点新意的文章。对我来说，这就是压力的好处。

压力如何排除呢？粗略来分类，压力来源可能有两类：一被动，一主动。天灾人祸，意外事件，属于被动，这种压力，无法预测，只有泰然处之，切不可杞人忧天。主动的来源于自身，自己能有所作为。我的"三不主义"的第三条是"不嘀咕"，我认为，能做到遇事不嘀咕，就能排除自己造成的压力。

1998年7月8日

毁 誉

好誉而恶毁，人之常情，无可非议。

古代豁达之人倡导把毁誉置之度外。我则另持异说，我主张把毁誉置之度内。置之度外，可能表示一个人心胸开阔，但是，我有点担心，这有可能表示一个人的糊涂或颠顶。

我主张对毁誉要加以细致的分析。首先要分清：谁毁你？谁誉你？在什么时候？在什么地方？由于什么原因？这些情况弄不清楚，只谈毁誉，至少是有点模糊。

我记得在什么笔记上读到过一个故事。一个人最心爱的人，只有一只眼。于是他就觉得天下人（一只眼者除外）都多长了一只眼。这样的毁誉能靠得住吗？

还有我们常常讲什么"党同伐异"，又讲什么"臭味相投"等等。这样的毁誉能相信吗？

孔门贤人子路"闻过则喜"，古今传为美谈。我根本做不到，而且也不想做到，因为我要分析：是谁说的？在什么时候，在什么地点，因为什么而说的？分析完了以后，再定"则喜"，或是"则怒"。喜，我不会过头。怒，我也不会火冒十丈，怒发冲冠。孔子说："野哉，由也！"大概子路是一个粗线条的人物，心里没有像我上面说的那些弯弯绕。

我自己有一个颇为不寻常的经验。我根本不知道世界上有某一位学者,过去对于他的存在,我一点都不知道,然而,他却同我结了怨。因为,我现在所占有的位置,他认为本来是应该属于他的,是我这个"鸠"把他这个"鹊"的"巢"给占据了。因此,勃然对我心怀不满。我被蒙在鼓里,很久很久,最后才有人透了点风给我。我不知道,天下竟有这种事,只能一笑置之。不这样又能怎样呢?我想向他道歉,挖空心思,也找不出丝毫理由。

大千世界,芸芸众生,由于各人禀赋不同,遗传基因不同,生活环境不同,所以各人的人生观、世界观、价值观、好恶观等等,都不会一样,都会有点差别。比如吃饭,有人爱吃辣,有人爱吃咸,有人爱吃酸,如此等等。又比如穿衣,有人爱红,有人爱绿,有人爱黑,如此等等。在这种情况下,最好是各人自是其是,而不必非人之非。俗语说:"各人自扫门前雪,不管他人瓦上霜。"这话本来有点贬义,我们可以正用。每个人都会有友,也会有"非友",我不用"敌"这个词儿,避免误会。友,难免有誉;非友,难免有毁。碰到这种情况,最好抱上面所说的分析的态度,切不要笼而统之,一锅糊涂粥。

好多年来,我曾有过一个"良好"的愿望:我对每个人都好,也希望每个人对我都好。只望有誉,不能有毁。最近我恍然大悟,那是根本不可能的。如果真有一个人,人人都说他好,这个人很可能是一个极端圆滑的人,圆滑到琉璃球又能长只脚的程度。

1997年6月23日

三思而行

"三思而行",是我们现在常说的一句话,是劝人做事不要鲁莽,要仔细考虑,然后行动,则成功的可能性会大一些,碰壁的可能性会小一些。

要数典而不忘祖,也并不难。这个典故就出在《论语 公冶长第五》:"季文子三思而后行。子闻之曰:'再,斯可矣。'"这说明,孔老夫子是持反对意见的。吾家老祖宗文子(季孙行父)的三思而后行的举动,二千六七百年以来,历代都得到了几乎全天下人的赞扬,包括许多大学者在内。查一查《十三经注疏》,就能一目了然。《论语正义》说:"三思者,言思之多,能审慎也。"许多书上还表扬了季文子,说他是"忠而有贤行者"。甚至有人认为三思还不够。《三国志・吴志・诸葛恪传注》中说:有人劝恪"每事必十思。"可是我们的孔圣人却冒天下之大不韪,批评了季文子三思过多,只思二次(再)就够了。

这怎么解释呢?究竟谁是谁非呢?

我们必须先弄明白,什么叫"三思"。总起来说,对此有两个解释。一个是"言思之多",这在上面已经引过。一个是"君子之谋也,始衷(中)终皆举之而后入焉"。这话虽为文子自己所说,然而孔子以及上万上亿的众人却不这样理解。他们理解,一直到今天,仍然是"多思"。

多思有什么坏处呢？又有什么好处呢？根据我个人几十年来的体会，除了下围棋、象棋等等以外，多思有时候能使人昏昏，容易误事。平常骂人说是"不肖子孙"，意思是与先人的行动不一样的人。我是季文子的最"肖"子孙。我平常做事不但三思，而且超过三思，是否达到了人们要求诸葛恪做的"十思"，没做统计，不敢乱说。反正是思过来，思过去，越思越糊涂，终而至于头昏昏然，而仍不见行动，不敢行动。我这样一个过于细心的人，有时会误大事的。我觉得，碰到一件事，决不能不思而行，鲁莽行动。记得当年在德国时，法西斯统治正如火如荼。一些盲目崇拜希特勒的人，常常使用一个词儿 Darauf-galngertum，意思是"说干就干，不必思考"。这是法西斯的做法，我们必须坚决扬弃。遇事必须深思熟虑。先考虑可行性，考虑的方面越广越好。然后再考虑不可行性，也是考虑的方面越广越好。正反两面仔细考虑完以后，就必须加以比较，做出决定，立即行动。如果你考虑正面，又考虑反面之后，再回头来考虑正面，又再考虑反面，那么，如此循环往复，终无宁日，最终成为考虑的巨人，行动的侏儒。

所以，我赞成孔子的"再，斯可矣"。

1997年5月11日

第二辑 时间与读书

时 间

  一抬头,就看到书桌上座钟的秒针在一跳一跳地向前走动。它那里一跳,我的心就一跳。孔子说:"逝者如斯夫,不舍昼夜!"这里指的是水。水永远不停地流逝,让孔夫子吃惊兴叹。我的心跳,跳的是时间。水是能看得见,摸得着的。时间却看不见,摸不着的,它的流逝你感觉不到,然而确实是在流逝。现在我眼前摆上了座钟,它的秒针一跳一跳,让我再清楚不过地看到了时间的流逝,焉能不心跳?焉能不兴叹呢?

  远古的人大概是很幸福的。他们日出而作,日入而息,根据太阳的出没来规定自己的活动。即使能感到时间的流逝,也只在依稀隐约之间。后来,他们聪明了,根据太阳光和阴影的推移,把时间称作光阴。再后来,人们的聪明才智更提高了,用铜壶滴漏的办法来显示和测定时间的推移,这是用人工来抓住看不见摸不着的时间的尝试。到了近几百年,人类发明了钟表,把时间的存在与流逝清清楚楚地摆在每一个人的面前。这是人类文明进步的表现。但是,正如人们常说的那样:"有一利必有一弊",人类成了时间的奴隶,成了手表的奴隶。现在各种各样的会极多,开会必须规定时间,几点几分,不能任意伸缩。如果参加重要的会而路上偏偏赶上堵车,任你怎样焦急,怎样频频看手表,都是白搭。这不是典型的时间的奴隶又是什么呢？然而，话又说了回来，在今天头绪纷纭杂乱有章的社会里，开会不定时间，还像古人那样"日出而作，日入而息"，悠哉游哉，顺帝之则，今天的社会还能运转吗？不管你愿意不愿意，成为时间的奴隶就正是文明的表现。

不管你意识到还是没有意识到，大自然还是把虚无缥缈的时间用具体的东西暗示给了人们。比如用日出日落标志出一天，用月亮的圆缺标志出一月，用四季（在印度是六季或者两季）标志出一年。农民最关心这些问题，一年二十四个节气对他们种庄稼有重要意义。在自然科学家和哲学家眼中，时间具有另外的意义。他们说，大千世界，人类万物，都生长在时间和空间内，而时间是无头无尾的，空间是无边无际的。我既不是自然科学家，也不是哲学家，对无头无尾和无边无际实在难以理解。可是不这样又能怎样呢？如果时间有了头尾，头以前尾以后又是什么呢？因此，难以理解也只得理解，此外更没有其他途径。

生与死也属于时间范畴。一般人总是把生与死绝对对立起来。但是，中国古代的道家却主张"万物方生方死"，把生与死辩证地联系在一起，而且准确无误地道出了生即是死的关系。随着座钟秒针的一跳，我自己就长了无法用言语表达出来的那么一点点儿。同时也就是向着死亡走近了那么一点点儿。不但我是这样，现在正是初夏，窗外的玉兰花、垂柳和深埋在清塘里的荷花，也都长了那么一点点儿。不久前还是冰封的湖水，现在是"风乍起，吹皱一池夏水"，波光潋滟，水色接天。岸上的垂杨，从光秃秃的枝条上逐渐长出了小叶片，一转瞬间，出现了一片鹅黄；再一转瞬，就是一片嫩绿，现在则是接近浓绿了。小山上原来是一片枯草，"一夜东风送春暖，满山开遍二月兰"。今年是二月兰的大年，山上地下，只要有空隙，二月兰必然出现在那里，座钟的秒针再跳上多少万次，二月兰即将枯萎，也就是走向暂时的死亡了。所有这些东西，都是方生方死。这是自然的规律，不可逆转的。

印度人是聪明的，他们把时间和死亡视为一物。梵文 hāla，既是"时间"，又是"死亡或死神"。《罗摩衍那》的主人公罗摩，在活了极长的时间以后，hāla 走上门来，这表示他就要死亡了。罗摩泰然处之，既不"饮恨"，也不"吞声"。他知道这是自然规律，人类是无能为力的。我们今天知道，不但人类是这样，世界上万事万物都有始有终，无一例外。"顺其自然"是最好的办法。我在这里顺便说一下。在梵文里，动词"死"的字根是 mn；但是此字不用 manati 来表示现在时，而是用被动式 mniyati(ti)，这表示，印度人认为"死"是被动的，主动自杀者究属少数。

同印度人比较起来，中国人大概希望争取长生。越是有钱有势的人越希望活下去，在旧社会里生活在水深火热中的小百姓，决不会愿意长远活下去的。而富有天下的天子则热切希望长生。中国历史上几位有名的英主，莫不如此。秦始皇和汉武帝都寻求不死之药或者仙丹什么的。连唐太宗都是服用了印度婆罗门的"仙药"而中毒身亡的。老百姓书呆子中也有寻求肉身升天的，而且连鸡犬都带了上去。我这个木头脑袋瓜真想也想不通。如果真有那么一个"天"的话，人数也不会太多。升到那里去干些什么呢？那里不会有官僚衙门，想走后门靠贿赂来谋求升官，没有这个可能。那里也不会有什么市场，什么 WTO，想发财也英雄无用武之地。想打麻将，唱卡拉 OK，唱几天，打几天，还是会有兴趣的，但让你一月月一年年永远打下去，你受得了吗？养鸡喂狗，永远喂下去，你也受不了。"不为无益之事，何以遣无涯之生！"无益之事天上没有。在天上待长了，你一定会自杀的。苏东坡说"起舞弄清影，何似在人间！"是有见地之言。我们还是老老实实待在人间吧。

要待在人间，就必须受时间的制约。在时间面前，人人平等。如果想不通我在上面说的那一些并不深奥的道理，时间就变成了枷锁，让你处处感到不舒服。但是，如果真想通了，则戴着枷锁跳舞反而更能增加一些意想不到的兴趣。我自认是想通了。现在照样一抬头就看到书桌上座钟的秒针一跳一跳地向前走动，但是我的心却不跳了。我觉得这是时间给我提醒儿，让我知道时间的价值。"一寸光阴不可轻"，朱子这一句诗对我这个年过九十的老头儿也是适用的。

2002年3月31日

成功

什么叫成功?顺手拿来一本《现代汉语词典》,上面写道:"成功:获得预期的结果。"言简意赅,明白之至。

但是,谈到"预期",则错综复杂,纷纭混乱。人人每时每刻每日每月都有大小不同的预期,有的成功,有的失败,总之是无法界定,也无法分类,我们不去谈它。

我在这里只谈成功,特别是成功之道。这又是一个极大的题目,我却只是小做。积七八十年之经验,我得到了下面这个公式:

天资+勤奋+机遇=成功

"天资",我本来想用"天才";但天才是个稀见现象,其中不少是"偏才",所以我弃而不用,改用"天资",大家一看就明白。这个公式实在是过分简单化了,但其中的含义是清楚的。搞得太烦琐,反而不容易说清楚。

谈到天资,首先必须承认,人与人之间天资是不相同的,这是一个事实,谁也否定不掉。"十年浩劫"中,自命天才的人居然号召大批天才,葫芦里卖的是什么药,至今不解。到了今天,学术界和文艺界自命天才的人颇不稀见,我除了羡慕这些人"自我感觉过分良好"外,不敢赞一词。对于自己的天资,我看,还是客观一点好,实事求是一点好。

至于勤奋,一向为古人所赞扬。囊萤、映雪、悬梁、刺股等故事流传了千百年,家喻户晓。韩文公的"焚膏油以继晷,恒兀兀以穷年",更为读书人所向往。如果不勤奋,则天资再高也毫无用处。事理至明,无待饶舌。

谈到机遇,往往为人所忽视。它其实是存在的,而且有时候影响极大。就以我自己为例,如果清华不派我到德国去留学,则我的一生完全不会像现在这个样子。

把成功的三个条件拿来分析一下,天资是由"天"来决定的,我们无能为力。机遇是不期而来的,我们也无能为力。只有勤奋一项完全是我们自己决定的,我们必须在这一项上狠下功夫。在这里,古人的教导也多得很。还是先举韩文公。他说:"业精于勤荒于嬉,行成于思毁于随。"这两句话是大家都熟悉的。

王静安在《人间词话》中说:"古今之成大事业大学问者必经过三种之境界。'昨夜西风凋碧树,独上高楼,望尽天涯路'。此第一境也。'衣带渐宽终不悔,为伊消得人憔悴'。此第二境也。'众里寻他千百度,回头蓦见,那人正在,灯火阑珊处'。此第三境也。"静安先生第一境写的是预期。第二境写的是勤奋。第三境写的是成功。其中没有写天资和机遇。我不敢说,这是他的疏漏,因为写的角度不同。但是,我认为,补上天资与机遇,似更为全面。我希望,大家都能拿出"衣带渐宽终不悔"的精神来从事做学问或干事业,这是成功的必由之路。

2000年1月7日

一寸光阴不可轻

中华乃文章大国,北大为人文渊薮,二者实有密不可分的联系,倘机缘巧遇,则北大必能成为产生文学家的摇篮。五四运动时期是一个具体的例证,最近几十年来又是一个鲜明的例证。在这两个时期的中国文坛上,北大人灿若列星。这一个事实我想人们都会承认的。

最近若干年来,我实在忙得厉害,像50年代那样在教书和搞行政工作之余还能有余裕的时间读点当时的文学作品的"黄金时代"一去不复返了。不过,幸而我还不能算是一个懒汉,在"内忧"、"外患"的罅隙里,我总要挤出点时间来,读一点北大青年学生的作品。《校刊》上发表的文学作品,我几乎都看。前不久我读到《北大往事》,这是北大70、80、90三个年代的青年回忆和写北大的文章。其中有些篇思想新鲜活泼,文笔清新俊逸,真使我耳目为之一新。中国古人说:"雏凤清于老凤声"。我——如果大家允许我也在其中滥竽一席的话——和我们这些"老凤",真不能不向你们这一批"雏凤"投过去羡慕和敬佩的眼光了。

但是,中国古人又说:"满招损,谦受益"。我希望你们能够认真体会这两句话的涵义。"倚老卖老",固不足取,"倚少卖少"也同样是值得青年人警惕的。天下万事万物,发展永无穷期。人外有人,天外有天,"老子天下第一"的想法是绝对错误的。你们对我们老祖宗遗留下来的浩如烟海的文学作品必须有深刻的了解。最好能背诵几百首旧诗词和几十篇古文,让它们随时涵蕴于你们心中,低吟于你们口头。这对于你们的文学创作和人文素质的提高,都会有极大的好处。不管你们现在或将来是教书、研究、经商、从政,或者是专业作家,都是如此,概莫能外。对外国的优秀文学作品,也必实下一番功夫,简练揣摩。这对你们的文学修养是决不可少的。如果能做到这一步,则你们必然能融会中西,贯通古今,创造出更新更美的作品。

宋代大儒朱子有一首诗,我觉得很有针对性,很有意义,我现在抄给大家:

少年易老学难成,
一寸光阴不可轻。
未觉池塘春草梦,
阶前梧叶已秋声。

这一首诗,不但对青年有教育意义,对我们老年人也同样有教育意义。文字明白如画,用不着过多的解释。光阴,对青年和老年,都是转瞬即逝,必须爱惜。"一寸光阴一寸金,寸金难买寸光阴",这是我们古人留给我们的两句意义深刻的话。

你们现在是处在"燕园幽梦"中,你们面前是一条阳关大道,是一条铺满了鲜花的阳关大道。你们要在这条大道上走上60年,70年,80年,或者更多的年,为人民,为人类做出出类拔萃的贡献。但愿你们永不忘记这一场燕园梦,永远记住自己是一个北大人,一个值得骄傲的北大人,这个名称会带给你们美丽的回忆,带给你们无量的勇气,带给你们奇妙的智慧,带给你们悠远的憧憬。有了这些东西,你们就会自强不息,无往不利,不会虚度此生。这是我的希望,也是我的信念。

1998 年 5 月 3 日

(注:本文原为《燕园幽梦》序,标题为后编者所加)

"天下第一好事,还是读书"

古今中外赞美读书的名人和文章,多得不可胜数。张元济先生有一句简单朴素的话:"天下第一好事,还是读书。""天下"而又"第一",可见他对读书重要性的认识。

为什么读书是一件"好事"呢?

也许有人认为,这问题提得幼稚而又突兀。这就等于问:"为什么人要吃饭"一样,因为没有人反对吃饭,也没有人说读书不是一件好事。

但是,我却认为,凡事都必须问一个"为什么",事出都有因,不应当马马虎虎,等闲视之。现在就谈一谈我个人的认识,谈一谈读书为什么是一件好事。

凡是事情古老的,我们常常总说"自从盘古开天地"。我现在还要从盘古开天地以前谈起,从人类脱离了兽界进入人界开始谈。人成了人以后,就开始积累人的智慧,这种智慧如滚雪球,越滚越大,也就是越积越多。禽兽似乎没有发现有这种本领,一只蠢猪一万年以前是这样蠢,到了今天仍然是这样蠢,没有增加什么智慧。人则不然,不但能随时增加智慧,而且根据我的观察,增加的速度越来越快,有如物体从高空下坠一般。到了今天,达到了知识爆炸的水平。最近一段时间以来,"克隆"使全世界的人都大吃一惊。有的人竟忧心忡忡,不知这种技术发展"伊于胡底"。信耶稣教的人担心将来一旦"克隆"出来了人,他们的上帝将向何处躲藏。

人类千百年以来保存智慧的手段不出两端,一是实物,比如长城等等,二是书籍,以后者为主。在发明文字以前,保存智慧靠记忆;文字发明了以后,则使用书籍。把脑海里记忆的东西搬出来,搬到纸上,就形成了书籍,书籍是贮存人类代代相传的智慧的宝库。后一代的人必须读书,才能继承和发扬前人的智慧。人类之所以能够进步,永远不停地向前迈进,靠的就是能读书又能写书的本领。我常常想,人类向前发展,有如接力赛跑,第一代人跑第一棒;第二代人接过棒来,跑第二棒,以至第三棒、第四棒,永远跑下去,永无穷尽,这样智慧的传承也永无穷尽。这样的传承靠的主要就是书,书是事关人类智慧传承的大事,这样一来,读书不是"天下第一好事"又是什么呢?

但是,话又说了回来,中国历代都有"读书无用论"的说法,读书的知识分子,古代通称之为"秀才",常常成为取笑的对象,比如说什么"秀才造反,三年不成",是取笑秀才的无能。这话不无道理。在古代——请注意,我说的是"在古代",今天已经完全不同了——造反而成功者几乎都是不识字的痞子流氓,中国历史上两个马上皇帝,开国"英主",刘邦和朱元璋,都属此类。诗人只有慨叹"刘项原来不读书"。"秀才"最多也只有成为这一批地痞流氓的"帮忙"或者"帮闲",帮不上的,就只好慨叹"儒冠多误身"了。

但是,话还要再说回来,中国悠久的优秀的传统文化的传承者,是这一批地痞流氓,还是"秀才"?答案皎如天日。这一批"读书无用论"的现身"说法"者的"高祖"、"太祖''之类,除了镇压人民剥削人民之外，只给后代留下了什么陵之类，供今天搞旅游的人赚钱而已。他们对我们国家竟无贡献可言。

总而言之，"天下第一好事，还是读书"。

1997年4月8日

对我影响最大的几本书

我是一个最枯燥乏味的人,枯燥到什么嗜好都没有。我自比是一棵只有枝干并无绿叶更无花朵的树。

如果读书也能算是一个嗜好的话,我的唯一嗜好就是读书。

我读的书可谓多而杂,经、史、子、集都涉猎过一点,但极肤浅,小学中学阶段,我最爱读的是"闲书"(没有用的书),比如《彭公案》、《施公案》、《洪公传》、《三侠五义》、《小五义》、《东周列国志》、《说岳》、《说唐》等等,读得如醉似痴。《红楼梦》等古典小说是以后才读的。读这样的书是好是坏呢?从我叔父眼中来看,是坏。但是,我却认为是好,至少在写作方面是有帮助的。

至于哪几部书对我影响最大,几十年来我一贯认为是两位大师的著作:在德国是亨利希·吕德斯(Heinrich Lüders),我老师的老师;在中国是陈寅恪先生。两个人都是考据大师,方法缜密到神奇的程度。从中也可以看出我个人兴趣之所在。我秉性板滞,不喜欢玄之又玄的哲学。我喜欢能摸得着看得见的东西,而考据正合吾意。

吕德斯是世界公认的梵学大师。研究范围颇广,对印度的古代碑铭有独到深入的研究。印度每有新碑铭发现而又无法读通时,大家就说:"到德国去找吕德斯去!"可见吕德斯权威之高。印度两大史诗之一的《摩诃婆罗多》从核心部分起,滚雪球似的一直滚到后来成型的大书,其间共经历了七八百年。谁都知道其中有不少层次,但没有一个人说得清楚。弄清层次问题的又是吕德斯。在佛教研究方面,他主张有一个"原始佛典"(Mrkanm),是用古代半摩揭陀语写成的,我个人认为这是千真万确的事;欧美一些学者不同意,却又拿不出半点可信的证据。吕德斯著作极多。中短篇论文集为一书《古代印度语文论丛》,这是我一生受影响最大的著作之一。这书对别人来说,可能是极为枯燥的,但是,对我来说却是一本极为有味、极有灵感的书,读之如饮醍醐。

在中国,影响我最大的书是陈寅恪先生的著作,特别是《寒柳堂集》、《金明馆丛稿》。寅恪先生的考据方法同吕德斯先生基本上是一致的,不说空话,无证不信。二人有异曲同工之妙。我常想,寅恪先生从一个不大的切入口切入,如剥春笋,每剥一层,都是信而有证,让你非跟着他走不行,剥到最后,露出核心,也就是得到结论,让你恍然大悟:原来如此,你没有法子不信服。寅恪先生考证不避琐细,但绝不是为考证而考证,小中见大,其中往往含着极大的问题。比如,他考证杨玉环是否以处女入宫。这个问题确极猥琐,不登大雅之堂。无怪一个学者说:这太 Trivial(微不足道)了。焉知寅恪先生是想研究李唐皇族的家风。在这个问题上,汉族与少数民族看法是不一样的。寅恪先生是从看似细微的问题入手探讨民族问题和文化问题,由小及大,使自己的立论坚实可靠。看来这位说那样话的学者是根本不懂历史的。

在一次闲谈时,寅恪先生问我:《梁高僧传》卷二《佛图澄传》中载有铃铛的声音:"秀支替戾冈,仆谷劬秃当"是哪一种语言?原文说是羯语,不知何所指?我到今天也回答不出来。由此可见寅恪先生读书之细心，注意之广泛。他学风谨严，在他的著作中到处可以给人以启发。读他的文章，简直是一种最高的享受。读到兴会淋漓时，真想"浮一大白"。

中德这两位大师有师徒关系，寅恪先生曾受学于吕德斯先生。这两位大师又同受战争之害，吕德斯生平致力于 Molānavarga 之研究，几十年来批注不断。二战时手稿被毁。寅恪师生平致力于读《世说新语》，几十年来眉注累累。日寇入侵，逃往云南，此书丢失于越南。假如这两部书能流传下来，对梵学国学将是无比重要之贡献。然而先后毁失，为之奈何！

1999 年 7 月 30 日

我最喜爱的书

我在下面介绍的只限于中国文学作品。外国文学作品不在其中。我的专业书籍也不包括在里面,因为太冷僻。

一、司马迁的《史记》

《史记》这一部书,很多人都认为它既是一部伟大的史籍,又是一部伟大的文学作品。我个人同意这个看法。平常所称的《二十四史》中,尽管水平参差不齐,但是哪一部也不能望《史记》之项背。

《史记》之所以能达到这个水平,司马迁的天才当然是重要原因;但是他的遭遇起的作用似乎更大。他无端受了宫刑,以致郁闷激愤之情溢满胸中,发而为文,句句皆带悲愤。他在《报任少卿书》中已有充分的表露。

二、《世说新语》

这不是一部史书,也不是某一个文学家和诗人的总集,而只是一部由许多颇短的小故事编纂而成的奇书。有些篇只有短短几句话,连小故事也算不上。每一篇几乎都有几句或一句隽语,表面简单淳朴,内容却深奥异常,令人回味无穷。六朝和稍前的一个时期内,社会动乱,出了许多看来脾气相当古怪的人物,外似放诞,内实怀忧。他们的举动与常人不同。此书记录了他们的言行,短短几句话,而栩栩如生，令人难忘。

三、陶渊明的诗

有人称陶渊明为"田园诗人"。笼统言之，这个称号是恰当的。他的诗确实与田园有关。"采菊东篱下，悠然见南山"，这样的名句几乎是家喻户晓的。从思想内容上来看，陶渊明颇近道家，中心是纯任自然。从文体上来看，他的诗简易淳朴，毫无雕饰，与当时流行的镂金错彩的骈文迥异其趣。因此，在当时以及以后的一段时间内，对他的诗的评价并不高，在《诗品》中，仅列为中品；但是，时间越后，评价越高，最终成为中国伟大诗人之一。

四、李白的诗

李白是中国文学史上最伟大的天才之一，这一点是谁都承认的。杜甫对他的诗给予了最高的评价："白也诗无敌，飘然思不群。清新庾开府，俊逸鲍参军。"李白的诗风飘逸豪放。根据我个人的感受，读他的诗，只要一开始，你就很难停住，必须读下去。原因我认为是，李白的诗一气流转，这一股"气"不可抗御，让你非把诗读完不行。这在别的诗人作品中，是很难遇到的现象。在唐代，以及以后的一千多年中，对李白的诗几乎只有赞誉，而无批评。

五、杜甫的诗

杜甫也是一个伟大的诗人，千余年来，李杜并称。但是二人的创作风格却迥乎不同：李是飘逸豪放，而杜则是沉郁顿挫。从使用的格律上，也可以看出二人的不同。七律在李白集中比较少见，而在杜甫集中则颇多。摆脱七律的束缚，李白是没有枷锁跳舞；杜甫善于使用七律，则是带着枷锁跳舞，二人的舞都达到了极高的水平。在文学批评史上，杜甫颇受到一些人的指摘，而对李白则绝无仅有。

六、南唐后主李煜的词

南唐后主李煜的词传留下来的仅有三十多首,可分为前后两期:前期仍在江南当小皇帝,后期则已降宋。后期词不多,但是篇篇都是杰作,纯用白描,不作雕饰,一个典故也不用,话几乎都是平常的白话,老妪能解;然而意境却哀婉凄凉,千百年来打动了千百万人的心。在词史上巍然成一大家,受到了文艺批评家的赞赏。但是,对王国维在《人间词话》中赞美后主有佛祖的胸怀,我却至今尚不能解。

七、苏轼的诗文词

中国古代赞誉文人有三绝之说。三绝者,诗、书、画三个方面皆能达到极高水平之谓也,苏轼至少可以说已达到了五绝:诗、书、画、文、词。因此,我们可以说,苏轼是中国文学史和艺术史上最全面的伟大天才。论诗,他为宋代一大家。论文,他是唐宋八大家之一。笔墨凝重,大气磅礴。论书,他是宋代苏、黄、米、蔡四大家之首。论词,他摆脱了婉约派的传统,创豪放派,与辛弃疾并称。

八、纳兰性德的词

宋代以后,中国词的创作到了清代又掀起了一个新的高潮。名家辈出,风格不同,又都能各极其妙,实属难能可贵。在这群灿若列星的词家中,我独独喜爱纳兰性德。他是大学士明珠的儿子,生长于荣华富贵中,然而却胸怀愁思,流溢于楮墨之间。这一点我至今还难以得到满意的解释。从艺术性方面来看,他的词可以说是已经达到了完美的境界。

九、吴敬梓的《儒林外史》

胡适之先生给予《儒林外史》极高的评价。诗人冯至也酷爱此书。我自己也是极为喜爱《儒林外史》的。

此书的思想内容是反科举制度，昭然可见，用不着细说，它的特点在艺术性上。吴敬梓惜墨如金，从不作冗长的描述。书中人物众多，各有特性，作者只讲一个小故事，或用短短几句话，活脱脱一个人就仿佛站在我们眼前，栩栩如生。这种特技极为罕见。

十、曹雪芹的《红楼梦》

在古今中外众多的长篇小说中，《红楼梦》是一颗璀璨的明珠，是状元。中国其他长篇小说都没能成为"学"，而"红学"则是显学。《红楼梦》描述的是一个大家族的衰微的过程。本书特异之处也在它的艺术性上。书中人物众多，男女老幼，主子奴才，五行八作，应有尽有。作者有时只用寥寥数语而人物就活灵活现，让读者永远难忘。读这样一部书，主要是欣赏它的高超的艺术手法：那些把它政治化的无稽之谈，都是不可取的。

2001 年 3 月 21 日

藏书与读书

有一个平凡的真理，直到耄耋之年，我才顿悟：中国是世界上最喜藏书和读书的国家。

什么叫书？我没有能力，也不愿意去下定义。我们姑且从孔老夫子谈起吧。他老人家读《易》，至于韦编三绝，可见用力之勤。当时还没有纸，文章是用漆写在竹简上面的，竹简用皮条拴起来，就成了书。翻起来很不方便，读起来也有困难。我国古时有一句话，叫作"学富五车"，说一个人肚子里有五车书，可见学问之大。这指的是用纸做成的书，如果是竹简，则五车也装不了多少部书。

后来发明了纸。这一来写书方便多了；但是还没有发明印刷术，藏书和读书都要用手抄，这当然也不容易。如果一个人抄的话，一辈子也抄不了多少书。可是这丝毫也阻挡不住藏书和读书者的热情。我们古籍中不知有多少藏书和读书的故事，也可以叫作佳话。我们浩如烟海的古籍，以及古籍中寄托的文化之所以能够流传下来，历千年而不衰，我们不能不感谢这些爱藏书和读书的先民。

后来我们又发明了印刷术。有了纸，又能印刷，书籍流传方便多了。从这时起，古籍中关于藏书和读书的佳话，更多了起来。宋版、元版、明版的书籍被视为珍品。历代都有一些藏书家，什么绛云楼、天一阁、铁琴铜剑楼、海源阁等等，说也说不完。有的已经消失，有的至今仍在，为我们新社会的建设服务。我们不能不感激这些藏书的祖先。

至于专门读书的人，历代记载更多。也还有一些关于读书的佳话，什么囊萤映雪之类。有人做过试验，无论萤和雪都不能亮到让人能读书的程度，然而在这一则佳话中所蕴含的鼓励人读书的热情则是大家都能感觉到的。还有一些鼓励人读书的话和描绘读书乐趣的诗句。"书中自有颜如玉"之类的话，是大家都熟悉的，说这种话的人的"活思想"是非常不高明的，不会得到大多数人的赞赏。关于"四时读书乐"一类的诗，也是大家所熟悉的。可惜我童而习之，至今老朽昏聩，只记住了一句："绿满窗前草不除"，这样的读书情趣也是颇能令人向往的。此外如"红袖添香夜读书"之类的读书情趣，代表另一种趣味。据鲁迅先生说，连大学问家刘半农也向往，可见确有动人之处了。"雪夜闭门读禁书"代表的情趣又自不同，又是"雪夜"，又是"禁书"，不是也颇有人向往吗？

这样藏书和读书的风气，其他国家不能说一点没有；但是据浅见所及，实在是远远不能同我国相比。因此我才悟出了"中国是世界上最爱藏书和读书的国家"这一条简明而意义深远的真理。中国古代光辉灿烂的文化有极大一部分是通过书籍传流下来的。到了今天，我们全体炎黄子孙如何对待这个问题，实际上是每个人都回避不掉的。我们必须认真继承这个世界上比较突出的优秀传统，要读书，读好书。只有这样，我们才能上无愧于先民，下造福于子孙万代。

1991年7月5日

如何利用时间

时间就是生命,这是大家都知道的道理。而且时间是一个常数,谁每天也不会多出一秒半秒。对我们研究学问的人来说,时间尤其珍贵,更要争分夺秒。但是各人的处境不同,对某一些人来说就有一个怎样利用时间的"边角废料"的问题。这个怪名词是我杜撰出来的。时间摸不着看不见,但确实是一个整体,哪里会有什么"边角废料"呢?这只是一个形象的说法。平常我们做工作,如果一整天没有人和事来干扰,你可以从容濡笔,悠然怡然,再佐以龙井三杯,云烟三支,神情宛如神仙,整个时间都是你的,那就根本不存在什么"边角废料"问题。但是有多少人能有这种神仙福气呢?鲁钝如不佞者几十年来就做不到。建国以来,我搞了不知多少社会活动,参加了不知多少会,每天不知有多少人来找,心烦意乱,啼笑皆非。回想"十年浩劫"期间,我成了"不可接触者",除了蹲牛棚外,在家里也是门可罗雀。《罗摩衍那》译文八巨册就是那时候的产物。难道为了读书写文章就非变成"不可接触者"或者右派不行吗?浩劫一过,我又是门庭若市,而且参加各种各样的会,终日马不停蹄。我从前读过马雅可夫斯基的《开会迷》和张天翼的《华威先生》,觉得异常可笑,岂意自己现在就成了那一类人物,岂不大可哀哉!但是,人在无可奈何的情况下是能够想出办法来的。

现在我既然没有完整的时间,就挖空心思利用时间的"边角废料"。在会前、会后,甚至在会中,构思或动笔写文章。有不少会,讲话空话废话居多,传递的信息量却不大,态度欠端,话风不正,哼哼哈哈,不知所云,又佐以"这个"、"那个",间之以"唵"、"啊",白白浪费精力,效果却是很少。在这时候,我往往只用一个耳朵或半个耳朵去听,就能兜住发言的全部信息量,而把剩下的一个耳朵或一个半耳朵全部关闭,把精力集中到脑海里,构思,写文章。当然,在飞机上、火车上、汽车上,甚至自行车上,特别是在步行的时候,我脑海里更是思考不停。这就是我所说的利用时间的边角废料。积之既久,养成"恶"习,只要在会场一坐,一闻会味,心花怒放,奇思妙想,联翩飞来,"天才火花",闪烁不停。此时文思如万斛泉涌,在鼓掌声中,一篇短文即可写成,还耽误不了鼓掌。倘多日不开会,则脑海活动,似将停止,"江郎"仿佛"才尽"。此时我反而期望开会了。这真叫作没有法子。

1988 年

文字之国

记得鲁迅先生曾批评中国是文字之国,虽然"文字之国"含义颇为宽泛,我基本上是同意鲁迅的意见的。

试想在旧社会,有一种比较普遍的信仰:敬惜字纸。意思就是,凡是写上了字的纸,都不能随便乱丢乱扔,更不许踩在脚下,原因大概是字是圣人创造的神物,必须尊敬。连当年的遍野的文盲,对此也坚决遵守,不敢或违。今天的青年人大概很少有人知道这种情况了。

还有一种现象,南方城市我不清楚,在北方的许多城市中,往往是在偏僻的陋巷里,墙上嵌着一块石碑,上书"泰山石敢当",据说能驱逐恶鬼。夜行僻巷,阒静无人,心惊胆战,欲呼无人,只要看到这样一块石碑,胆子立即壮了起来,用不着自己故意高声歌唱了。

到了今天,早已换了人间,上述的情况已经消泯得无影无踪。然而文字之国,积习照旧。最常见的一个现象就是,地无分南北,城不论大小,衙门不管大小,商店不分高低,都在引人注目的地方高悬着五个金光闪闪的大字:为人民服务,内容是绝对正确的,用意是极端美好的。然而实际情况怎样呢?在很多——不是所有的情况下,仿佛这五个大字一经书写,立即通过某种神力变成了实际行动。在当年红宝书盈满天下的年代里，这五个字或许能产生某种力量，因为当时许多人确实怀着极虔诚的信仰，诚则灵，因而能产生实际效果。到了今天，对一些人来说已经产生了信仰危机，这五个字的威力就必须大打折扣了。很多地方，在为人民服务的招牌下，干着违反人民利益的勾当，衙门搞官僚主义，商店出售假冒伪劣商品，圆融无碍，处之泰然，反正"为人民服务"的招牌已经打出去了，一了百了了。

还有一个现象，我觉得，也应归入这个范畴。在燕园里有许多大大小小的池塘，塘中有鱼，鱼虾无言，塘边成蹊，捉虾垂钓者颇多。学校于是派人竖立了一个白牌，上书"禁止垂钓"几个红色大字。但是，竖立后几年以来，我几乎每天都看到有人在塘边钓鱼，垂数年之久，从未有人过问。垂钓者手持最新式的珍贵的钓竿，巍然坐在马扎上，口含香烟，神情安怡，就正在"禁止钓鱼"的红字白牌的下面，成为燕园一景。在这里，已同上面提到的"泰山石敢当"相反：前者只须写上了一个人名，就能吓退恶鬼。这里写上了具体的内容，却吓不返一个活人。活人的威力真已大矣，恶鬼大概十分羡慕吧。

类似的情况还可以举一大堆来，政府令不行禁不止的情况也所在多有，我只有一个希望：文字与行动并举。否则，我们国家的前进会受到极大的阻碍。

抓住一个问题终生不放

根据我个人的观察,一个学人往往集中一段时间,钻研一个问题,搜集极勤,写作极苦。但是,文章一旦写成,就把注意力转向另外一个题目,已经写成和发表的文章就不再注意,甚至逐渐遗忘了。我自己这个毛病比较少,我往往抓住一个题目,得出了结论,写成了文章;但我并不把它置诸脑后,而是念念不忘。我举几个例子。

我于1947年写过一篇论文《浮屠与佛》,用汉文和英文发表。但是限于当时的条件,其中包括外国研究水平和资料,文中有几个问题勉强得到解决,自己并不满意,耿耿于怀者垂四十余年。一直到1989年,我得到了新材料,又写了一篇《再谈"浮屠"与"佛"》,解决了那个悬而未决的问题,心中极喜。最令我欣慰的是,原来看似极大胆的假设竟然得到了证实,心中颇沾沾自喜,对自己的研究更增强了信心。觉得自己的"假设"确够"大胆",而"求证"则极为"小心"。

第二个例子是关于佛典梵语中 -am>o 和 u 的几篇文章。1944年我在德国哥廷根写过一篇论文,谈这个问题,引起了国际上一些学者的注意。有人,比如美国的 F·Edgerton,在他的巨著《混合梵文文法》中多次提到这个音变现象,最初坚决反对,提出了许多假说，但又前后矛盾，不能自圆其说，最后，半推半就，被迫承认，却又不干净利落，窘态可掬，因此引起了我对此人的鄙视。回国以后，我连续写了几篇文章，对 Edgerton 加以反驳。但在我这方面，我始终没有忘记进一步寻找证据，进一步探索。由于资料缺乏，一直到了 1990 年，上距 1944 年已经过了 46 年，我才又写了一篇比较重要的论文《新疆古代民族语言中语尾 -am>u 的现象》。在这里，我用了大量的新资料，证明了我第一篇论文的结论完全正确，无懈可击。

例子还能举出一些来。但是，我觉得，这两个也就够了。我之所以不厌其烦地谈论这个问题，是因为我看到有一些学者，在某一个时期集中精力研究一个问题，成果一出，立即罢手。我不认为这是正确的做法。学术问题，有时候一时难以下结论，必须锲而不舍，终生以之，才可能得到越来越精确可靠的结论。有时候，甚至全世界都承认其为真理的学说，时过境迁，还有人提出异议。听说，国外已有学者对达尔文的"进化论"提出了不同的看法。我认为，这不是坏事，而是好事，真理的长河是永远流逝不停的。

精华与糟粕

最近几十年来,中国文史界有一个口头语,叫作"批判继承"。说详细一点,就是对中国古代文化要"一分为二",分清精华与糟粕,继承前者而批判后者。口号一出,天下翕然从之,几乎是每人必讲,每会必讲,无有表异议者,仿佛它是先验的,用不着证明。

但是,究竟什么叫作"精华",什么又叫作"糟粕"呢?两者关系又是怎样呢?我——我看别人也一样——从来没有去认真思考过,好像两者泾渭分明,一看就能识别,只要文中一写,会上一说,它就成了六字真言,威力自在。

最近我那胡思乱想的毛病又发作起来,狂悖起来,我又仔细思考了这个问题,苦思之余,豁然开朗,原来这两个表面上看上去像是对立面的东西,不但不是泾渭分明,而是界限不清;尤有甚者,在一定的条件下,双方可以相互向对立面转化。

空口无凭,我举几个例子。孔子和儒学,在九十年前的五四运动时期,肯定被认为是糟粕,不然的话,何能喊出了"打倒孔家店"的口号?然而,时移世迁,到了今天,中国正在努力建设社会主义初级阶段的社会,还有什么人能说孔子和儒学中没有精华呢?这是由糟粕向精华转化的例子。另外一个例子是在改革开放以前思想大混乱的时期中,斗,斗,斗的哲学被认为是天经地义,当然是精华无疑了。然而到了今天怎样了呢？谁敢说它不是糟粕？这是一个从精华转化成糟粕的例子。我认为，这两个例子都是有说服力的，类似的例子还有很多，我不一一列举了。

但是，上面的例子还是过于简单化了一些，古往今来，实际的情况要复杂得多，精华与糟粕互相转化，循环往复，变化多端，想读者定能举一隅而以三隅反的。

这种情况的根源何在呢？我个人的看法是：时代随时在前进，社会随时在变化。每一个时代和每一个社会都有自己的特殊要求，在政治方面，在经济方面，在巩固统治方面，在保持安定团结方面，在发展文化教育方面，在提高人民的文化道德水平方面，等等，都有自己的特殊要求。能满足这个要求的前代或当代的理论、学说或者行动，就是精华，否则就是糟粕。但时代和社会是永不停息地变动着的，一变动就会提出新的要求。以不变应万变的理论、学说或者行动是不能想象的。

我的用意只不过是提醒人们：在讲出这近乎套话的"批判继承"和"要分清精华与糟粕"的时候，要稍稍动一点脑筋，不要让套话变成废话，如此而已。

多读一点中外文学作品

列宁有两句众所周知的名言:"只有用人类创造的全部知识财富来丰富自己的头脑,才能成为共产主义者。"(《共青团的任务》)什么叫"人类创造的全部知识财富"呢?顾名思义,内容一定是非常广泛的,生产斗争的知识、阶级斗争的知识等等一定都包括在里面。但我想文学作品在其中应该占极其重要的地位。文学作品能增长人的知识,开阔人的眼界,给人以美的享受,能在潜移默化中陶冶人的性灵,提高人的文化修养和鉴赏水平。而没有这种修养是很难完成自己的工作的。

但是,古今中外,文学作品浩如烟海,一个人即使用上毕生的精力也绝不会都读完的。因此就需要介绍。这一套《中外文学书目答问》就是为了给爱好文学的青年提供一些常识性的介绍,并做些阅读辅导。俗话说:"师父引进门,修行在个人。"青年们一定能够根据这些简单的介绍选出自己所喜爱的文学作品,再进一步阅读全书。如果只停留在阅读这些简单的介绍上,那不是我们的想法,也不是我们的希望。

阅读文学作品是不是只限于文学青年呢?不,不是这样。我在这里不谈理论,只举两个现实的例子,因为现实的例证最有说服力。一个例证是北京一所搞工业的学院,院领导给学生开了一门有关唐诗宋词的课。原意只不过想给他们增加点中国文学的常识，结果却收到了完全为始料所不及的效果：青年学生学了这些诗词大为激动，大为兴奋，他们原来不十分知道我们伟大祖国竟有这样一些伟大的作家和作品。现在他们觉得祖国更加可爱了，无形中却成了一门最好的爱国主义教育的课程。此外，在陶冶性灵方面也起到了积极的作用。我们相信，这对他们以后搞纯技术的工作也会有很大帮助的。

另一个例证是一个钢琴家。他旅居国外，名震遐迩。外国的音乐批评家都说他的弹奏中有一种说不出的优美深刻、从容大度的风格，是欧美钢琴家所没有的，使听者耳目为之一新。这种风格是从哪里来的呢？这位钢琴家自己说，这得力于他的父亲，他年幼时，父亲每天让他背一首唐诗宋词之类的旧诗词。积之既久，心中烂熟的那几百首旧诗词对他心灵的陶冶，不觉形之于钢琴弹奏中，从而产生让人赞叹的效果。

这两个例子生动地说明了，阅读文学作品不应只限于文学青年，其他各科的青年，不管学的是工程、技术，是自然科学，是房屋建筑，无一不需要读点文学作品。一般人的看法，认为学习理工的青年可以不必分心去读什么文学作品，这种看法是完全错误的。我们常常有这样的经验，走进一个家庭，走进一家旅馆，只要看一看他们房中的陈设，就可以知道，这家的主人和旅馆的主持人或建筑师有没有文化修养，文化修养是高还是低。至于园林的布置，建筑物的设计，更与这些修养有密不可分的联系，这是大家都承认的，用不着多说。有没有文化修养，文化修养之高与低，不但表现在上面说的这种情况上，也表现在一个人的言谈举止、应对进退上；有与没有，是高是低，给人的印象迥乎不同。

总而言之，我的用意只是想说，青年是我们未来希望之所寄托，他们的任务一是要不断提高自己的思想觉悟，由爱国主义、国际主义，进而走向共产主义，另一方面还要努力学习业务。除了自己专门的业务之外，一定要读一点中外文学作品，这同他们的终生事业有关，决不可以等闲视之。成为一个共产主义者是今天我们广大青年的抱负，但是想达到这个目的，光靠政治觉悟还是不够的，必须掌握"人类创造的全部知识财富"。

莫让时间再怕东方人

五六十年前,我在德国读书的时候,在一本书上读到了这样一句谚语:"所有的人都怕时间,时间独怕东方人。"这需要加一点解释。时间这玩意儿对任何人都一视同仁,"逝者如斯夫,不舍昼夜。"不管是国王,是皇帝,时间一点面子也不给留,一个劲儿地向前飞奔。"高堂明镜悲白发,朝如青丝暮成雪。"一转瞬间,人就老了,生命要划句号了。一想到这一点,谁人敢不害怕!

谚语里的"东方人",大概指的中东一带的人,也可能包含这地区以外的人。古代一部分波斯人,当然是有钱者和有闲者,过着慢悠悠的闲散生活。"树荫下一卷诗章,一瓶葡萄美酒,一点干粮。"对时间的流逝表现出不屑一顾的大无畏的精神,时间对他们毫无办法,束手无策,只好放下被一切人都畏惧的架子,拜倒在这样的"东方人"脚下,反而怕起他们来了。

印度人毕竟是有智慧的民族。他们的古代语言梵文是同义词最多的语言。别的且不说,只说 Kala 一个词儿,含义一是"时间",二是"死神"。他们直接把"时间"与"死亡"结合起来,显得有多么深刻,多么聪明!

中国人也毕竟是有智慧的民族。先秦时期,庄子就有"方生方死"的提法,把生与死直接联系起来,显得有多么辩证,多么真实!至于时间，古来多称作"光阴"。历代哲人贤士没有哪一个不提倡爱惜光阴的。"一寸光阴一寸金，寸金难买寸光阴"，是家喻户晓的。朱子有一首诗："少年易老学难成，一寸光阴不可轻。未觉池塘春草梦，阶前梧叶已秋声。"讲得更明白具体，更形象生动。

倘若援用我一开头引的那两句谚语，我们也可以说，我们中国人也是害怕时间的。

但是，从目前的情况看起来，我们生活节奏太慢太慢了。浪费时间的现象普遍存在。过去"铁饭碗"时期培养了一批懒人，终日无所事事。他们只吃干粮，喝美酒，却没有什么诗章。他们对时间也表现出一种不屑一顾的大无畏神态，时间对他们也是束手无策的。如果那一个谚语指的真是中东地区的人的话，我相信，今天那里的人早已改变了态度，决不会再让时间怕他们了。我倒有点担心，今天如果时间再怕"东方人"的话，这些"东方人"恐怕要包括一些我们的同胞在内。

我真诚希望：莫让时间再怕"东方人"。

青年的使命

北京大学的研究生同志们出一本论文集,要我写几句话作为前言。我愉快地接受了这一个任务。

集子里的文章我一篇也没有看,我这个前言只能说一些空话;但我确实希望,我的空话还能有一点实质性的内容,不至于流为废话。这一点有实质性内容的空话是我对青年们说过多少次的。这一次又能有机会对北大的研究生说一说,所以我感到愉快。

中国有两句老话:长江后浪推前浪,世上新人换旧人。又说:青出于蓝,而胜于蓝。这些话都是总结了人类发展的整个历史,也包括学术研究的历史在内而得出来的结论,是放之四海而皆准的。只有这样,人类才能发展,才能进步,才有光辉灿烂的前途。如果像九斤老太说的那样,一代不如一代,那么我们人类再过一些年就会退回到茹毛饮血的野蛮时代,再退恐怕就要退到猿猴阶段。这是完全不能够想象的。

但是,是不是年青的一代,新的一代。只要有年轻这一个条件作为靠山,把枕头垫得高高的,大睡其觉,一点努力也不需要,只要守株待兔就能青出于蓝而胜于蓝呢?当然不是。需要的正是它的反面。青年人一定要加倍努力,刻苦学习,持之以恒,锲而不舍,像马克思所说的那样攀登高峰,才能达到出蓝的境界。这里面,没有什么捷径,也没有什么灵丹妙药。一切懒惰的念头,一切取巧的办法,都要彻底丢掉。

  中国的学术研究已经有了几千年的历史,已经有了不知多少代师生衣钵相传的关系,每一代人都有自己的使命,都有自己的贡献,每一代人都是踏在前一代人的肩头上向上攀登的,今天我们学术研究的光辉成就就是这一代代人接力赛似的创造出来的。其中也包括向外国的借鉴。

  今后怎样呢?今后也决不会另外换一个样子。今天的青年人,今天的研究生,要从老师手里接过学术研究的火把,把它点得更亮,让它放出前所未有的光芒。要知道,将来还会有比你们更年轻的人出来接你们手中的火把,如此绵延不断,直至永恒。

  我同你们年龄悬殊,任务也不尽相同,但在历史的长河中,我们总的方向是一致的。我们要共同努力,奋发图强。前进吧,年轻人!

第三辑 那些记忆那些人

我的家

我曾经有过一个温馨的家。那时候,老祖和德华都还活着,她们从济南迁来北京,我们住在一起。

老祖是我的婶母,全家都尊敬她,尊称之为老祖。

她出身中医世家,人极聪明,很有心计。从小学会了一套治病的手段。有家传治白喉的秘方,治疗这种十分危险的病,十拿十稳,手到病除。因自幼丧母,没人替她操心,耽误了出嫁的黄金时刻,成了一位山东话称之为"老姑娘"的人。年近四十,才嫁给了我叔父,做续弦的妻子。她心灵中经受的痛苦之剧烈,概可想见。然而她是一个十分坚强的人,从来没有对人流露过,实际上,作为一个丧母的孤儿,又能对谁流露呢?

德华是我的老伴,是奉父母之命,通过媒妁之言同我结婚的。她只有小学水平,认了一些字,也早已还给老师了。她是一个真正善良的人,一生没有跟任何人闹过对立、发过脾气。她也是自幼丧母的,在她那堂姊妹兄弟众多的、生计十分困难的大家庭里,终日愁米愁面,当然也受过不少的苦,没有母亲这一把保护伞,有苦无处诉,她的青年时代是在愁苦中度过的。

至于我自己,我虽然不是自幼丧母,但是,六岁就离开母亲,没有母爱的滋味,我尝得透而又透。我大学还没有毕业,母亲就永远离开了我，这使我抱恨终天，成为我的"永久的悔"。我的脾气，不能说是暴躁，而是急躁。想到干什么，必须立刻干成，否则就坐卧不安。我还不能说自己是个坏人，因为，除了为自己考虑外，我还能为别人考虑。我坚决反对曹操的"宁要我负天下人，不要天下人负我"。

就是这样三个人组成了一个家庭。

为什么说是一个温馨的家呢？首先是因为我们家六十年来没有吵过一次架，甚至没有红过一次脸。我想，这即使不能算是绝无仅有，也是极为难能可贵的。把这样一个家庭称之为温馨不正是恰如其分吗？

我们全家都尊敬老祖，她是我们家的功臣。正当我们家经济濒于破产的时候，从天上掉下一个馅儿饼来：我获得一个到德国去留学的机会。我并没有什么凌云的壮志，只不过是想苦熬两年，镀上一层金，回国来好抢得一只好饭碗，如此而已。焉知两年一变而成了十一年。如果不是老祖苦苦挣扎，摆过小摊，卖过破烂，勉强让一老，我的叔父；二中，老祖和德华；二小，我的女儿和儿子，能够有一口饭吃，才得度过灾难。否则，我们家早已家破人亡了。这样一位大大的功臣，我们焉能不尊敬呢？

如果真有"毫不利己，专门利人"的人的话，那就是老祖和德华。她们忙忙叨叨买菜、做饭，等到饭一做好，她俩却坐在旁边看着我们狼吞虎咽，自己只吃残羹剩饭。这逼得我不由不从内心深处尊敬她们。

我们的家庭成员，除了"万物之灵"的人以外，还有几个并非万物之灵的猫……在白天，我出去散步，两只猫就跟在我后面，我上山，它们也上山；我下来，它们也跟着下来。这成为燕园中一道著名的风景线，名传遐迩。

然而，光阴如电光石火，转瞬即逝。到了今天，人猫俱亡，我们的家庭只剩下了我一个人，形单影只，过了一段寂寞凄苦的生活。

天无绝人之路。隔了不久，我的同事，我的朋友，我的学生，了解到我的情况之后，立刻伸出了爱援之手，使我又萌生了活下去的勇气。其中有一位天天到我家来"打工"，为我操吃操穿，读信念报，招待来宾，处理杂务，不是亲属，胜似亲属。让我深深感觉到，人间毕竟是温暖的，生活毕竟是"美丽的"（我讨厌这个词儿，姑一用之）。如果没有这些友爱和帮助，我恐怕早已登上了八宝山，与人世"拜拜"了。

那些非万物之灵的家庭成员如今数目也增多了。我现在有四只纯种的、从家乡带来的波斯猫，活泼、顽皮，经常挤入我的怀中，爬上我的脖子……

眼前，虽然我们家只剩下我一个孤家寡人，你难道能说这不是一个温馨的家吗？

2000 年 11 月 5 日

我的童年

回忆起自己的童年来,眼前没有红,没有绿,是一片灰黄。

70多年前的中国,刚刚推翻了清代的统治,神州大地,一片混乱,一片黑暗。我最早的关于政治的回忆,就是"朝廷"二字。当时的乡下人管当皇帝叫坐朝廷,于是"朝廷"二字就成了皇帝的别名。我总以为朝廷这种东西似乎不是人,而是有极大权力的玩意儿。乡下人一提到它,好像都肃然起敬。我当然更是如此。总之,当时皇威犹在,旧习未除,是大清帝国的继续,毫无万象更新之象。

我就是在这新旧交替的时刻,于1911年8月6日,生于山东省清平县(现改临清市)的一个小村庄——官庄。当时全中国的经济形势是南方富而山东(也包括北方其他的省份)穷。专就山东论,是东部富而西部穷。我们县在山东西部又是最穷的县,我们村在穷县中是最穷的村,而我们家在全村中又是最穷的家。

我们家据说并不是一向如此。在我诞生前似乎也曾有过比较好的日子。可是我降生时祖父、祖母都已去世。我父亲的亲兄弟共有三人,最小的一个(大排行是第十一,我们把他叫一叔)送给了别人,改了姓。我父亲同另外的一个弟弟(九叔)孤苦伶仃,相依为命。房无一间,地无一垄,两个无父无母的孤儿,活下去是什么滋味,活着是多么困难,概可想见。他们的堂伯父是一个举人,是方圆几十里最有学问的人物,做官做到一个什么县的教谕,也算是最大的官。他曾养育过我父亲和叔父,据说待他们很不错。可是家庭大,人多是非多。他们俩有几次饿得到枣林里去捡落到地上的干枣充饥。最后还是被迫弃家(其实已经没了家)出走,兄弟俩逃到济南去谋生。"文化大革命"中我自己"跳出来"反对那一位臭名昭著的"第一张马列主义大字报"的作者,惹得她大发雌威,两次派人到我老家官庄去调查,一心一意要把我"打成"地主。老家的人告诉那几个"革命"小将,说如果开诉苦大会,季羡林是官庄的第一名诉苦者,他连贫农都不够。

我父亲和叔父到了济南以后,人地生疏,拉过洋车,扛过大件,当过警察,卖过苦力。叔父最终站住了脚。于是兄弟俩一商量,让我父亲回老家,叔父一个人留在济南挣钱,寄钱回家,供我的父亲过日子。

我出生以后,家境仍然是异常艰苦。一年吃白面的次数有限,平常只能吃红高粱面饼子;没有钱买盐,把盐碱地上的土扫起来,在锅里煮水,腌咸菜;什么香油,根本见不到。一年到底,就吃这种咸菜。举人的太太,我管她叫奶奶,她很喜欢我。我三四岁的时候,每天一睁眼,抬脚就往村里跑(我们家在村外),跑到奶奶跟前,只见她把手一卷,卷到肥大的袖子里面,手再伸出来的时候,就会有半个白面馒头拿在手中,递给我。我吃起来,仿佛是龙胆凤髓一般,我不知道天下还有比白面馒头更好吃的东西。这白面馒头是她的两个儿子(每家有几十亩地)特别孝敬她的。她喜欢我这个孙子,每天总省下半个,留给我吃。在长达几年的时间内,这是我每天最高的享受,最大的愉快。

大概到了四五岁的时候,对门住的宁大婶和宁大姑,每年夏秋收割庄稼的时候,总带我走出去老远到别人割过的地里去拾麦子或者豆子、谷子。一天辛勤之余,可以捡到一小篮麦穗或者谷穗。晚上回家,把篮子递给母亲,看样子她是非常喜欢的。有一年夏天,大概我拾的麦子比较多,她把麦粒磨成面粉,贴了一锅死面饼子。我大概是吃出味道来了,吃完了饭以后,我又偷了一块吃,让母亲看到了,赶着我要打。我当时是赤条条浑身一丝不挂,我逃到房后,往水坑里一跳。母亲没有法子下来捉我,我就站在水中把剩下的白面饼子尽情地享受了。

现在写这些事情还有什么意义呢?这些芝麻绿豆般的小事是不折不扣的身边琐事,使我终生受用不尽。它有时候能激励我前进,有时候能鼓舞我振作。我一直到今天对日常生活要求不高,对吃喝从不计较,难道同我小时候的这一些经历没有关系吗?我看到一些独生子女的父母那样溺爱子女,也颇不以为然。儿童是祖国的花朵,花朵当然要爱护,但爱护要得法,否则无异是坑害子女。

不记得是从什么时候起我开始学着认字,大概也总在4岁到6岁之间。我的老师是马景功先生。现在我无论如何也记不起有什么类似私塾之类的场所,也记不起有什么《百家姓》、《千字文》之类的书籍。我那一个家徒四壁的家就没有一本书,连带字的什么纸条子也没有见过。反正我总是认了几个字,否则哪里来的老师呢?马景功先生的存在是不能怀疑的。

虽然没有私塾,但是小伙伴是有的。我记得最清楚的有两个:一个叫杨狗,我前几年回家,才知道他的大名,他现在还活着,一字不识;另一个叫哑巴小(意思是哑巴的儿子),我到现在也没有弄清楚他姓甚名谁。我们三个天天在一起玩水、打枣、捉知了、摸虾,不见不散,一天也不间断。后来听说哑巴小当了山大王,练就了一身蹿房越脊的惊人本领,能用手指抓住大庙的椽子,浑身悬空,围绕大殿走一周。有一次被捉住,是十冬腊月,赤身露体,浇上凉水,被捆起来,倒挂一夜,仍然能活着。据说他从来不到官庄来作案,"兔子不吃窝边草",这是绿林英雄的义气。后来终于被捉杀掉。我每次想到这样一个光着屁股游玩的小伙伴竟成为这样一个"英雄",就颇有骄傲之意。

我在故乡只呆了6年,我能回忆起来的事情还多得很,但是我不想再写下去了。已经到了同我那一个一片灰黄的故乡告别的时候了。

我6岁那一年,是在春节前夕,公历可能已经是1917年,我离开父母,离开故乡,是叔父把我接到济南去的。叔父此时大概日子已经可以了,他兄弟俩只有我一个男孩子,想把我培养成人,将来能光大门楣,只有到济南去一条路。这可以说是我一生中最关键的一个转折点,否则我今天仍然会在故乡种地(如果我能活着的话),这当然算是一件好事。但是好事也会有成为坏事的时候。"文化大革命"中间,我曾有几次想到:如果我叔父不把我从故乡接到济南的话,我总能过一个浑浑噩噩但却舒舒服服的日子,哪能被"革命家"打倒在地,身上踏上一千只脚还要永世不得翻身呢?呜呼,世事多变,人生易老,真叫做没有法子!

到了济南以后,过了一段难过的日子。一个六七岁的孩子离开母亲,他心里会是什么滋味,非有亲身经历者,实难体会。我曾有几次从梦里哭着醒来。尽管此时不但能吃上白面馒头,而且还能吃上肉,但是我宁愿再啃红高粱饼子就苦咸菜。这种愿望当然只是一个幻想。我毫无办法,久而久之,也就习以为常了。

叔父望子成龙,对我的教育十分关心。先安排我在一个私塾里学习。老师是一个白胡子老头，面色严峻，令人见而生畏。每天入学，先向孔子牌位行礼，然后才是"赵钱孙李"。大约就在同时，叔父又把我送到一师附小去念书。这个地方在旧城墙里面，街名叫升官街，看上去很堂皇，实际上"官"者"棺"也，整条街都是做棺材的。此时五四运动大概已经起来了。校长是一师校长兼任，他是山东得风气之先的人物，在一个小学生眼里，他是一个大人物，轻易见不到面。想不到在十几年以后，我大学毕业到济南高中去教书的时候，我们俩竟成了同事，他是历史教员。我执弟子礼甚恭，他则再三逊谢。我当时觉得，人生真是变幻莫测啊！

因为校长是维新人物，我们的国文教材就改用了白话。教科书里面有一段课文，叫做《阿拉伯的骆驼》。故事是大家熟知的。但当时对我却是陌生而又新鲜，我读起来感到非常有趣味，简直是爱不释手。然而这篇文章却惹了祸。有一天，叔父翻看我的课本，我只看到他蓦地勃然变色。"骆驼怎么能说人话呢？"他愤愤然了，"这个学校不能念下去了，要转学！"

于是我转了学。转学手续比现在要简单得多，只经过一次口试就行了。而且口试也非常简单，只出了几个字叫我们认。我记得字中间有一个"骡"字，我认出来了，于是定为高一（高小一年级）。一个比我大两岁的亲戚没有认出来，于是定为初三（初小三年级）。为了一个字，我占了一年的便宜。这也算是轶事吧。

这个学校靠近南圩子墙，校园很空阔，树木很多。花草茂密，景色算是秀丽的。在用木架子支撑起来的一座柴门上面，悬着一块木匾，上面刻着四个大字："循规蹈矩"。我当时并不懂这四个字的涵义，只觉得笔画多得好玩而已。我就天天从这个木匾下出出进进，上学，游戏。当时立匾者的用心到了后来我才了解，无非是想让小学生规规矩矩做好孩子而已。但是用了四个古怪的字,小孩子谁也不懂,结果形同虚设,多此一举。

我"循规蹈矩"了没有呢?大概是没有。我们有一个珠算教员,眼睛长得凸了出来,我们给他起了一个绰号,叫作 shao-qian(济南话,意思是知了)。他对待学生特别蛮横。打算盘,错一个数,打一板子。打算盘错上十个八个数,甚至上百数,是很难避免的。我们都挨了不少的板子。不知是谁一嘀咕:"我们架(小学生的行话,意思是赶走)他!"立刻得到大家的同意。我们这一群十岁左右的小孩也要"造反"了。大家商定:他上课时,我们把教桌弄翻,然后一起离开教室,躲在假山背后。我们自己认为这个锦囊妙计实在非常高明,如果成功了,这位教员将无颜见人,非卷铺盖回家不可。然而我们班上出了"叛徒",虽然只有几个人,他们想拍老师的马屁,没有离开教室。这一来,大大长了老师的气焰,他知道自己还有"群众",于是威风大振,把我们这一群不知天高地厚的"叛逆者"狠狠地用大竹板打手心打了一阵,我们每个人的手都肿得像发面馒头。然而没有一个人掉泪。我以后每次想到这一件事,觉得很可以写进我的"优胜纪略"中去。"革命无罪,造反有理",如果当时就有那一位伟大的"革命家"创造了这两句口号,那该有多么好呀!

谈到学习,我记得在三年之内,我曾考过两个甲等第三(只有三名甲等),两个乙等第一,总起来看,属于上等,但是并不拔尖。实际上,我当时并不用功,玩的时候多,念书的时候少。我们班上考甲等第一的叫李玉和,年年都是第一。他比我大五六岁,好像已经很成熟了,死记硬背,刻苦努力,天天皱着眉头,不见笑容,也不同我们打闹。我从来就是少无大志,一点也不想争那个状元。但是我对我这一位老学长并无敬意，还有点瞧不起的意思，觉得他是非我族类。

我虽然对正课不感兴趣，但是也有我非常感兴趣的东西，那就是看小说。我叔父是古板人，把小说叫作"闲书"，闲书是不许我看的。在家里的时候，我书桌下面有一个盛白面的大缸，上面盖着一个用高粱秆编成的"盖垫"（济南话）。我坐在桌旁，桌上摆着《四书》，我看的却是《彭公案》、《济公传》、《西游记》、《三国演义》等等旧小说。《红楼梦》大概太深，我看不懂其中的奥妙，黛玉整天价哭哭啼啼，为我所不喜，因此看不下去。其余的书都是看得津津有味。冷不防叔父走了进来，我就连忙掀起盖垫，把闲书往里一丢，嘴巴里念起"子曰"、"诗云"来。

到了学校里，用不着防备什么，一放学，就是我的天下。我往往躲到假山背后，或者一个盖房子的工地上，拿出闲书，狼吞虎咽似的大看起来。常常是忘记了时间，忘记了吃饭，有时候到了大黑，才摸回家去。我对小说中的绿林好汉非常熟悉，他们的姓名背得滚瓜烂熟，连他们用的兵器也如数家珍，比教科书熟悉多了，自己当然也希望成为那样的英雄。有一回，一个小朋友告诉我，把右手五个指头往大米缸里猛戳，一而再，再而三，一直到几百次，上千次。练上一段时间以后，再换上沙粒，用手猛戳，最终可以练成铁沙掌，五指一戳，能够戳断树木。我颇想有一个铁沙掌，信以为真，猛练起来，结果把指头戳破了，鲜血直流。知道自己与铁沙掌无缘，遂停止不练。

学习英文，也是从这个小学开始的。当时对我来说，外语是一种非常神奇的东西。我认为，方块字是天经地义，不用方块字，只弯弯曲曲像蚯蚓爬过的痕迹一样，居然能发出音来，还能有意思，简直是不可思议。越是神秘的东西，便越有吸引力。英文对于我就有极大的吸引力。我万没有想到望之如海市蜃楼般的可望而不可即的东西竟然唾手可得了。我现在已经记不清楚，学习的机会是怎么来的。大概是一位教员会点英文，他答应晚上教一点，可能还要收点学费。总之，一个业余英文学习班很快就组成了，参加的大概有十几个孩子。究竟学了多久，我已经记不清楚，时候好像不太长，学的东西也不太多，26个字母以后，学了一些单词。我当时有一个非常伤脑筋的问题：为什么"是"和"有"算是动词，它们一点也不动嘛。当时老师答不上来；到了中学，英文老师也答不上来。当年用"动词"来译英文的 verb 的人，大概不会想到他这个译名惹下的祸根吧。

　　每次回忆学习英文的情景时，我眼前总有一团零乱的花影，是绛紫色的芍药花。原来在校长办公室前的院子里有几个花畦，春天一到，芍药盛开，都是绛紫色的花朵。白天走过那里，紫花绿叶，极为分明。到了晚上，英文课结束后，再走过那个院子，紫花与绿叶化成一个颜色，朦朦胧胧的一堆一团，因为有白天的印象，所以还知道它们的颜色。但夜晚眼前却只能看到花影，鼻子似乎有点花香而已。这一幅情景伴随了我一生，只要是一想起学习英文，这一幅美妙无比的情景就浮现到眼前来，带给我无量的幸福与快乐。

　　然而时光像流水一般飞逝，转瞬三年已过，我小学该毕业了，我要告别这一个美丽的校园了。我13岁那一年，考上了城里的正谊中学。我本来是想考鼎鼎大名的第一中学的，但是我左衡量，右衡量，总觉得自己这一块料分量不够，还是考与"烂育英"齐名的"破正谊"吧。我上面说到我幼无大志，这又是一个证明。正谊虽"破"，风景却美。背靠大明湖，万顷苇绿，十里荷香，不啻人间乐园。然而到了这里，我算是已经越过了童年，不管正谊的学习生活多么美妙，我也只好搁笔，且听下回分解了。

综观我的童年，从一片灰黄开始，到了正谊算是到达了一片浓绿的境界——我进步了。但这只是从表面上来看，从生活的内容上来看，依然是一片灰黄。即使到了济南，我的生活也难找出什么有声有色的东西。我从来没有什么玩具，自己把细铁条弄成一个圈，再弄个钩一推，就能跑起来，自己就非常高兴了。贫困、单调、死板、固执，是我当时生活的写照。接受外面信息，仅凭五官。什么电视机、收录机，连影儿都没有。我小时连电影也没有看过，其余概可想见了。

今天的儿童有福了。他们有多少花样翻新的玩具呀！他们有多少儿童乐园、儿童活动中心呀！他们饿了吃面包，渴了喝这可乐那可乐，还有牛奶、冰激凌；电影看厌了，看电视；广播听厌了，听收录机。信息从天空、海外，越过高山大川，纷纷蜂拥而来，他们才真是"儿童不出门，便知天下事"。可是他们偏偏不知道旧社会。就拿我来说，如果不认真回忆，我对旧社会的情景也逐渐淡漠，有时竟淡如云烟了。

今天我把自己的童年尽可能真实地描绘出来，不管还多么不全面，不管怎样挂一漏万，也不管我的笔墨多么拙笨，就是上面写出来的那些，我们今天的儿童读了，不是也可以从中得到一点启发，从中悟出一些有用的东西来吗？

1986 年 6 月 6 日

北京忆旧

我不是北京人,但是先后在北京住了四十六年之久,算得上一个老北京人了。讲到回忆北京旧事,我自觉是颇有一些资格的。

可是,回忆并不总是愉快的。俗话说:"一部二十四史,不知从何说起。"我遇到的也是这个困难,不是无可回忆,而是要回忆的东西实在太多了。一想到四十六年的北京生活,脑海里就像开了幻灯铺,一幕一幕,倏忽而过。论建筑则有楼台殿阁,佛寺尼庵,阳关大道,独木小桥,无穷无尽的影像。论人物则有男女老幼,国内国外,黑眼黑发,碧眼黄发,无穷无尽的面影。再加上自然风光,春花秋月,夏雨冬雪,延庆密林,西山红叶,混搅成一团,简直就像是七宝楼台,海市蜃楼,五光十色,迷离模糊。到了此时,我自己几乎不知置身何地了。

现在先从小事回忆起吧。

我想回忆一下中关村电子一条街。

在我居京的四十六年中,有四十年我住在清华园和燕园,都同今天的电子一条街是近邻。自从我国政府决定在海淀区成立一种经济特区以来,电子一条街就名扬四海。今天,在这里,几乎日夜车水马龙,熙熙攘攘,街两旁店铺鳞次栉比,如雨后春笋,经营的几乎都是先进技术。敏感之士已经感到,将来仅有的几家不是经营现金技术的铺子,比如说饭馆、服装店之类,将会逐渐被挤走,而代之以有能力付特高租金的店铺,将来在海淀区吃饭穿衣都要遇到困难了。我佩服这些人的先见之明。我这个人虽然也还算敏感,但还没有达到这样高的水平,我还没有这样的杞忧。我只是有时候回忆起几十年前的这个地方,心中憬然若有所悟。可惜今天有我这种感觉的人恐怕很少很少了。今天的青年,甚至中年,看到的只是眼前的繁华景象,他们想的是跃跃欲试,逐鹿于电子战场,成为胜利者,手挥微机,头戴桂冠。至于此地过去如何,确定与他们无关,何必去伤这一份脑筋呢?

我生也早,现在已近耄耋之年。早生有早生的好处,但也有早生的包袱。我现在背的就是这样的包袱。我看电子一条街,同中青年们不完全一样。我既看到现在热闹的一面,又看到过去与热闹截然相反的一面。有时候这两面在我眼前重叠起来,我很自然地就起流光如驶之感,不禁大为慨叹。这种慨叹有什么用处呢?我说不出,看来恐怕不会有多大用处。明知没有多大用处,又何苦去回忆呢?我是身不由己,无能为力。既然生早了,亲眼看到这个地方原先的情况,就无法抑制自己不去回忆。这就是我现在的包袱。

将近六十年前,当我住在清华园读书的时候,晚饭之后,有时候偕一两友好漫步出校南门,边走边谈,忘路之远近,间或走得颇远。留给我印象最深的是在深秋时分,我们往往走到一处人迹罕至的地方,衰草荒烟,景象萧森,举目四望,不见人家。但见野坟数堆,暮鸦几点,上下相映,益增荒寒,回望西天,残阳如血,余晖闪熠在枯草叶上。此时我感到鬼气森森,赶快收住脚步,转身回到清华园,仿佛又回到了人间。

计算地望,我当年到的那个地方,应该就是今天的中关村、电子一条街一带。这一点我认为是可以肯定的。我离开清华以后,再也没有到这里来过。1946年回到北平,也没有来过。1952年从城里搬到燕园,时过境迁,我对这个地方,早已忘得干干净净了。我在蓝旗营一公寓住了十年。初来时,门前的马路还没有。现在电子一条街修马路更在以后。这里修马路时,我当时的想法是,修这样宽的马路干嘛呀!到了今天,马路扩展了一倍,仍然时有堵塞。仅仅三十几年,这里的变化竟如此巨大,我们的脑筋跟上时代的步伐竟如此困难。古人说沧海桑田,确有其事;论到速度,又是今非昔比了。

我从前读杨街之《洛阳伽蓝记》、唐段成式《寺塔记》、刘肃《大唐新语》等等书籍,常作遐想。书中描绘洛阳、长安等城市升沉衍变的情况,作者一腔思古之幽情,流露于楮墨之间,读来异常亲切感人。我原以为这是古人的事,于今渺矣茫矣。但是,现在看来,我自己亲身经历的类似电子一条街这样的变迁,岂非同古人一模一样吗?唯一的区别只在于,我只经历了六七十年,而古人经历的比较长而已。六七十年在人类历史上不能算太长;但也不能说太短,中国历史上有一些朝代也不过如此。我个人的经历应该算得上一部短短的历史了。

人是非常容易怀旧的,怀旧往往能带来某一种愉快。但是,到了我这样的年龄,我看到的经历过的已经太多太多了,"悲欢离合总无情",有时候我连怀旧都有点懒怠了。今天写这一篇短文,一非想怀旧,二非想思古。不过偶尔想到,觉得别人未必知道,所以就写了下来。这决不会影响电子一条街的人士发财致富,也不会帮助他们财运亨通。当他们饱饮可口可乐之余,对他们来说,这样琐细的回忆足资谈助而已。

清华梦忆

人有人格,国有国格,校也有校格。

就以北大和清华而论,两校同为全国最高学府,共同之处当然很多;但是不同之处也颇突出。这就是所谓两校校格不同。

不同之处究竟何在呢?

这是一个大题目,恐怕开上几次国际研讨会,也难以说得明白的。我现在不揣谫陋,聊陈己见。

整整七十年前,在1930年,我从山东到北京(平)来考大学。来自五湖四海的五六千学生,心目中最高的目标就是北大和清华。但是这两所大学门槛是异常高的,往往是几十个学生中才能录取一个。我有幸两所大学都录取了。由于我幻想把自己这一个渺小粗陋的身躯镀上一层不管是多么薄的金子,好以此吓唬人,抢得一只好饭碗。而镀金只能出国留学,留学的机会清华比北大多一些。所以我就舍北大而取清华。

在清华住了一段时间以后,对清华的校格逐渐明确了,最后形成了初步的看法。我在北大有不少朋友,言谈之间,也了解到了北大的一些情况,于是对北大的校格也逐渐形成了一个明确的概念。我恍然大悟,两所大学的校格原来竟是有许多不同之处的。

我从小处谈起,先举一个小例子。在清华,呼唤服务的工人,一般都叫作"工友"。在北大,据说是叫"听差"。而在朝阳大学则是"茶房"。在清华,工人和教师、学生处于平等的地位上。在北大则处于主仆的地位。而在朝阳大学则是处于雇客与旅馆杂役的地位。这是一件十分细微的末节;然而却是多么生动,多么清楚,又多么耐人寻味。

其中原因,我认为,并不复杂。清华建立的基础是美国退还的庚子赔款,完全受美国的影响,受资本主义的影响,身上没有封建的包袱。而北大则是由京师大学堂转变成的,身上背着几千年的封建传统。好的方面是文化基础雄厚,坏的方面是封建主义严重。我听人说到过——据说这并不是笑话——,北大初建时,学习西方,有体操一门课,聘请了专门的体操教员,这些人当然都是平头老百姓。而被他们训练的学生则很多都是世荫的二三品大员。教员发口令时,不敢明目张胆地喊出"立正!""稍息!",于是想出了一个奇妙的办法,改变舶来的口令,大喊:"老爷们立正!""老爷们稍息!"从这些小事儿也可以看出来,清华多的是资本主义,北大多的是封建主义。

但是,稍有一点辩证法常识的人都会知道,世间事物都是一分为二的。北大的封建主义也能产生好的效果,如果北大没有这样浓重的封建传统或者气氛,五四运动,即使是注定要爆发,也决不会是在北大。你能够想象清华会爆发反封建的五四运动吗?即使1919年清华已经建成了大学,而不是留美预备学校,这样的事情也决不会出现的。人们常说,坏事变好事,北大的封建传统促成了改变中国面貌的启蒙运动,不正证实了这一句话吗?

五四运动对中国,特别是对中国学界,更特别是对北大,留下了深远的影响。北大学生继承了自东汉太学生起就有了的关心国家大事,天下兴亡、匹夫有责的爱国主义传统,对政治动向特别敏感,到了五四运动，达到了一个高潮。从那以后，历届学生运动几乎都从北大开始就是一个证明。在这方面，清华并不落后，"一二·九"运动就是一个生动的例证。在这一点上，清华与北大是有相同之处的。

我在清华呆了四年，而在北大则已经呆了五十四年，是清华的十几倍。我一直到今天还在不断考虑两校同异的问题。我一向不赞成西方那种以分析的思维模式为基础的一、二、三、四，A、B、C、D的分析方法，而垂青于中国的以综合的思维模式为基础的评断方法。中国古代月旦人物，品评艺术，都不采用分析的方法，而是选用几个简单的、生动的、形象的，看似模糊而实则内涵极为丰富的词语，形神毕具，给人以无量的暗示能力，给人以无限的想象活动的余地。根据这一条准则，我用四个字来表示清华的校格，这四个字是：清新俊逸。给北大的则是：凝重深厚。二者各有千秋，无所轩轾于其间。但二者是能够，也是必须互相学习的。这样做是互补的，两利的。谁要是想成为"老子天下第一"，那就必然会是"可怜无补费精神"。

以上是我对北大和清华两校校格的看法，也是我对两校的希望和祝福。

在母校将庆祝成立九十年华诞之际，《清华大学学报》（哲社版）的副主编刘石教授写信给我，要我写点纪念文字。这是我义不容辞的。但是，可写的东西真是太多太多了。想来想去，终于决定了写上面这一番怪论。我自己说它是"怪论"，这是我以退为进的手法，我是一点也不觉得它有什么"怪"的。如果我真正认为它怪，我就决不会写出来出自己的丑。我认为，这是我一家之言，是长期思考的结果。我希望能够在北大、清华两校找到一些知音。

2000 年 11 月 7 日

德国学习生活回忆

我于1934年在清华大学西洋文学系毕业,到母校济南省立高中去教了一年国文。1935年秋天,考取清华大学与德国交换研究生,到德国著名的大学城哥廷根去继续学习。

首先碰到的一个问题就是学习科目。我曾经想学习古希腊文和拉丁文。但是当时德国中学生要学习八年拉丁文、六年希腊文。我补习这两种古代语言至少也要费上几年的时间,那是无论如何也做不到的。为这个问题,我着实烦恼了一阵。有一天,我走到大学的教务处去看教授开课的布告。偶然看到Waldschmidt教授要开梵文课。这一下子就勾引起我旧有的兴趣:学习梵文和巴利文。从此以后,我在这个只有十万人口的小城住了整整十年,绝大部分精力就用在学习梵文和巴利文上。

我到哥廷根时,法西斯头子才上台两年。又过了两年,1937年,日本法西斯就发动了侵华战争。再过两年,1939年,德国法西斯就发动了第二次世界大战。在漫长的十年当中,我没有过上几天平静舒适的日子。到了德国不久,就赶上黄油和肉定量供应,而且是越来越少。二次大战一爆发,面包立即定量,也是同样的规律:越来越少,而且越来越坏。到了后来,黄油基本上不见,做菜用的油是什么化学合成的。每月分配到的量很少,倒入锅中,转瞬一阵烟,便一切俱逝。做面包的面粉大部分都不是面粉。德国人自己也不知道是什么东西,有的说是海鱼粉做成,有的又说是木头炮制的。刚拿到手,还可以入口。放上一夜,就腥臭难闻。过了几年这样的日子,天天挨饿,做梦也梦到祖国吃的东西。要说真正挨饿的话,那才算是挨饿。有一次我同一位德国小姐骑自行车下乡去帮助农民摘苹果,因为成丁的男子几乎都被征从军,劳动力异常缺少。劳动了一天,农民送给我一些苹果和五磅土豆。我回家以后,把五磅土豆一煮,一顿饭吃个精光,但仍毫无饱意。挨饿的程度,可以想见。我当时正读俄国作家果戈理的《钦差大臣》,其中有一个人没有东西吃,脱口说了一句:"我饿得简直想把地球一口气吞下去。"我读了,大为高兴,因为这位俄国作家在多少年以前就说出了我心里的话。

然而,我的学习并没有放松。我仍然是争分夺秒,把全部的时间都用于学习。我那几位德国老师使我毕生难忘。西克教授(Prof. EmilSieg)当时已到耄耋高龄,早已退休,但由于Waldschmidt被征从军,他又出来代理。这位和蔼可亲诲人不倦的老人治学谨严,以读通吐火罗语,名扬国际学术界。他教我读波颠阇利的《大疏》,教我读《梨俱吠陀》,教我读《十王子传》,这都是他的拿手好戏。此外,他还殷切地劝我学习吐火罗语。我原来并没有这个打算,因为,从我的能力来说,我学习的东西已经够多的了。但是他的盛意难却,我就跟他念起吐火罗语来。同我同时学习的还有一个比利时的学者W. Couvreur,Waldschmidt教授每次回家休假,还关心指导我的论文。就这样,在战火纷飞下,饥肠辘辘中,我完成了我的学习,Waldschmidt教授和其他两个系——斯拉夫语言系和英国语言系——的有关教授对我进行了口试。学习算是告一段落。有一些人常说：学术无国界。我以前对于这句话曾有过怀疑：学术怎么能无国界呢？一直到今天，就某些学科来说，仍然是有国界的。但是，也许因为我学的是社会科学，从我的那些德国老师身上，确实可以看出，学术是没有国界的。他们对我从来没有想保留一手。循循善诱，谆谆教导，连想法和资料，对我都是公开的。他们为什么这样做呢？难道他们不是想使他们从事的那种学科能够传入迢迢万里的中国来生根发芽结果吗？

此时战争已经形势大变。德国法西斯由胜转败，只有招架之功，没有还手之力。最初英美的飞机来德国轰炸时，炸弹威力不大，七八层的高楼仅仅只能炸坏最上面的几层。法西斯头子尾巴大翘，狂妄地加以嘲讽。但是过了不久，炸弹威力猛增，往往是把高楼一炸到底，有时甚至在穿透之后从地下往上爆炸。这时轰炸的规模也日益扩大，英国白天来炸，美国晚上来炸，都用的是"铺地毯"的方式，意思就是炸弹像铺地毯一样，一点空隙也不留。有时候，我到郊外林中去躲避空袭，躺在草地上仰望英美飞机编队飞过，机声震地，黑影蔽天，一躺就是个把小时。

我就是在这样饥寒交迫、机声隆隆中学习的。我当然会想到祖国，此时祖国在我心头的分量比什么时候都大。然而她却在千山万水之外，云天渺茫之中。我有时候简直失掉希望，觉得今生再也不会见到最亲爱的祖国了。同家庭也失掉联系。我想改杜甫的诗："烽火连三岁，家书抵亿金。"我曾在当时写成的一篇短文里写道："乡思使我想到：我是一个有故乡和祖国的人。"也许现在的人们无法理解这样一句平凡简单然而又包含着许多深意的话。我当时是了解的，现在当然更能了解了。

在这里，我想着重提一下德国人民的友好情谊。大家都知道，在 30 年代末 40 年代初,中国,除了解放区以外,是在国民党统治下的,外交无能,内政腐败,黄钟毁弃,瓦釜雷鸣,是一个被人家瞧不起的国家,何况德国法西斯更是瞧不起所谓"有色人种"的。法西斯头子希特勒时有所表露,而他的话又是被某一些德国人奉为金科玉律的。然而,在广大人民群众中,情况却完全两样。我在德国住了那样长的时间,从来没有碰到种族歧视的粗野对待。我的女房东待我像自己的孩子一样,离别时她痛哭失声。我的老师,我上面已经讲到过,对我在学术上要求极严,但始终亲切和蔼,令我如在春风化雨中。对一个远离祖国有时又有些多愁善感的年轻人来说,这是极大的安慰,他使我有勇气在饥寒交迫、精神极度愁苦中坚持下去,一直看到法西斯的垮台。

法西斯垮台以后,德国已经是一片废墟。我曾到哈诺弗去过一趟。这个百万人口的大城,城里面光留下一个空架子。几乎没有什么居民。大街两旁全是被轰炸过的高楼大厦,只剩下几堵墙。沿墙的地下室窗口旁,摆满上坟用的花圈。据说被埋在地下室里的人成千上万。当时轰炸后,还能听到里面的求救声,但没法挖开地下室救他们。声音日渐微弱,终于无声地死在里边。现在停战了,还是无法挖开地下室,抬出尸体。家人上坟就只好把花圈摆在窗外。这种景象实在让人毛骨悚然。

这时已是 1945 年深秋,我到德国已经整整十年了。我同几个中国同乡,乘美军的汽车,到了瑞士,在那里住了将近半年。1946 年夏天回国。从此结束了我那漫长的流浪生活。

几件小事

以纲兄（张维）日前来舍下，告诉我，留德同学准备出一本回忆留学德国时的情景的书。这让我立即又回忆起六七十年以前的留德往事，一股温馨的热流注满胸中，认为这是一件十分有意义的事，没有丝毫迟疑，就应允奉陪。若干年前，我曾出版过一本《留德十年》，颇受到读者的欢迎。在留德同学中，这样的书还是不多见的。不管我的笔墨是如何拙劣，我的情感却是不折不扣的真实的。我以有这样一本书而感到自慰。全书十多万字，自谓已颇详尽。但今天再看，挂万漏一的现象，还是有的。我对德国师友怀念感激之情，对德国人民钦佩之心，并没能完全写尽。现在有了这样一个弥补的良机，我乐不可遏，立即拿起笔来，写出几件小事。

一个盛刮胡子刀架的塑料盒

我于1935年夏天到了德国的柏林，临时在大街上一个小杂货铺里买了一个盛刮胡子刀片架的小盒，颜色是深紫的，非木非金属，大概也是一种什么塑料制成的，并不起眼儿，决非名牌，我临时急需，顺便买来而已。

可是我万万没有想到，就是这样一个我并不特别重视的小盒，竟陪伴了我六十多年，到现在我仍然天天用它，它仍然是完好无缺，没有变形，没有损坏。我日常使用的钢笔、小刀之类的东西，日常服用的衣、裤、鞋、袜等等，早已不知道换了多少代了，独独这一个小盒子却赫然在目，仍然像六十多年以前那样，天天为我服务。

这个小盒子是见过大世面的。它在德国陪了我整整十年，在瑞士陪了我半年，又陪我经过法国和越南回到祖国。我在亚洲到过许多国家，四下日本，五赴印度，两访韩国，至于香港和澳门都曾留下我的游踪。非洲我走过大半个，短期的出国，以及在国内的旅行，更无法统计次数。衣服屡屡更换，用品常常翻新，以不变应万变者，唯此一个小盒。

对于这样一个事实，我最初并没有感觉到。1965年，我在农村中搞四清。有一天，小盒忽然不见了，我急得满头大汗，怀疑是房东小孩由于好奇拿去玩了。后来忽然又神奇地找到了它，心中大喜。从此我才意识到它对于我的重要性。十年浩劫中，我自己跳出来，一跳就跳进了牛棚。在牛棚中，自己的性命就悬在牢头禁子的长矛尖上，谁还有胆量和兴致去刮胡子。囚首丧面，古有明训。胡子拉碴，习以为常。同我的小盒子真是久违久违了。一想起来，心里就不是滋味。到现在又已过去了三十多年，而小盒仍然在我的洗脸盆中。一看到它，心里就有说不出的温暖。我这位终生陪伴我的老友，忽然变得大了起来，大到充天地塞宇宙。它是我这个望九老人一生坎坎坷坷的见证人。

写到这里，我自己也觉有点好笑起来。我这不是博士卖驴，满纸七张，不见"驴"字了吗？其实，我的"驴"字是非常清楚的。试问世界上有哪一个国家能够制造出一件微不足道的器物而能六七十年不变形不磨损的？我敢说：没有！没有！在这一件小事儿的背后隐藏着的是德国民族的伟大与真诚。在当今全世界大声吆喝争创名牌的喧嚣声中，一个沉默不语的德国制的小盒子，给了我们最高的启示。

零修

零修业务是在中国常见的一个行当,一说大家就明白。居家过日子,马桶跑水了,水龙头滴水了,门窗什么地方破坏了,电灯出了毛病了,如此等等,谁家都难以避免。所以,每一个学校,每一个机关,几乎都有主管零修的机构,或组或科,名称不一,作用则是相同的,而且有的还是昼夜值班,可见它的重要,不可或缺。

然而,我在德国住了整整十年,时间不可谓短,我可从来没有"零修"这个词儿,也从来没有碰到零修这种事儿。我住在德国人家里,一切设备全是现成的。这一间房子本来是房东老夫妻俩的独生子住的。高中毕业后,儿子到外地一个工学院去念读,房间空下来了,于是就出租。儿子使用的设备,一应俱全,一件没动,我就住在里面。一切杂务全由女房东一个人操作,包括铺床叠被、洗衣服、擦皮鞋等等,每天还给我做一顿晚餐。

哥廷根是一座大学城,人口只有十万,而学生往往就占二三万。学校没有宿舍,除了一些名目繁多的学生会自己有房子外,学生都住在老百姓家里。并不是由于房东缺钱花。德国人俭朴务实,只要房子一空,他们就出租给学生,连收入十分优厚的教授之家也不例外。教授夫人有很高的社会地位,她们家里如果把房间出租给学生,她也照样给学生打扫房间,擦皮鞋,给楼道的地板打蜡。我没有听到有哪一家教授请保姆的。

我想要说的重点不是这一些,以上一些话只不过是想说明租房的背景。我想说的是:在十年之内,我从来没有看到房东家里玻璃破过,没有看到水龙头滴水,也没有看到马桶出过什么毛病,煤气灶漏过气等等。总之一句话,没有见到房东叫过零修工,社会上也没有这一行。

这样细小的事情,"当时只道是寻常,"从来没有考虑过。现在回想起来,又不禁大吃一惊。同上面说的那一个装刮胡子刀架的小盒子一样,这一件小事不是也十分值得我们反思吗?

温馨的回忆

一想到清华图书馆,一股温馨的暖流便立即油然涌上心头。

在清华园念过书的人,谁也不会忘记两馆:一个是体育馆,一个就是图书馆。

专就图书馆而论,在当时一直到今天,它在中国大学中绝对是一流的。光是那一座楼房建筑,就能令人神往。淡红色的墙上,高大的玻璃窗上,爬满了绿叶葳蕤的爬山虎。解放后,曾加以扩建,建筑面积增加了很多;但是整个建筑的庄重典雅的色调,一点也没有遭到破坏。与前面的雄伟的古希腊建筑风格的大礼堂,形成了双峰并峙的局面,一点也不显得有任何逊色。

至于馆内藏书之多,插架之丰富,更是闻名遐迩。不但能为本校师生服务,而且还能为外校,甚至外国的学者提供稀有的资料。根据我的回忆,馆员人数并不多,但是效率极高,而且极有礼貌,有问必答,借书也非常方便。当时清华学生宿舍是相当宽敞的,一间屋住两人,每人一张书桌,在屋里读书也是很惬意的。但是,我们还是愿意到图书馆去,那里更安静,而且参考书极为齐全。书香飘满了整个阅览大厅,每个人说话走路都是静悄悄的。人一走进去,立即为书香所迷,进入角色。

我在校时,有一位馆员毕树棠老先生,胸罗万卷,对馆内藏书极为熟悉，听他娓娓道来，如数家珍。学生们乐意同他谈天，看样子他也乐意同青年们侃大山，是一个极受尊敬和欢迎的人。1946年，我出国十多年以后，又回到北京，是在北京大学工作。我打听清华的人，据说毕老先生还健在，我十分兴奋，几次想到清华园去会一会老友；但都因事未果，后来听说他已故去，痛失同这位鲁殿灵光见面的机会，抱恨终天了。

书籍是人类文化和智慧的最重要的载体。世界各国、各地，只要有文字有书籍的地方，书籍就必然承担起这个十分重要的责任。没有书籍，人类文化的发展，人类社会的进步，就会受到极大的影响，遇到极大的障碍，延缓前进的步伐。而图书馆就是储存这些重要载体的地方。在人类历史上，世界上各个国家，中国的各个朝代，几乎都有类似今天图书馆的设备。这是人类文化之所以能够代代传承下来的重要原因，我们对图书馆必须给予最高的赞扬。

清华大学，包括留美预备学堂和国学研究院在内，建校八十来年以来，颇出了一些卓有建树、蜚声士林的学者和作家。其中原因很多，但是校歌中说的："西山苍苍，东海茫茫；吾校庄严，巍然中央。"这是形象的说法，说得很玄远，其意不过是说清华园有灵气。园中的水木清华、荷塘月色等等，都是灵气之所钟。在这样有灵气的地方，又有全国一流的学生，有一些全国一流的教授，再加上有这样一个图书馆，焉得不培养出一些优秀人才呢！

我一想到清华图书馆，就有一种温馨的回忆，我永远不会忘记清华图书馆。

三个小女孩

我生平有一桩往事：一些孩子无缘无故地喜欢我，爱我；我也无缘无故地喜欢这些孩子，爱这些孩子。如果我以糖果饼饵相诱，引得小孩子喜欢我，那是司空见惯，平平常常，根本算不上什么"怪事"。但是，对我来说，情况却绝对不是这样。我同这些孩子都是邂逅相遇，都是第一次见面，我语不惊人，貌不压众，不过是普普通通，不修边幅，常常被人误认为是学校的老工人。这样一个人而能引起天真无邪、毫无功利目的、二三岁以至十一二岁的孩子的欢心，其中道理，我解释不通，我相信，也没有别人能解释通，包括赞天地之化育的哲学家们在内。

我说这是一桩"怪事"，不是恰如其分吗？不说它是"怪事"，又能说它是什么呢？

大约在五十年代，当时老祖和德华还没有搬到北京来。我暑假回济南探亲。我的家在南关佛山街。我们家住西屋和北屋，南屋住的是一家姓田的木匠。他有一儿二女，小女儿名叫华子，我们把这个小名又进一步变为爱称："华华儿。"她大概只有两岁，路走不稳，走起来晃晃荡荡，两条小腿十分吃力，话也说不全。按辈分，她应该叫我"大爷"；但是华华还发不出两个字的音，她把"大爷"简化为"爷"。一见了我，就摇摇晃晃，跑了过来，满嘴"爷"、

"爷"不停地喊着。走到我跟前，一下子抱住了我的腿，仿佛有无限的乐趣。她妈喊她，她置之不理，勉强抱走，她就哭着奋力挣脱。有时候，我在北屋睡午觉，只觉得周围鸦雀无声，阒静幽雅。"北堂夏睡足"，一枕黄粱，猛一睁眼：一个小东西站在我的身旁，大气不出。一见我醒来，立即"爷"、"爷"叫个不停，不知道她已经等了多久了。我此时真是万感集心，连忙抱起小东西，连声叫着"华华儿"。有一次我出门办事，回来走到大门口，华华妈正把她抱在怀里，她说，她想试一试华华，看她怎么办。然而奇迹出现了：华华一看到我，立即用惊人的力量，从妈妈怀里挣脱出来，举起小手，要我抱她。她妈妈说，她早就想到有这种可能，却没有想到华华挣脱的力量竟是这样惊人地大。大家都大笑不止，然而我却在笑中想流眼泪。有一年，老祖和德华来京小住，后来听同院的人说，在上着锁的西屋门前，天天有两个小动物在那里蹲守：一个是一只猫，一个是已经长到三四岁的华华。"可怜小儿女，不解忆长安。"华华大概还不知道什么北京，不知道什么别离。天天去蹲守，她那天真稚嫩的心灵里，不知是什么滋味，望眼欲穿而不见伊人。她的失望，她的寂寞，大概她自己也说不出，只能意会而不能言传了。

上面是华华的故事，下面再讲吴双的故事。

八十年代的某一年，我应邀赴上海外国语大学去访问。我的学生吴永年教授十分热情地招待我。学校领导陪我参观，永年带了他的妻子和女儿吴双来见我。吴双大概有六七岁光景，是一个秀美、文静、活泼、伶俐的小女孩。我们是第一次见面，最初她还有点腼腆，叫了一声"爷爷"以后，低下头，不敢看我。但是，我们在校园中走了没有多久，她悄悄地走过来，挽住我的右臂，扶我走路，一直偎依在我的身旁，她爸爸妈妈都有点吃惊，有点不理解。我当然更是吃惊，更是不理解。一直等到我们参观完了图书馆和许多大楼，吴双总是寸步不离地挽住我的右臂，一直到我们不得不离开学校，不得不同吴双和她爸爸妈妈分手为止，吴双眼睛中流露出依恋又颇有一点凄凉的眼神。从此，我们就结成了相差六七十岁的忘年交。她用幼稚却认真秀美的小字写信给我。我给永年写信，也总忘不了吴双。我始终不知道，我有什么地方值得这样一个聪明可爱的小女孩眷恋？

上面是吴双的故事，现在轮到未未了。未未是一个十二岁的小女孩，姓贾，爸爸是延边大学出版社的社长，学国文出身，刚强、正直、干练，是一个绝不会阿谀奉承的硬汉子。母亲王文宏，延边大学中文系副教授，性格与丈夫迥乎不同，多愁、善感、温柔、淳朴、感情充沛，用我的话来说，就是：感情超过了需要。她不相信天底下还有坏人，她是个才女，写诗，写小说，在延边地区颇有点名气，研究的专行是美学、文艺理论与禅学，是一个极有前途的女青年学者。十年前，我在北大通过刘烜教授的介绍，认识了她。去年秋季她又以访问学者的名义重返北大，算是投到了我的门下。一年以来，学习十分勤奋。我对美学和禅学，虽然也看过一些书，并且有些想法和看法，写成了文章，但实际上是"野狐谈禅"，成不了正道的。蒙她不弃，从我受学，使得我经常觳觫不安，如芒刺在背。也许我那一些内行人绝不会说的石破天惊的奇谈怪论，对她有了点用处？连这一点我也是没有自信的。

由于她母亲在北大学习，未未曾于寒假时来北大一次，她父亲也陪来了。第一次见面，我发现未未同别的年龄差不多的女孩不一样。面貌秀美，逗人喜爱，却有点苍白。个子不矮，却有点弱不禁风。不大说话，说话也是慢声细语。文宏说她是娇生惯养惯了，有点自我撒娇。但我看不像。总之,第一次见面,这个东北长白山下来的小女孩,对我成了个谜。我约了几位朋友,请她全家吃饭。吃饭的时候,她依然是少言寡语。但是,等到出门步行回北大的时候,却出现了出我意料的事情。我身居师座,兼又老迈,文宏便从左边扶住我的左臂搀扶着我。说老实话,我虽老态龙钟,却还不到非让人搀扶不行的地步。文宏这一番心意我却不能拒绝,索性倚老卖老,任她搀扶,倘若再递给我一个龙头拐杖,那就很有点旧戏台上佘太君或者国画大师齐白石的派头了。然而,正当我在心中暗暗觉得好笑的时候,未未却一步抢上前来,抓住了我的右臂来搀扶住我,并且示意她母亲放松抓我左臂的手,仿佛搀扶我是她的专利,不许别人插手。她这一举动,我确实没有想到。然而,事情既然发生——由它去吧!

过了不久,未未就回到了延吉。适逢今年是我八十五岁生日,文宏在北大虽已结业,却专门留下来为我祝寿。她把丈夫和女儿都请到北京来,同一些在我身边工作了多年的朋友,为我设寿宴。最后一天,出于玉洁的建议,我们一起共有十六人之多,来到了圆明园。圆明园我早就熟悉,六七十年前,当我还在清华大学读书的时候,晚饭后,常常同几个同学步行到圆明园来散步。此时圆明园已破落不堪,满园野草丛生,狐鼠出没,"西风残照,清家废宫",我指的是西洋楼遗址。当年何等辉煌,而今只剩下几个汉白玉雕成的古希腊式的宫门,也都已残缺不全。"牧童打碎了龙碑帽",虽然不见得真有牧童,然而情景之凄凉、寂寞,恐怕与当年的明故宫也差不多了。我们当时还都很年轻,不大容易发思古之幽情,不过爱其地方幽静,来散散步而已。

建国后,北大移来燕园,我住的楼房,仅与圆明园有一条马路之隔。登上楼旁小山,遥望圆明园之一角绿树蓊郁,时涉遐想。今天竟然身临其境,早已面目全非,让我连连吃惊,仿佛美国作家Washington Irving笔下的Rip Van Winkei"山中方七日,世上几千年",等他回到家乡的时候,连自己的曾孙都成了老爷爷,没有人认识他了。现在我已不认识圆明园了,圆明园当然也不会认识我。园内游人摩肩接踵,多如过江之鲫。而商人们又竞奇斗妍,各出奇招,想出了种种的门道,使得游人如痴如醉。我们当然也不会例外,痛痛快快地畅游了半天,福海泛舟,饭店盛宴。我的"西洋楼"却如蓬莱三山,不知隐藏在何方了?

　　第二天是文宏全家回延吉的日子。一大早,文宏就带了未未来向我辞行。我上面已经说到,文宏是感情极为充沛的人,虽是暂时别离,她恐怕也会受不了。小萧为此曾在事前建议过:临别时,谁也不许流眼泪。在许多人心目中,我是一个怪人,对人呆板冷漠,但是,真正了解我的人却给我送了一个绰号:"铁皮暖瓶",外面冰冷而内心极热。我自己觉得,这个比喻道出了一部分真理,但是,我现在已届望九之年,我走过阳关大道,也走过独木小桥,天使和撒旦都对我垂青过。一生磨炼,已把我磨成了一个"世故老人",于必要时,我能够运用一个世故老人的禅定之力,把自己的感情控制住。年轻人,道行不高的人,恐怕难以做到这一点的。

　　现在,未未和她妈妈就坐在我的眼前。我口中念念有词,调动我的定力来拴住自己的感情,满面含笑,大讲苏东坡的词:"月有阴晴圆缺,人有悲欢离合,此事古难全。"又引用俗语:"千里凉棚,没有不散的筵席。"自谓"口若悬河泻水,滔滔不绝"。然而,言者谆谆,而听者藐藐。文宏大概为了遵守对小萧的诺言,泪珠只停留在眼眶中,间或也滴下两滴。而未未却不懂什么诺言,不会有什么定力,坐在床边上,一语不发,泪珠仿佛断了线似的流个不停。我那八十多年的定力有点动摇了,我心里有点发慌,连忙强打精神,含泪微笑,送她母女出门。一走上门前的路,未未好像再也忍不住了,一把抓住了我的胳臂,伏在我怀里,哭了起来。热泪透过了我的衬衣,透过了我的皮肤,热意一直滴到我的心头。我忍住眼泪,捧起未未的脸,说:"好孩子!不要难过!我们还会见面的!"未未说:"爷爷!我会给你写信的!"我此时的心情,连才尚未尽的江郎也是写不出来的,他那名垂千古的《别赋》中,就找不到对类似我现在的心情的描绘,何况我这样本来无才可尽的俗人呢?我挽着未未的胳臂,送她们母女过了楼西曲径通幽的小桥,又忽然临时顿悟:唐朝人送别有灞桥折柳的故事。我连忙走到湖边,从一棵垂柳上折下了一条柳枝,递到文宏手中。我一直看她母女俩折过小山,向我招手,直等到连消逝的背影也看不到的时候,才慢慢地走回家来。此时,我再不需要我那劳什子定力,索性让眼泪流个痛快。

三个女孩的故事就讲完了。

还不到两岁的华华为什么对我有这样深的感情,我百思不得其解。

五六岁第一次见面的吴双,为什么对我有这样深的感情,我千思不得其解。

十二岁下学期才上初中的未未,为什么对我有这样深的感情,我万思不得其解。

然而这都是事实,我没有半个字的虚构。我一生能遇到这样三个小女孩,就算是不虚此生了。

到今天,华华已经超过四十岁。按正常的生活秩序,她早应该"绿叶成荫"了,不知道她是否还记得我这"爷"?

吴双恐大学已经毕业了，因为我同她父亲始终有联系，她一定还会记得我这样一位"北京爷爷"的。

至于未未，我们离别才几天。我相信，她会遵守自己的诺言给我写信的。而且她父亲常来北京，她母亲也有可能再到北京学习、进修。我们这一次分别，仅仅不过是为下一次会面创造条件而已。

像奇迹一般，在八十多年内，我遇到了这样三个小女孩，是我平生一大乐事，一桩怪事，但是人们常说，普天之下，没有无缘无故的爱。可是我这"缘"何在？我这"故"又何在呢？佛家讲因缘，我们老百姓讲"缘分"。虽然我不信佛，从来也不迷信，但是我只能相信"缘分"了。在我走到那个长满了野百合花的地方之前，这三个同我有着说不出是怎样来的缘分的小姑娘，将永远留在我的记忆中，保留一点甜美，保留一点幸福，给我孤寂的晚年涂上点有活力的色彩。

1996 年 8 月

黄色的军衣

我是多么爱那黄色的军衣啊！这黄色，正如我们国旗的红色一样，是世界上最美丽的颜色。我爱琥珀的黄色，它黄得透明，黄得发亮。我也爱花朵的黄色，它黄得娇艳，黄得鲜嫩。但是，我却更爱这军衣的黄色。它并不透明，也不发亮，它当然更不娇艳，更不鲜嫩。然而它是朴素的，像真理那样朴素；它是动人的，像真理那样动人。

我一看到这黄的颜色，心里就思绪万端，想到许许多多事情。我想到我们的党，想到毛主席，想到八一起义，想到两万五千里长征，想到爬雪山、过草地，想到艰苦的抗日战争和解放战争，想到抗美援朝，一连串地想下来，一直想到今天的铜墙铁壁般的国防和人民的安居乐业。

我更喜欢想到一件小事。

1949年春的一天，中国人民解放军进了北京城。我冒着大风，到离开我的住处不远的东四牌楼去欢迎他们。这些人我从来没有见过面；但是他们的事迹我却是十分熟悉的。在"万家墨面没蒿莱"的黑暗的年代里，我曾经不知道有多少次从报纸的字里行间读到他们胜利的消息，因而感到无限的振奋。现在看到他们雄赳赳气昂昂地开进北京城，我仿佛是碰到了久别重逢的故人。我跟着群众鼓掌，喊口号，有时候内心激动，热泪盈眶。剧烈的风沙似乎被人们的热情压下去了，一点也显不出平常的那种威风来了。

当天下午，我到西城去看朋友，走到什刹海桥上，正巧有一个解放军在那里站岗。他背着背包，全副武装，军帽下一双浓眉，两只炯炯发光的眼睛。从远处我就看到他那一身厚墩墩的黄色军衣，已经不新了，但洗得干干净净。我陡然觉得这个士兵特别可爱，觉得他那一身黄色的棉军衣特别可爱。它仿佛象征着勇敢、纪律、忠诚、淳朴；它仿佛也象征着解放、安全、稳定。只要穿这样军衣的人在这里一站，各行各业的人就都有了保障，可以安心从事自己的工作，工厂的工人可以安心生产，拖拉机手可以安心耕地，学生可以安心上学，小孩子可以安心在摇篮里熟睡。只要他在这里一站，整个北京城、整个新中国就可以稳如泰山，那一群魑魅魍魉就会销声匿迹。我左思右想，一时万感集心，很想走上前去，用手摸一摸那一身黄色的军衣。我是多么爱那黄色的军衣啊！

当然，我没有真的走上前去摸，我仍然走我的路。可是，我又真舍不得那一个年轻的士兵。我回头看了又看，一直到我眼中只留下一个隐隐约约的黄色的影子。这影子就永远镌刻在我的心头。

从那以后，我在北京城，在祖国的其他城市和乡村里，在火车上、在电车上、在公共汽车上、在马路上、在公园里、在商店里、在市场上，不知道有多少次碰到了解放军军官和士兵。他们当然不会就是我在什刹海桥头碰到的那一位，但是我觉得他们都同样可爱。在电车上和公共汽车上，我愿意同他们挤在一起。即使是在三九严冬、朔风凛冽，他们站在我哪一边，我就觉得哪一边温暖。即使车里面摇摇晃晃，他们站在我哪一边，我就觉得哪一边有了依靠。我有时候故意去摸一摸或者碰一碰他们那黄色的军衣，心里感到无限的幸福和愉快。

曾经有好多年，每到"五一"和"十一"，我就在天安门前观礼台上看到人民解放军的官兵的代表们。在金水桥后面台上的是将军们，制服一片亮蓝色。在桥前面台上的是军官和士兵，制服一片草黄色。在这时候，天安门广场上，万紫千红，五彩缤纷，万头攒动，一片花海。在这样彩色如绘的炫目的花海里，亮蓝色和草黄色应该说并不突出。然而，在我眼里，这一片淳朴的亮蓝和草黄不但没有相形见绌，给那些绚烂的颜色压住，而且十分引人注目。这两种颜色仿佛给整个花海、整个广场增加了色彩与光辉，使它显得更美、更可爱。

难道这仅仅是我一个人的偏爱吗？不是的。这样的想法和看法许多人都有，连小孩子也不例外。

今天早晨我乘无轨电车进城，我前面坐着一个五六岁的小孩子和她的母亲。小孩子透过玻璃窗子看到外面车站上站着几个解放军在那里排队等车，小小的黑眼睛立刻亮了起来，似乎是对着解放军，又似乎是对着母亲，高声喊道：

"解放军叔叔！"

母亲问：

"解放军叔叔好吗？"

小孩子立刻用清脆得像银铃一般的声音回答道：

"解放军叔叔好！"

接着她就拍着小手唱起了《我是一个兵》。我真是从心里羡慕这幸福的孩子。我像她这样大的时候，看到当兵的那一副手里提着皮带、斜愣着眼、满脸杀气的样子，就像是老鼠见了猫，远远地躲开，哪里还敢同他们说什么话呢？

我自然而然地就想到了雷锋。他不也是一个穿黄色军衣的解放军,而且又是儿童义务辅导员吗?我相信,小孩子们也管他叫"解放军叔叔",或者"雷锋叔叔"。他怎样进行辅导,我不清楚。但是,他一定会把他那些优秀的品质在潜移默化中传给孩子们,他那光辉灿烂的人格一定会照亮儿童们的心。孩子们看到他,也一定会眼里闪出亮光。

雷锋同小孩子们在一起的时候,穿的当然也就是这样的黄色军衣。为了穿上这一身军衣,他经过了许多波折,做过很大的努力,最后终于偿了夙愿。他在当天的日记上写道:"这天是我永远不能忘记的日子,这天是我最大的荣幸和光荣的日子。我走上了新的战斗岗位,穿上了黄军服,光荣地参加了中国人民解放军。我好几年来的愿望在今天已实现了,真感到万分的高兴和喜悦,这是我一生最大的幸福。"我能想象,当他穿上这一身黄色军衣的时候,他的心情是多么激动,他会用手抚摸它,感到它比丝绸还更柔滑,比世界上一切美的东西都更美。从此,这黄色的军衣就同雷锋结了不解缘。他驾驶汽车执行任务的时候,穿的是这黄色的军衣。他去医院看病的路上,看到工地上有人劳动,因而脱下自己的衣服参加到里面去,他脱的是这黄色的军衣。他在火车上当义务服务员的时候,穿的当然也是这黄色的军衣。黄色的军衣穿到雷锋身上,难道会是偶然的吗?

我因此就又想到许许多多的事情。我不但像以前那样想到过去,而且更多地想到将来。我相信,像雷锋这样的人将来还会不断地出现,数目会越来越多。他们就像是报春的燕子,从他们身上我们可以看到人类最美好的社会的影子。这样的人,穿黄色军衣的人们里面会出现;穿别的颜色的衣服的人们里面,也会出现。可是我偏又把他们同黄色的军衣联系在一起,难道这也是偶然的吗?我是多么爱那黄色的军衣啊!

一双长满老茧的手

有谁没有手呢?每个人都有两只手。手,已经平凡到让人不再常常感觉到它的存在了。

然而,一天黄昏,当我乘公共汽车从城里回家的时候,一双长满了老茧的手却强烈地引起了我的注意。我最初只是坐在那里,看着一张晚报。在有意无意之间,我的眼光偶尔一滑,正巧落在一位老妇人的一双长满老茧的手上。我的心立刻震动了一下,眼光不由得就顺着这双手向上看去:先看到两手之间的一个胀得圆圆的布包;然后看到一件洗得挺干净的褪了色的蓝布褂子;再往上是一张饱经风霜布满了皱纹的脸,长着一双和善慈祥的眼睛;最后是包在头上的白手巾,银丝般的白发从里面披散下来。这一切都给了我极好的印象。但是给我印象最深的还是那一双长满了老茧的手,它像吸铁石一般吸住了我的眼光。

老妇人正在同一位青年学生谈话,她谈到她是从乡下来看她在北京读书的儿子的,谈到乡下年成的好坏,谈到来到这里人生地疏,感谢青年对她的帮助。听着她的话,我不由得深深地陷入回忆中,几十年的往事蓦地涌上心头。

在故乡的初秋,秋庄稼早已经熟透了,一望无际的大平原上长满了谷子、高粱、老玉米、黄豆、绿豆等等,郁郁苍苍,一片绿色,里面点缀着一片片的金黄和星星点点的浅红和深红。虽然暑热还没有退尽,秋的气息已经弥漫大地了。

我当时只有五六岁,高粱比我的身子高一倍还多。我走进高粱地,就像是走进大森林,只能从密叶的间隙看到上面的蓝天。我天天早晨在朝露未退的时候到这里来掰高粱叶。叶子上的露水像一颗颗的珍珠,闪出淡白的光。把眼睛凑上去仔细看,竟能在里面看到自己的缩得像一粒芝麻那样小的面影,心里感到十分新鲜有趣。老玉米也比我高得多,必须踮起脚才能摘到棒子。谷子同我差不多高,现在都成熟了,风一吹,就涌起一片金浪。只有黄豆和绿豆比我矮,我走在里面,觉得很爽朗,一点也不闷气,颇有趾高气扬之概。

因此,我就最喜欢帮助大人在豆子地里干活。我当时除了跟大奶奶去玩以外,总是整天缠住母亲,她走到哪里,我跟到哪里。有时候,在做午饭以前,她到地里去摘绿豆荚,好把豆粒剥出来,拿回家去煮午饭。我也跟了来。这时候正接近中午,天高云淡,蝉声四起,蝈蝈儿也爬上高枝,纵声欢唱,空气中飘拂着一股淡淡的草香和泥土的香味。太阳晒到身上,虽然还有点热,但带给人暖烘烘的舒服的感觉,不像盛夏那样令人难以忍受了。

在这时候,我的兴致是十分高的。我跟在母亲身后,跑来跑去。捉到一只蚱蜢,要拿给她看一看;掐到一朵野花,也要拿给她看一看。棒子上长了乌霉,我觉得奇怪,一定问母亲为什么;有的豆荚生得短而粗,也要追问原因。总之,这一片豆子地就是我的乐园,我说话像百灵鸟,跑起来像羚羊,腿和嘴一刻也不停。干起活来,更是全神贯注,总想用最高的速度摘下最多的绿豆荚来。但是,一检查成绩,却未免令人气短:母亲的筐子里已经满了,而自己的呢,连一半还不到哩。在失望之余,就细心加以观察和研究。不久,我就发现，这里面也并没有什么奥妙，关键就在母亲那一双长满了老茧的手上。

这一双手看起来很粗，由于多年劳动，上面长满了老茧，可是摘起豆荚来，却显得十分灵巧迅速。这是我以前没有注意到的事情。在我小小的心灵里不禁有点困惑。我注视着它，久久不愿意把眼光移开。

我当时岁数还小，经历的事情不多。我还没能把许多同我的生活有密切联系的事情都同这一双手联系起来，譬如说做饭、洗衣服、打水、种菜、养猪、喂鸡，如此等等。我当然更没能读到"慈母手中线，游子身上衣"这样的诗句。但是，从那以后，这一双长满了老茧的手却在我的心里占据了一个重要的地位，留下了一个不可磨灭的印象。

后来大了几岁，我离开母亲，到了城里跟叔父去念书，代替母亲照顾我的生活的是王妈，她也是一位老人。

她原来也是乡下人，干了半辈子庄稼活。后来丈夫死了，儿子又逃荒到关外去，二十年来，音讯全无。她孤苦伶仃，一个人在乡里活不下去，只好到城里来谋生。我叔父就把她请到我们家里来帮忙。做饭、洗衣服、扫地、擦桌子，家里那一些琐琐碎碎的活全给她一个人包下来了。

王妈除了从早到晚干那一些刻板工作以外，每年还有一些带季节性的工作。每到夏末秋初，正当夜来香开花的时候，她就搓麻线，准备纳鞋底，给我们做鞋。干这活都是在晚上。这时候，大家都吃过了晚饭，坐在院子里乘凉，在星光下，黑暗中，随意说着闲话。我仰面躺在席子上，透过海棠树的杂乱枝叶的空隙，看到夜空里眨着眼的星星。大而圆的蜘蛛网的影子隐隐约约地印在灰暗的天幕上。

不时有一颗流星在天空中飞过,拖着长长的火焰尾巴,只是那么一闪,就消逝到黑暗里去。一切都是这样静。在寂静中,夜来香正散发着浓烈的香气。

这正是王妈搓麻线的时候。干这个活本来是听不到多少声音的。然而现在那揉搓的声音却听得清清楚楚。这就不能不引起我的注意了。我转过身来,侧着身子躺在那里,借着从窗子里流出来的微弱的灯光,看着她搓。最令我吃惊的是她那一双手,上面也长满了老茧。这一双手看上去拙笨得很,十个指头又短又粗,像是一些老干树枝子。但是,在这时候,它却显得异常灵巧美丽。那些杂乱无章的麻在它的摆布下,服服帖帖,要长就长,要短就短,一点也不敢违抗。这使我感到十分有趣。这一双手左旋右转,只见它搓呀搓呀,一刻也不停,仿佛想把夜来香的香气也都搓进麻线里似的。

这样一双手我是熟悉的,它同母亲的那一双手是多么相像呀。我总想多看上几眼。看着看着,不知道在什么时候,竟沉沉睡去了。到了深夜,王妈就把我抱到屋里去,同她睡在一张床上。半夜醒来,还听到她手里拿着大芭蕉扇给我赶蚊子。在朦朦胧胧中,扇子的声音听起来好像是从很远很远的地方传来似的。

去年秋天,我随着学校里的一些同志到附近乡村里一个人民公社去参加劳动。同样是秋天,但是这秋天同我五六岁时在家乡摘绿豆荚时的秋天大不一样。天仿佛特别蓝,草和泥土也仿佛特别香,人的心情当然也就特别舒畅了。——因此,我们干活都特别带劲。人民公社的同志们知道我们这一群白面书生干不了什么重活,只让我们砍老玉米秸。但是,就算是砍老玉米秸吧,我们干起来,仍然是缩手缩脚,一点也不利落。于是一位老大娘就走上前来,热心地教我们:怎样抓玉米秆,怎样下刀砍。在这时候,我注意到,她也有一双长满了老茧的手。我虽然同她素昧平生,但是她这一双手就生动地具体地说明了她的历史。我用不着再探询她的姓名、身世,还有她现在在公社所担负的职务。我一看到这一双手,一想到母亲和王妈的同样的手,我对她的感情就油然而生,而且肃然起敬,再说什么别的话,似乎就是多余的了。

就这样,在公共汽车行驶声中,我的回忆围绕着一双长满了老茧的手连成一条线,从几十年前,一直牵到现在,集中到坐在我眼前的这一位老妇人的手上。这回忆像是一团丝,愈抽愈细,愈抽愈多。它甜蜜而痛苦,错乱而清晰。在我一生中给我印象最深的三双长满了老茧的手,现在似乎重叠起来化成一双手了。它在我眼前不停地晃动,体积愈来愈扩大,形象愈来愈清晰。

这时候,老妇人同青年学生似乎发生了什么争执。我抬头一看:老妇人正从包袱里掏出来了两个煮鸡蛋,硬往青年学生手里塞,青年学生无论如何也不接受。两个人你推我让,正在争执得不可开交的时候,公共汽车到了站,蓦地停住了。青年学生就扶了老妇人走下车去。我透过玻璃窗,看到青年学生用手扶着老妇人的一只胳臂,慢慢地向前走去。我久久注视着他俩逐渐消失的背影。我虽然仍坐在公共汽车上,但是我的心却仿佛离我而去。

1961 年 9 月 25 日

一个抱小孩子的印度人

事情已经过去了二十多年,但是我常常会回忆起一个抱小孩子的印度人。特别是当我第三次踏上印度国土的时候,我更加强烈地想到了他。我现在一看到印度火车,就痴心妄想地希望在熙攘往来的人流中奇迹般地发现他。他仿佛就站在我眼前,憨厚的面孔上浮着淳朴的微笑,衣着也非常朴素。他怀里抱着的那个三四岁小孩子正在对着我伸出了小手,红润的小脸笑成了一朵花……

当时也正是冬天。当祖国的北方正是千里冰封、万里雪飘的时候,我们却在繁花似锦四季皆夏的印度访问。我们乘坐的火车奔驰在印度北方大平原上。到过印度又乘坐过印度火车的人都知道,印度火车的车厢同中国是完全不一样的。我们的车厢每一节前后都有门,即使在火车飞奔的时候,我们仍然可以从一个车厢走到另一个车厢,来去自如,毫无阻碍。但是印度的车厢却完全不同,它两端都没门,只在旁边有门,上下车都得走这个门;因此,只有当火车进站停驶时才能上下。火车一开,每一个车厢就形成了一个小小的独立王国,想从一个车厢到另一个车厢去,那就决无可能了。

我们乘的是一节专车,挂在一列火车的后面。车里面客厅、卧室、洗手间、餐厅,样样俱全。我们所需要的东西一概不缺。火车行驶时,我们就处在这个小天地里,与外界仿佛完全隔绝。当我们面对面坐着的时候，除了几个陪同我们的印度朋友以外，全是中国人，说的是中国话，谈的有时也是中国问题。只有凭窗外眺时，才能看到印度，看到铁路两旁高耸的山峰，蓊郁的树林，潺湲的小溪，汹涌的大河，青青的稻田，盛开的繁花，近处劳动的农民，远处乡村的炊烟。我们也能看到蹲在大树上的孔雀，蹦跳在田间林中的猴子。远处田地里看到似乎有人在耕耘，仔细一看，却全都是猴子。在这时候，只有在这时候，我们才感觉到我们是在印度，我们已经同祖国相隔千山万水了。

我们样样都满足，我们真心实意地感激我们的印度主人。但是我们心里却似乎缺少点什么：我们接触不到印度人民。当然，我们也知道，印度语言特别繁多。我们不可能会所有的语言，即使同印度人民接触，也不一定能够交谈。但是，只要我们看到印度人对我们一点头，一微笑，一握手，一示意，我们就仿佛能够了解彼此的心情，我们就感到无上的满足，简直可以说是赛过千言万语。在这样的时候，语言似乎反而成了累赘，一声不响反而能表达出语言无法表达的东西了。

因此，每到一个车站，不管停车多久，我们总争先恐后地走出车厢，到站台上拥拥挤挤的印度人群中去走上一走，看上一看。我们在这里看到的人当然很多：男的、女的、老的、少的、工人、农民、学生、士兵，还有政府官员模样的，大学教授模样的，面型各不相同，衣服也是五光十色，令人眼花缭乱，目不暇给。但他们看到中国朋友都流露出亲切和蔼的笑容，我们也报以会心的微笑，然后怀着满意的心情走回我们的车厢。有时候，也遇到热烈欢迎的场面。印度人民不知从哪里知道我们要来，他们扛着红旗，拿着鲜花，就在站台上举行起欢迎大会来。他们讲话，我们答谢，有时甚至迫使火车误点。在这样的欢迎会之后,我们走回自己的车厢,往往看到地毯上散乱地堆满了玫瑰花瓣,再加上我们脖子上戴的花环,整个车厢就充满了香气。佛教不是常讲"众香界"吗?这地方我没有去过,现在这个车厢大概也就是众香界了。

我们在车上几天的日子就是这样度过的,确实是非常振奋,非常动人。时间一长,好像也就有点司空见惯之感了。

但是,我逐渐发现了一件不寻常、不司空见惯的事。在过去的一两天中,我们每次到车站下车散步时总看到一个印度中年人,穿着一身印度人常穿的白布衣服,朴素大方。面貌也是一般印度人所具有的那种忠厚聪慧的面貌。看起来像一个工人或者小公务员,或者其他劳动人民。他怀里抱着一个三四岁的孩子,火车一停,就匆匆忙忙地不知道从哪一个车厢里走出来,走到我们车厢附近,杂在拥挤的人流中,对着我们微笑。当火车快开的时候,我们散步后回到自己的车厢,他又把孩子高高地举在手中,透过玻璃窗,向我们车厢内张望,向我们张望,小孩子对着我们伸出了小手,红润的小脸笑成了一朵花……

他第一次这样做的时候,我并没有注意,也不可能注意。因为类似这样的事情,我们在印度已经遇到多次;而且我们满眼都是印度人,他这个人的容貌和衣着丝毫也没有什么引人注目之处。但是,一次这样,两次这样,每到一站都是这样,这就不能不引起我的注意了:他是什么人呢?他要到哪里去呢?他为什么每一站都来看我们呢?他是不是对我们有什么要求呢?一连串的问号在我脑海里翻腾,我决意自己去解开这个谜。

不久,我们就来到一个车站上。现在我已经忘记了车站的名字,在记忆中反正是一个相当大的站,停车时间比较长。车一停,当那位印度朋友又抱着孩子来到我们车厢旁的时候,我立刻下了车,迎面走上前去,向他合十致敬。这一位憨厚的人有点出乎意外,脸上紧张了一刹那,但立刻又恢复了常态,满脸笑容,对我答礼。我先问他要到什么地方去,他腼腼腆腆地不肯直接答复。我又问他是不是对我们有什么要求,他又腼腆地一笑,不肯回答我的问题。经我再三询问,他才告诉我说:"我实际上早已到了目的地,早就该下车了。但是我在德里上车以后,发现中国文化代表团就在这一列车上。我从小就听人说到中国,说到中国人,知道中国是印度的老朋友。前几年,又听说中国解放了,中华人民共和国成立了。我觉得很好奇,很想了解一下中国。但是连我自己都从来没有见过中国人,更不用说我的小孩子了。我自己是个小职员,怎么能了解中国和中国人呢?现在中国朋友就在眼前,这个机会无论如何不能放过呀!我的小孩子虽然还不懂事,我也要让他见一见中国人,让他在幼小的心灵里埋下印中友好的种子。我于是就补了车票。自己心里想:到下一站为止吧!但是到了下一站,你们好像吸铁石一样,吸引住了我,我又去买了车票。到下一站为止吧!我心里又这样想。就这样一站一站地补下来。自己家里本来不富,根本没有带多少钱出来,现在钱也快花光了。你们又同我谈了话,我的愿望就算是达到了。我现在就到车站上去买回头的票,回到一个车站去,看我的亲戚去了。希望你们再到印度来,我也希望能到中国去。至少我的小孩子能到中国去。祝你幸福!我们暂时告别吧!"

这些话是非常简单朴素的,但是我听完了以后,心里却热乎乎的。我眼前的这个印度朋友形象忽然一下子高大起来,而且身上洋溢着光辉,我只觉得满眼金光闪闪。连车站附近那些高大的木棉树上碗口大的淡红的花朵都变得异样地大,异样地耀眼。他一下子好像变成了中印友谊的化身。我抓住了他的双手,一时说不出话来。他仍然牢牢地抱住自己的孩子。我用手摸了摸小孩子的脸蛋,他当然还不懂什么是中国人,但他却天真地笑了起来。我祝愿他幸福康宁,祝愿他的小孩子茁壮成长。我对他说,希望能在中国见到他。他似乎也有点激动起来,也祝愿我旅途万福,并再一次希望我再到印度来。开车的时间已到,他匆忙地握了握我的手,便向车站的售票处走去。在熙熙攘攘的人群中,他还不时回头看,他的小孩子又对着我伸出了一双小手,红润的脸笑成了一朵花……

到现在将近三十年过去了。我当然没能在中国看到他。今天我又来到了印度,仍然看不到他和他的孩子;不管我怎样望眼欲穿,也是徒劳。这个小孩子今年也超过三十岁了吧,是一个大人了。我不知道他们父子今天在什么地方,他们在干什么。这小孩子是否还能回忆起自己三四岁时碰到中国叔叔的情景呢?"明日隔山岳,世事两茫茫",我们古代的诗人这样歌唱过了。我们现在相隔的岂止是山岳?简直是云山茫茫,云天渺渺。恐怕只有出现奇迹我才能再看到他们了。但是世界上能有这样的奇迹吗?

1979 年 10 月

塔什干的一个男孩子

塔什干毕竟是一个好地方。按时令来说，当我们到了这里的时候，已经是秋天，淡红淡黄斑驳陆离的色彩早已涂满了祖国北方的山林；然而这里还到处盛开着玫瑰花，而且还不是一般的玫瑰花——有的枝干高得像小树，花朵大得像芍药、牡丹。

我就在这样的玫瑰花丛旁边认识了一个男孩子。

我们从城外的别墅来到市内，最初并没有注意到这一个小男孩。在一个很大的广场里，一边是纳瓦依大剧院，一边是为了招待参加亚非作家会议各国代表而新建的富有民族风味的塔什干旅馆，热情的塔什干人民在这里聚集成堆，男女老少都有。在这样一堆堆的人群里，一个普普通通的小孩子怎么能引起我们的注意呢？

但是，正当我们站在汽车旁边东张西望的时候，忽然听到细声细气的儿童的声音，说的是一句英语："您会说英国话吗？"我低头一看，才看到一个十二三岁的小男孩。他穿了一件又灰又黄带着条纹的上衣，头发金黄色，脸上稀稀落落有几点雀斑，两只蓝色的大眼睛一闪忽一闪忽的。

这个小孩子实在很可爱，看样子很天真，但又似乎懂得很多的东西。虽然是个男孩，却又有点像女孩，羞羞答答，欲进又退，欲说又止。

我就跟他闲谈起来。他只能说极简单的几句英国话，但是也能把自己的意思表达出来。他告诉我，他的英文是在当地的小学里学的，才学了不久。他有一个通信的中国小朋友，是在广州。他的中国小朋友曾寄给他一个什么纪念章，现在就挂在他的内衣上。说着他就把上衣掀了一下。我看到他内衣上的确别着一个圆圆的东西。但是，还没有等我看仔细，他已经把上衣放下来了。仿佛那一个圆圆的东西是一个无价之宝，多看上两眼，就能看掉一块似的。我可以很清楚地看到，这一个看来极其平常的中国徽章在他的心灵里占着多么重要的地位；也可以看到，中国和他的那一个中国小朋友，在他的心灵里占着多么重要的地位。

我同这一个塔什干的男孩子第一次见面，从头到尾，总共不到五分钟。

跟着来的是极其紧张的日子。

在白天，上午和下午都在纳瓦依大剧院里开会。代表们用各种不同的语言发言，愤怒控诉殖民主义的罪恶。我的感情也随着他们的感情而激动，而昂扬。

一天下午，我们正走出塔什干旅馆，准备到对面的纳瓦依大剧院里去开会。同往常一样，热情好客的塔什干人民，又拥挤在这一个大广场里，手里拿着笔记本，或者只是几张白纸，请各国代表签名。他们排成两列纵队，从塔什干旅馆起，几乎一直接到纳瓦依大剧院，说说笑笑，像过年过节一样。整个广场成了一个欢乐的海洋。

我陷入夹道的人堆里，加快脚步，想赶快冲出重围。

但是，冷不防，有什么人从人丛里冲了出来，一下子就把我抱住了。我吃了一惊，定神一看，眼前站着的就是那一个我几乎已经完全忘记了的小男孩。

也许上次几分钟的见面就足以使得他把我看作熟人。总之，他那种胆怯羞涩的神情现在完全没有了。他拉住我的两只手，满脸都是笑容，仿佛遇到了一个多年未见十分想念的朋友和亲人。

我对这一次的不期而遇也十分高兴。我在心里责备自己："这样一个小孩子我怎么竟会忘掉了呢？"但是，还有人等着我一块走，我没有法子跟他多说话，在又惊又喜的情况下，一时也想不起说什么话好。他告诉我："后天，塔什干的红领巾要到大会上去献花，我也参加。"我就对他说："那好极了。我们在那里见面吧！"

我倒是真想在那一天看到他的。第二次的见面，时间比第一次还要短，大概只有两三分钟。但是我却真正爱上了这一个热爱中国热爱中国人民的小孩子。我心里想：第一次见面是不期而遇，我没有能够带给他什么东西当作纪念品。第二次见面又是不期而遇，我又没有能够带给他什么东西当作纪念品。我心里十分不安，仿佛缺少了什么东西，有点惭愧的感觉。

跟着来的仍然是极其紧张的日子。

大会开到了高潮，事情就更多了。但是，我同那个小孩子这一次见面以后，我的心情同第一次见面后完全不同了。不管我是多么忙，也不管我在什么地方，我的思想里总常常有这个小孩子的影子。它几乎霸占住我整个的心。我把所有的希望都寄托在他要到大会上去献花的那一天上。

那一天终于来到了。气氛本来就非常热烈的大会会场，现在更热烈了。成千成百的男女红领巾分三路涌进会场的时候，全场响起了雷鸣般的掌声。一队红领巾走上主席台给主席团献花。这一队红领巾里面，男孩女孩都有。最小的也不过五六岁，还没有主席台上的桌子高；但也站在那里，很庄严地朗诵诗歌；头上缠着的红绿绸子的蝴蝶结在轻轻地摆动着。主席台上坐着来自三四十个国家的代表团的团长，他们的语言不同，皮肤颜色不同，宗教信仰不同，社会制度不同；但是现在都一齐站起来，同小孩子握手拥抱，有的把小孩子高高地举起来，或者紧紧地抱在怀里。对全世界来说，这是一个极有意义的象征，它象征着全世界爱好和平的人们的大团结。我注意到有许多代表感动得眼里含着泪花。

我也非常感动。但是我心里还记挂着一件事情：我要发现那一个塔什干的男孩。我特意带来了一张丝织的毛主席像，想送给他，好让他大大地高兴一次。我到处找他，挨个看过去，看了一遍又一遍。这些男孩的衣服都一样；女孩子穿着短裙子，男女小孩还可以分辨出来；但是，如果想在男小孩中间分辨出哪个是哪个，那就十分困难了。我看来看去，眼睛都看花了。我眼前仿佛成了一片红领巾和红绿蝴蝶结的海洋，我只觉得五彩缤纷，绚丽夺目。可是要想在这一片海洋里捞什么东西，却毫无希望了。一直等到这一大群孩子排着队退出会场，那一张有着金黄色的头发、上面长着两只圆而大的眼睛和稀稀落落的雀斑的脸，却无论如何也没有找到。

我真是从内心深处感到失望。但是我却是一点办法都没有。只怪我自己疏忽大意，既没有打听那一个男孩的名字，也没有打听他的住处、他的学校和班级。当我们第二次见面，他告诉我要来献花的时候，我丝毫也没有想到，我们竟会见不到面。现在想打听，也无从打听起了。

会议眼看就要结束了。一结束，我们就要离开这里。我一想到这一点，心里就焦急不堪。但是我也并没有完全放弃了希望。每一次走过广场的时候，我都特别注意向四下里看，我暗暗地想：也许会像我们第二次见面那样，那个男孩子会蓦地从人丛中跳出来，两只手抱住我的腰。

但是结果却仍然是失望。

会议终于结束了。第二天我们就要暂时离开这里，到哈萨克加盟共和国的首都阿拉木图去做五天的访问。在这一天的黄昏，我特意到广场上去散步，目的就是寻找那一个男孩子。

我走到一个书亭附近去，看到台子上摆满了书。亚非各国作家作品的俄文和乌兹别克文译本特别多，特别引人注目。有许多人挤在那里买书。我在那里站了一会，想在拥挤的人堆里发现那个男孩子。

我走到大喷水池旁。这是一个大而圆的池子，中间竖着一排喷水的石柱。这时候，所有的喷水管都一齐开放，水像发怒似的往外喷，一直喷到两三丈高，然后再落下来，落到墨绿的水池子里去。喷水柱里面装着红绿电灯，灯光从白练似的水流里面透了出来，红红绿绿，变幻不定，活像天空里的彩虹。水花溅在黑色的水面上，翻涌起一颗颗的珍珠。

我喜欢这一个喷水池，我在这里站了很久。但是我却无心欣赏这些红红绿绿的彩虹和一颗颗的白色珍珠；我是希望能够在这里找到那一个小孩子的。

我走到广场两旁的玫瑰花丛里去，这也是我特别喜欢的地方。这里的玫瑰花又高又大又多，简直数不清有多少棵。人走进去，就仿佛走进了一片矮小的树林子。在黄昏的微光中，碗口大的花朵颜色有点暗淡了，分不清哪一朵是黄的，哪一朵是红的，哪一朵又是红里透紫的。但是，芬芳的香气却比白天阳光普照下还要浓烈。我绕着玫瑰花丛走了几周，不管玫瑰花的香气是多么浓烈，我却仍然是醉翁之意不在酒，我是来寻找那一个男孩子的。

我当时就想到,我这种做法实在很可笑,哪里就会那样凑巧呢?但是我又不愿意承认我这种举动毫无意义。天底下凑巧的事情不是很多很多的吗?我为什么就一定遇不到这样的事情呢?我决不放弃这万一的希望。

但是,结果并不像想象的那样,我到处找来找去,终于怀着一颗失望的心走回旅馆去。

第二天,天还没有明,我们就乘飞机到阿拉木图去了。在这个美丽的山城里访问了五天之后,又在一天的下午飞回塔什干来。

我们这一次回来,只能算是过路,第二天天一亮,我们就要离开这里了。这一次离开同上一次不一样,这是真正的离开。

这一次我心里真正有点急了。

吃过晚饭,我又走到广场上去。我走近书亭,上面写着人名书名的木牌还立在那里。我走过喷水池,白练似的流水照旧泛出了红红绿绿的光彩。我走过玫瑰花丛,玫瑰在寂寞地散放着浓烈的香气。我到处徘徊流连,我是怀着满腔依依难舍的心情,到这里来同塔什干和塔什干人民告别的。

实在出我意料,当我走回旅馆的时候,我从远处看到旅馆门口有几个小男孩挤在那里,向里面探头探脑。我刚走上台阶,一个小孩子一转身,突然扑到我的身边来:这正是我已经寻找了许久而没有找到的那一个男孩。这一次的见面带给他的喜悦,不但远非第一次见面时的喜悦可比,也决非第二次见面时他的喜悦可比。他紧紧地抓住我的双手,双脚都在跳;松了我的手,又抱住我的腰,脸上兴奋得一片红,连气都喘不上来了。

他断断续续地告诉我,他是来找我的,过去五天,他天天都来。

"你怎么知道我还在这里呢?"

"我猜您还在这里。"

"别的代表都已经走了,你这猜想未免太大胆了。"

"一点也不大胆,我现在不是找到您了吗?"

我大笑起来,不得不承认他是对的。

这是一次在濒于绝望中的意外的会见。中国旧小说里有两句话:"踏破铁鞋无觅处,得来全不费功夫。"并不能写出我当时的全部心情。"蓦然回头,那人却在灯火阑珊处",也只能描绘出我的心情的一小部分。我从来不相信世界上会有什么奇迹;现在我却感觉到,世界上毕竟是有奇迹的,虽然我对这一个名词的理解同许多人都不一样。

我当时十分兴奋,甚至有点慌张。我说了声:"你在这里等我,不要走!"就跑进旅馆,连电梯也来不及上,飞快地爬上五层楼,把我早已经准备好了的礼物拿下来,又跑到餐厅里找中国同志要毛主席纪念章,然后匆匆忙忙地跑出去。我送给那一个男孩子一张织着天安门的杭州织锦和一枚毛主席像的纪念章,我亲手给他别在衣襟上。同他在一块的三四个男孩子,我也在每个人的衣襟上别了一枚毛主席像的纪念章。这一些孩子简直像一群小老虎,一下子扑到我身上来,搂住我的脖子,在我脸上使劲地亲吻。在惊惶失措中,我清清楚楚地听到清脆的吻声。

我现在再不能放过机会了,我要问一下他的姓名和住址。他就在我的笔记本上写了:谢尼亚·黎维斯坦。我们认识了也好多天了,在这临别的一刹那,我才知道了他的名字。我叫了他一声:"谢尼亚!"心里有说不出的感觉。只写了姓名和地址,他似乎还不满意,他又在后面加上了几句话:

我永远也不会忘记您,亲爱的季羡林!希望您以后再回到塔什干来。再见吧,从遥远的中国来的朋友!

谢尼亚

有人在里面喊我,我不得不同谢尼亚和他的小朋友们告别了。

因为过于兴奋,过于高兴,我在塔什干最后的一夜又是一个失眠之夜。我翻来覆去地想到这一次奇迹似的会见。这一次会见虽然时间仍然不长,但是却很有意义。在我这方面,我得到机会问清楚这个小孩子的姓名和地址,以便以后联系;不然的话,他就像是一滴雨水落在大海里,永远不会再找到了。在小孩子方面,他找到了我,在他那充满了对中国的热爱的小小的心灵里,也不会永远感到缺了什么东西。这十几分钟会见的意义是无法用言语表达的。

想来想去,无论如何再也睡不着。我站起来,拉开窗幔:对面纳瓦依大剧院的霓虹灯还在闪闪发光。广场上只有稀稀落落的几个人影。那一丛丛的玫瑰花的确是看不清楚了;但是,根据方向,我依然能够知道它们在什么地方;我也知道,在黑暗中,它们仍然在散发着芬芳浓烈的香气。

1961 年 7 月 5 日

难忘的一家人

3月初的德里,已经是春末夏初时分。北京此时恐怕还会飘起雪花吧。而在这里,却已是杂花生树,群莺乱飞。月季花、玫瑰花、茉莉花、石竹花,还有其他许多不知名的鲜花,纷红骇绿,开得正猛。木棉那大得像碗口的红花,开在凌云的高枝上,发出了异样的光彩,特别逗引起了我这个异乡人的惊奇。

就正在这繁花似锦的时刻,我会见了将近二十没有见面的印度老朋友普拉萨德先生。

当时,我刚从巴基斯坦来到德里。午饭后,我站在我们大使馆楼前的草地上,欣赏那一朵朵肥大的月季花,正在出神,冷不防从对面草地上树荫下飞也似的跳出来了一个人,一下子扑了过来,用力搂住我的脖子,拼命吻我的面颊。他眼里泪水潸潸,眉头痛苦地或者是愉快地皱成了一个疙瘩,他就是普拉萨德。他这出乎意料的举动,使得我惊愕、快乐。但是,我的眼里却没有泪水流出,好像是我还没有来得及把泪水酿出。

这自然就使我回忆起过去在北京大学的一些事情。

普拉萨德是在解放初期由印中友协主席、中国人民始终如一的老朋友森德拉尔先生介绍到北大来任教的。他为人正直、坦荡,老老实实,本本分分,从来不弄什么小动作,不要什么花样。借用德里老百姓的一句口头话:他忠实得像金子一样。在工作方面,他勤勤恳恳,给什么工作,就做什么工作,决不讨价还价。因此,他同中国教师和历届的同学都处得很好,没有人不喜欢他,不尊重他的。他后来回国结了婚,带着夫人普拉巴女士又回到北京。生的第一个男孩,取名就叫作京生。长到三四岁的时候,活泼伶俐,逗人喜爱。每次学校领导宴请外国教员,一个必不可少的节目就是要京生高唱《东方红》。此时宴会厅里,必然是笑声四起,春意盎然,情谊脉脉,喜气融融。

时光就这样流逝过去。他做的事情都是平平常常的事情,过的日子也都是平淡无奇的日子。没有兴奋,没有激动,没有惊人的变化,也没有难忘的伟绩。忘记了是哪一年,他生了肺病,有点紧张。我就想方设法,加以劝慰。我现在已经忘记究竟对他说了些什么话;但是估计像我这样水平低的人,也绝不会说出什么精辟的话。他可就信了我的话,情绪逐渐平静了下来。又忘记了是哪一年,他告诉我,想到莫斯科去参加青年联欢节。我通过有关的单位,使他达到了目的。这些都是小事,本来是不足挂齿的。然而他却惦记在心,逢人便说。他还经常说,我是他的长辈,是他的师尊。这很使我感到有点尴尬,觉得受之有愧。

天不会总是晴的,人世间也决不会永远风平浪静。大约是在1959年,中印友谊的天空里突然升起了一团乌云。某一些原来对中国友好的印度人,接踵转向。但是,普拉萨德一家人并没有动摇。他们不相信那一些造谣诬蔑,流言飞语。他们一直坚持到自己的护照有被吊销的危险的时候,才忍痛离开了中国。

接着来的是一段对中印两国人民都不愉快的时光。我自己毕生研究印度的文化和历史,十一分关心中印两国人民的传统友谊。在这一团乌云的遮蔽下,我有说不出来的苦恼,心情很沉重。我不时想到普拉萨德,想到他那一家人。当他们还在北京的时候,我实际上并没有这样想过。现在一旦睽违,却竟如此忆念难置。我自己也说不清楚其中的原由。难道我也想到"鸿雁几时到,江湖秋水多"吗?我不知道,普拉萨德一家人在想些什么,他们在干些什么。但是,我对于他那一家人对中国人民的深厚友情,是从来没有怀疑的。我相信,他同广大的印度朋友一样,既能同中国人民共安乐,也能同我们共忧患。他们既然能度过丽日和风,也必然能度过惊涛骇浪。

事实也正是这个样子。等到天空里的乌云逐渐淡下去的时候,从遥远的西天传来了普拉萨德一家的消息。他确实是没有动摇。在那些日子里,他仍然坚持天天到中国驻印度大使馆去上班。当时大使馆门外驻扎着军警,每一个到中国大使馆来的印度人,都要受到盘问。许多印度朋友,不管内心里多么热爱中国,在这种情况下,也只好望而却步。然而普拉萨德却毅然岿然,决不气馁。当他在中国生肺病的时候,我心里曾闪过一个念头,窃以为他太脆弱。现在才知道,我错了。在大是大非面前,他是非常坚强的。我认识到他是这样一个人:在脆弱中有坚强,在简单中有深刻,在淳朴中有繁缛,在平淡中有浓烈。

他的爱人普拉巴是夫唱妇随。有人要她捐献爱国捐,她问为什么,说是为了对付中国,她坚决回答:"爱国人人有份。但是捐了金银首饰去打中国,我宁死不干。我决不相信,中国会侵略印度!"这一番话义正词严,简直可以说是掷地作金石声。在那黑云翻滚的日子里,敢于说这样的话,是需要有点勇气的。普拉巴平常看起来也像她丈夫一样是朴素而安静的,就在这样一个朴素而安静的印度普通妇女的心中,蕴藏着多少对中国兄弟姊妹的爱和信任啊!但是在千千万万印度朋友心中蕴藏着的正是这样的爱和信任。印度古书上有一句话："真理就是要胜利。"她说的话正是真理,因此就必然会胜利的。

难道说普拉萨德一家人不热爱自己的祖国吗?正相反。我知道,他们是非常热爱自己的祖国的。而他们这样的举动也正是真正热爱祖国的表现。

就这样,我们虽然相别十余年,相隔数万里,其间也没有通过信。但是,我们的心是相通的,我们的心是挨得非常近的。

可是我无论如何也没有预料到,我们竟然能够在花团锦簇的暮春时分,在德里义会了面。

看样子,这一次意外的会面也给普拉萨德带来了极大的愉快。他告诉我,当他听说我要到印度来的时候曾高兴得几夜睡不着觉。我知道,他确实是非常高兴的。那时候,我们的访问非常紧张,一个会接着一个会,忙得不可开交。但是他却利用一切机会同我会面和交谈。有一天晚上,他还带了另一位印度朋友来看我。刚说了几句话,他们俩突然跪到地上摸我的脚。我知道,这是对最尊敬的人行的礼节。我大吃一惊,觉得真是当之有愧。但是面对着这一位忠实得像金子一般的印度朋友,我有什么办法呢?

普拉萨德再三对我讲,他要把他全家都带来同我会面。这正是我的愿望。我是多么想看一看这一家人啊!但是时间却挤不出。最后商定在使馆招待会前半小时会面。到了时候,他们全家果然来了。当年欢蹦乱跳的京生已经长成了稳重憨厚的青年,大学医学院的毕业生。当年在襁褓中的兰兰也已经长成了中学生。我看到这个情景,心里面思绪万千,半天说不出话来。但是,普拉萨德却滔滔不绝地讲了起来,讲他过去十几年的经历。从生活到思想,从个人到全家，不厌其详地讲述。兰兰大概觉得他说话太多了，有点生气似的说道："爸爸！看你老讲个不停，不让别人说半句话。"普拉萨德马上反驳说："不行不行！我非向他汇报不行。我的话三天三夜也讲不完。"说完又讲了起来，大有"词源倒流三峡水"的气概，看样子真要讲上三天三夜了。但是，招待会的时间到了，他们才依依不舍地辞别离去。

我们在德里的最后一个节目是印中友协的欢迎会。散会后，也就是我同普拉萨德全家告别的时候。我自然而然地紧紧地搂住了他的脖子，吻他的面颊。好像也用不着去酿出，我的眼里就流满了泪水。同这样一位忠诚淳朴，对中国人民始终如一的印度朋友告别，我难道还能无动于衷吗？

普拉萨德决不是一个个人，而是广大的印度朋友的代表和象征；他也是千千万万善良的印度人的典型。他也决没有把我看成一个个人，而是看成整个中国人民的代表。他对我流露出来的感情，不是对我一个人的，而是对全体中国人民。正如中印友谊万古长青一样，我们之间的友谊也是长存的。即使我们暂时分别了，我相信，我们有一天总还会会面的，在印度，在中国。

我遥望西天，为普拉萨德全家祝福。

第四辑 那些动物朋友

兔子

不记得是什么时候,大概总在我们全家刚从一条满铺了石头的古旧的街的北头搬到南头以后,我有了三只兔子。

说起兔子,我从小就喜欢的。在故乡里的时候,同村的许多家里都养着一窝兔子。在地上掘一个井似的圆洞,不深,在洞底又有向旁边通的小洞,兔子就住在里面。不知为什么,我们却总不记得家里有过这样的洞。每次随了大人往别的养兔子的家里去玩的时候,大人们正在扯不断拉不断絮絮地谈得高兴的当儿,我总是放轻了脚步走到洞口,偷偷地向里瞧——兔子正在小洞外面徘徊着呢。有黑白花的,有纯黑的。我顶喜欢纯白的,因为眼睛红亮得好看,透亮的长耳朵左右摇摆着。嘴也仿佛战栗似地颤动着,在嚼着菜根什么的。蓦地看见人影,都迅速地跑进小洞去了,像一溜溜的白色黑色的烟。倘若再伏下身子去看,在小洞的薄暗里,便只看见一对对的莹透的宝石似的眼睛了。

在我走出了童年以前的某一个春天,记得是刚过了年,因为一种机缘的凑巧,我离开故乡,到一个以湖山著名的都市里去。从栉比的高的楼房的空隙里,我只看到一线蓝蓝的天。这哪里像故乡里锅似的覆盖着的天呢?我看不到远远的笼罩着一层轻雾的树,我看不到天边上飘动的水似的云烟,我嗅不到土的气息。我仿佛住在灰之国里。终日里,我只听到闹嚷嚷的车马的声音。在半夜里,还有小贩的叫声从远处的小巷里飘了过来。我是地之子,我渴望着再回到大地的怀里去。当时,小小的心灵也会感到空漠的悲哀吧。但是,最使我不能忘怀的,占据了我的整个的心的,却还是有着宝石似的眼睛的故乡里的兔子。

也不记得是几年以后了,总之是在秋天,叔父从望口山回家来,仆人挑了一担东西。上面是用蒲包装的有名的肥桃,下面有一个木笼。我正怀疑木笼里会装些什么东西,仆人已经把木笼举到我的眼前了——战栗似的颤动着的嘴,透亮的长长的耳朵,红亮的宝石似的眼睛……这不正是我梦寐渴望的兔子么?记得他临到望口山去的时候,我曾向他说过,要他带几个兔子回来。当时也不过随意一说,现在居然真带来了。这仿佛把我拉回了故乡里去。我是怎么狂喜呢?笼里一共有三只:一只大的,黑色,像母亲;两只小的,白色。我立刻舍弃了美味的肥桃,东跑西跑,忙着找白菜,找豆芽,喂它们。我又替它们张罗住处,最后就定住在我的床下。

童年在故乡里的时候,伏在别人的洞口上,羡慕人家的兔子,现在居然也有三只在我的床下了。对此,这简直比童话还不可信。最初,才从笼里放出来的时候,立刻就有猫挤上来。兔子仿佛是很胆怯,伏在地上,不敢动。耳朵紧贴在头上,只有嘴颤动得更厉害。把猫赶走了,才慢慢地试着跑。我一转眼,早又跑到床下面去了。有了兔子以后的第一个夜里,我躺在床上,辗转着睡不沉,听兔子在床下嚼着豆芽的声音。我仿佛浮在云堆里,已经忘记了做过些什么样的梦了。

就这样,我的床下面便凭空添了三个小生命。每当我坐在靠窗的一张桌子的旁边读书的时候,兔子便偷偷地从床下面踱出来,没有一点声音。我从书页上面屏息地看着它们。先是大的一探头，又缩回去；再一探头，走出来了，一溜黑烟似的。紧随着的是两只小的，都白得像一团雪，眼睛红亮，像——我简直说不出像什么。像玛瑙么？比玛瑙还光莹。就用这小小的红亮的眼睛四面看着，走到从花盆里垂出的拂着地的草叶下面，嘴战栗似的颤动几下，停一停，走到书旁边。嘴战栗似的颤动几下，停一停，走到小凳下面。嘴战栗似地颤动几下，停一停。忽然，我觉得有软茸茸的东西靠上了我的脚了。我知道这是小兔正伏在我的脚下。我忍耐着不敢动，不知怎地，腿忽然一抽。我再看时，一溜黑烟，两溜白烟，兔子都藏到床下面去。伏下身去看，在床下面暗黑的角隅里，便只看见莹透的宝石似的一对对的眼睛了。

　　是秋天，前面已经说过。我住的屋的窗外有一棵海棠树。以前常听人说，兔子是顶孱弱的。猫对它便是个大的威胁。在兔子没来我床下面住以前，屋里也常有猫的踪迹。门关严了的时候，这棵海棠树就成了猫来我屋的路。自从有了兔子以后，在冷寂的秋的长夜里，我常常无所谓地蓦地醒转来。窗外风吹着落叶，窸窣地响，我疑心是猫从海棠树上爬上了窗子。连绵的夜雨击着落叶，窸窣地响，我又疑心是猫爬上了窗子。我静静地等着，不见有猫进来。低头看时，兔子正在地上来回地跑着。在微明的灯光里，更像一溜溜的黑烟和白烟了，眼睛也更红亮得像宝石了。当我正要朦胧睡去的时候，恍惚听到"咪"的一声，看窗子上破了一个洞的地方，正有两颗灯似的眼睛向里瞅着。

　　第二天早晨起来，第一件要做的事情，就是伏下头去看，兔子丢了没有。看到两个小兔两团白絮似的偎在大的身旁熟睡的时候，心里仿佛得到点安慰。过了一会儿，再回到屋里来读书的时候，又可以看到它们在脚下来回地跑了。其实并没有什么声息，屋里总仿佛充满了生气与欢腾似的。周围的空气，也软浓浓地变得甜美了。兔子也渐渐不胆怯起来，看见我也不很躲避了。第一次一个小兔很驯顺地让我抚摸的时候，我简直欢喜得流泪呢。

倘若我的记忆靠得住的话，大约总有半个秋天，就在这样的颇有诗意的情况里度过去。我还能模模糊糊地记得：兔子才在笼里装来的时候，满院子里都挤满了花。我一闭眼，还能看到当时院子里飘动着的那一层淡淡的绿色。兔子常从屋里跑出来，到花盆缝里去玩，金鱼缸里的子午莲还仿佛从水面上突出两朵白花来。只依稀有一点影，这记忆恐怕靠不大住了。随了这绿气，这金鱼缸，我又能看到靠近海棠树的涂上了红油绿油的窗子，嵌着一方不小的玻璃，上面有雨和土的痕迹。窗纸上还粘着几条蜘蛛丝，窗子里面就是我的书桌，再往里，就是床，兔子就住在床下面……这一切仿佛在眼前浮动。但又像烟、像雾，眼睛就要幻化到空濛里去了。

我不是说大概过了有半个秋天吗，——等到院子里的花草渐渐地减少了，立刻显得很空阔。落叶却在价下多起来，金鱼缸里也早没了水，天更蓝更长；澹远的秋有转入阴沉的冬的样儿了。就在这样一个蓝天的早晨，我又照例俯下身子，去看兔子丢了没有。——奇怪，床下面空空的，仿佛少了什么东西似的。再仔细看，只看到两个小兔凄凉地互相偎着睡。他们的母亲跑到哪里去了呢？我立刻慌了，汗流遍了全身。本来，几天以来，大兔子的胆更大了，常常自己偷跑到天井里去。这次恐怕又是自己偷跑出去了吧。但各处，屋里，屋外，都找到了，没有影，回头又看到两个小兔子偎在我的脚下，一种莫名其妙的凄凉袭进了我的心。我哭了，我是很早就离开母亲的，我时常想到她。我感到凄凉和寂寞。看来这两个小兔子也同我一样地感到凄凉和寂寞呢。我没地方倾诉,除非在梦里,小兔子又向哪里,而且又怎样倾诉呢?——我又哭了。

起初,我还有希望,我希望大兔子会自己跑回来,蓦地给我一个大的欢喜。但是一天一天地过去,我这希望终于成了泡影。我却更爱这两个小兔子了。以前我爱它们,因为它们红亮的眼睛,雪絮似的软毛。这以后的爱里,却掺入了同情。有时我还想拿我的爱抚来弥补它们失掉母亲的悲哀,但这哪里可能的呢?眼看它们渐渐消瘦下去,在屋里跑的时候也不像以前那样轻快了,时常偎到我的脚下来。我把它们抱在怀里,也驯顺地伏着不动。当我看到它们踽踽地走开的时候,小小的心真的充满了无名的悲哀呢!

这样的情况也没能延长多久。两三天以后,我忽然发现在屋里跑着的只有一个兔子了,那个同伴到哪里去了呢,我又慌了,有各处都找到:墙隅,桌下,又在天井各处找,低声唤着,落叶在脚下咯吱响。终于,没有影。当我看到这剩下的一个小生灵孤独地踡着的时候,再听檐边秋天特有的风声,眼泪又流下来了。——它在找它的母亲吗?找它的兄弟吗?为什么连叹息一声也不呢?宝石似的眼睛也仿佛含着晶莹的泪珠了。夜里,在微明的灯光下,我不见它在床下沉睡;这只是不停地在屋里跑着。这冷硬的土地,这漫漫的秋的长夜,没有母亲,没有兄弟偎着。凄凉的冷梦萦绕着它,它怎能睡得下去呢?

第二天的早晨,天更蓝,蓝得有点古怪。小屋里照得通明,小兔在我眼前跑过的时候,洁白的绒毛上,仿佛有一点红,一闪,我再看,就在透明红润的耳朵旁边,发现一点血痕——只一点,衬了雪白的毛,更显得红艳,像鸡血石上的斑,像西天一点晚霞。我却真有点焦急了。我听人说,兔子只要见血,无论多少滴,就会死去的。这剩下的一只没有母亲,没有兄弟的孤独的小生命也要死去的吗?我不相信,这比神话还渺茫,然而摆在眼前的却就是那一点红艳的血痕,怎样否认呢?我把它抱了起来,仿佛也知道有什么不幸要临到它身上,只伏在我怀里,不动,放下,也不大跑了。就在这天的末尾,在黄昏的微光里,当我再伏下头去看床下的时候,除了一些白菜和豆芽以外,什么也看不到了。我各处找了找,也没找到什么。我早知道有什么事情要发生。而且,我也想:这样也倒好。不然,孤零零的一个活在世界上,得不到一点温热,在凄凉和寂寞的袭击下,这长长的一生又怎样消磨呢?我不哭,但是眼泪却流到肚子里去了,悲哀沉重地压在心头,我想到了故乡里的母亲。

就这样,半个秋天以来,在我床下面跑出跑进的三个兔子一个都不见了。我再坐在靠窗的桌子旁读书的时候,从书页上面,什么也看不到了。从有着风和雨的痕迹的玻璃窗里望出去:海棠树早落静了叶子,只剩下秃光的枝干,撑着眼睛的秋的长空。夜里,我在听到外面簌簌的时候,我又疑心是猫。我从蒙眬中醒转来,虽然有时也会在窗洞里看到两盏灯似的圆圆的眼睛。但是看床下的时候,却没有兔子来回地踱着了。眼一花,便会看到满地凌乱的影子,一溜黑烟,两溜白烟。再仔细看,有什么呢?什么也没有,只有暗淡的灯照彻了冷寂的秋夜,外面又啪啪地响,是雨吧,冷栗,寂寞,混上了一点轻微空漠的悲哀,压住了我的心。一切都空虚,我能再做什么样的梦呢?

1934 年 2 月 16 日

一只小猴

　　只有几秒钟,也许连几秒钟都不到,我抬眼瞥见了一只小猴,在泰国的旅游胜地帕塔亚,在华灯初上的黄昏时分,在车水马龙的大马路旁,在五光十色的霓虹灯照耀下,在黑发和黄发,黑眼睛和蓝眼睛交互混杂的人流中……

　　小猴真正是小,看模样,也不过几个月大。它睁大一双圆溜溜的眼睛,惊奇地瞅着这非我族类的人类的闹嚷喧腾的花花世界,心里不知作何感想。它被搂在一个十几岁的小男孩子怀中,脖子上拴着链子,链子的另一端就攥在小男孩手中。它左顾右盼,上窜下跳,焦躁不安,瞬息不停。但小男孩却像如来佛的巨掌,猴子无论如何也逃脱不出去。

　　小男孩也焦躁不安,神情凄凉,他在费尽心血,向路人兜售这一只小猴。不管他怎样哀告,路人却像顽石一般,决不点头。黑头发不点头,黄头发也不点头。黑眼睛不眨眼。蓝眼睛也不眨眼,小男孩的神情更加凄凉了。

　　只有几秒钟,也许连几秒钟都不到,我把这一切都看在眼里,我的心蓦地猛烈地震动了一下:小猴的天真无邪的模样,小孩的焦急凄凉的神态,撞击着我的心。我回头注视着猴子和孩子,在霓虹灯照亮了的黑头发和黄头发的人流中,注视,再注视,一直到什么都看不见为止。

小猴和小孩的影子在我眼前消逝了，却沉重地落在我的心头。随之而来的是无穷无尽的问号：小猴是从哪里捉来的呢？是从深山老林里吗？它有没有妈妈呢？如果有，猴妈妈不想自己的孩子吗？小猴不想自己的妈妈吗？茂密不透阳光的森林同眼前的五光十色的人类的花花世界给小猴什么样的印象呢？小猴喜欢不喜欢这个拴住自己的小男孩呢？小男孩家里什么样呢？是否他父母在倚闾望子等小男孩卖掉了小猴买米下锅呢？小男孩卖不掉小猴心里想些什么呢？

我的思绪一转，立刻又引来了另外一系列的问号：小猴卖出去了没有呢？如果已经卖了出去，是黑头发黑眼睛的人买了去的呢？还是碧眼黄发的人买了去的？如果是后者的话，说不定明天一早，小猴就上了豪华的客机穿云越海而去。小猴有什么感觉呢？这样一来，小猴不用悬梁刺股拼命考"托福"就不费吹灰之力到了某些中国人眼中心中的天堂乐园。小猴翘不翘尾巴呢？它感不感到光荣呢？……

无穷无尽的问号萦绕在我的心头，我跟随着大伙儿来到了帕塔亚有名的海鲜餐厅，嘴里品尝着大个儿的新鲜的十分珍贵的龙虾，味道确实鲜美。但是我脑袋里想的是小猴，它那两只漆黑锃亮的圆圆的眼睛，在我眼前飘动。我们走进了世界著名的人妖歌舞厅，台上五彩缤纷，歌声嘹亮入云，舞姿轻盈曼妙，台下欢声雷动。但是我脑袋里想的是小猴。一直到深夜转回雍容华贵的大旅馆，我脑袋里想的仍然是小猴，那一只在不到几秒钟内瞥见的小猴。

小猴在我脑海里变成了一个永恒的问号。

1994 年 5 月 4 日

咪 咪

我现在越来越不了解自己了。我原以为自己不是多愁善感的人,内心还是比较坚强的。现在才发现,这只是一个假象,我的感情其实脆弱得很。

八年以前,我养了一只小猫,取名咪咪。她大概是一只波斯混种的猫,全身白毛,毛又长又厚,冬天胖得滚圆。额头上有一块黑黄相间的花斑,尾巴则是黄的。总之,她长得非常逗人喜爱。因为我经常给她些鱼肉之类的东西吃,她就特别喜欢我。有几年的时间,她夜里睡在我的床上。每天晚上,只要我一铺开棉被,盖上毛毯,她就急不可待地跳上床去,躺在毯子上。我躺下不久,就听到她打呼噜——我们家乡话叫"念经"——的声音。半夜里,我在梦中往往突然感到脸上一阵冰凉,是小猫用舌头来舔我了,有时候还要往我被窝儿里钻。偶尔有一夜,她没有到我床上来,我顿感空荡寂寞,半天睡不着。等我半夜醒来,脚头上沉甸甸的,用手一摸:毛茸茸的一团,心里有说不出来的甜蜜感,再次入睡,如游天宫。早晨一起床,吃过早点,坐在书桌前看书写字。这时候咪咪决不再躺在床上,而是一定要跳上书桌,趴在台灯下面我的书上或稿纸上,有时候还要给我一个屁股,头朝里面。有时候还会摇摆尾巴,把我的书页和稿纸摇乱。过了一些时候,外面天色大亮,我就把咪咪和另外一只纯种"国猫"名叫虎子的黑色斑纹的"土猫"放出门去,到湖边和土山下草坪上去吃点青草,就地打几个滚儿,然后跟在我身后散步。我上山,她们就上山;我走下来,她们也跟下来。猫跟人散步是极为稀见的,因此成为朗润园一景。这时候,几乎每天都碰到一位手提鸟笼遛鸟的老退休工人,我们一见面,就相对大笑一阵:"你在遛鸟,我在遛猫,我们各有所好啊!"我的一天,往往就是在这种情况下开始的。其乐融融,自不在话下。

　　大概在一年多以前,有一天,咪咪忽然失踪了。我们全家都有点着急。我们左等,右等;左盼,右盼,望穿了眼睛,只是不见。在深夜,在凌晨,我走了出来,瞪大了双眼,尖起了双耳,希望能在朦胧中看到一团白色,希望能在万籁俱寂中听到一点声息。然而,一切都是枉然。这样过了三天三夜,一个下午咪咪忽然回来了。雪白的毛上沾满了杂草,颜色变成了灰土土的,完全一副狼狈不堪的样子。一头闯进门,直奔猫食碗,狼吞虎咽,大嚼一通。然后跳上壁橱,藏了起来,好半天不敢露面。从此,她似乎变了脾气,拉尿不知,有时候竟在桌子上撒尿和拉屎。她原来是一只规矩温顺的小猫咪,完全不是这样子的。我们都怀疑,她之所以失踪,是被坏人捉走了的,想逃跑,受到了虐待,甚至受到捶挞,好不容易,逃了回来,逃出了魔掌,生理上受到了剧烈的震动,才落了一身这样的坏毛病。

　　我们看了心里都很难受。一个纯洁无辜的小动物,竟被折磨成这个样子,谁能无动于衷呢?可是我又有什么办法?我是最喜爱这个小东西的,心里更好像是结上了一个大疙瘩,然而却是爱莫能助,眼睁睁地看她在桌上的稿纸上撒尿。但是,我决不打她。我一向主张,对小孩子和小动物这些弱者,动手打就是犯罪。我常说,一个人如果自认还有一点力量、一点权威的话,应当向敌人和坏人施展,不管他们多强多大。向弱者发泄，算不上英雄汉。

然而事情发展却越来越坏，咪咪任意撒尿和拉屎的频率增强了，范围扩大了。在桌上，床下，澡盆中，地毯上，书上，纸上，只要从高处往下一跳，尿水必随之而来。我以耄耋衰躯，匍匐在床下桌下向纵深的暗处去清扫猫屎，钻出来以后，往往喘上半天粗气。我不但毫不气馁，而且大有乐此不疲之慨，心里乐滋滋的。我那年近九旬的老祖笑着说："你从来没有给女儿、儿子打扫过屎尿，也没有给孙子、孙女打扫过，现在却心甘情愿服侍这一只小猫！"我笑而不答。我不以为苦，反以为乐。这一点我自己也解释不清楚。

但是，事情发展得比以前更坏了。家人忍无可忍，主张把咪咪赶走。我觉得，让她出去野一野，也许会治好她的病，我同意了。于是在一个晚上把咪咪送出去，关在门外。我躺在床上，辗转反侧，再也睡不着。后来蒙眬睡去，做起梦来，梦到的不是别的什么，而是咪咪。第二天早晨，天还没有亮，我拿着电筒到楼外去找。我知道，她喜欢趴在对面居室的阳台上。拿手电一照，白白的一团，咪咪蜷伏在那里，见到了我咪噢叫个不停，仿佛有一肚子委屈要向我倾诉。我听了这种哀鸣，心酸泪流。如果猫能做梦的话，她梦到的必然是我。她现在大概怨我太狠心了，我只有默默承认，心里痛悔万分。

我知道，咪咪的母亲刚刚死去，她自己当然完全不懂这一套，我却是懂得的。我青年丧母，留下了终天之恨。年近耄耋，一想到母亲，仍然泪流不止。现在竟把思母之情移到了咪咪身上。我心跳手颤，赶快拿来鱼饭，让咪咪饱餐一顿。但是，没有得到家人的同意，我仍然得把咪咪留在外面。而我又放心不下，经常出去看她。我住的朗润园小山重叠，林深树茂，应该说是猫的天堂。可是咪咪硬是不走，总卧在我住宅周围。我有时晚上打手电出来找她，在临湖的石头缝中往往能发现白色的东西，那是咪咪。见了我，她又咪噢直叫。她眼睛似乎有了病，老是泪汪汪的。她的泪也引起了我的泪，我们相对面泣。

我这样一个走遍天涯海角饱经沧桑的垂暮之年的老人，竟为这样一只小猫而失神落魄，对别人来说，可能难以解释，但对我自己来说，却是很容易解释的。从报纸上看到，定居台湾的老友梁实秋先生，在临终前念念不忘的是他的猫。我读了大为欣慰，引为"同志"，这也可以说是"猫坛"佳话吧。我现在再也不硬充英雄好汉了，我俯首承认我是多愁善感的。咪咪这样一只小猫就戳穿了我这一只"纸老虎"。我了解到了自己的本来面目，并不感到有什么难堪。

现在，我正在香港讲学，住在中文大学会友楼中。此地背山面海，临窗一望，海天混茫，水波不兴，青螺数点，帆影一片，风光异常美妙，园中有四时不谢之花，八节长春之草，兼又有主人盛情款待，我心中此时乐也。然而我却常有"山川信美非吾土"之感，我怀念北京燕园中我的家人，我的朋友，我的书房，我那堆满书案的稿子。我想到北国就要千里冰封、万里雪飘，"马后桃花马前雪，教人哪得不回头？"我归心似箭，决不会"回头"。特别是当我想到咪咪时，我仿佛听到她的咪噢的哀鸣，心里颤抖不停，想立刻插翅回去。小猫吃不到我亲手给她的鱼肉，也许大惑不解："我的主人哪里去了呢？"猫们不会理解人们的悲欢离合。我庆幸她不理解，否则更会痛苦了。好在我留港时间即将结束，我不久就能够见到我的家人，我的朋友。燕园中又多了一个我，咪咪会特别高兴的，她的病也许会好了。北望云天万里，我为咪咪祝福。

1988年11月8日写于香港中文大学会友楼

1996年1月2日重抄于北大燕园

老 猫

老猫虎子蜷曲在玻璃窗外窗台上一个角落里,缩着脖子,眯着眼睛,浑身一片寂寞、凄清、孤独、无助的神情。

外面正下着小雨,雨丝一缕一缕地向下飘落,像是珍珠帘子。时令虽已是初秋,但是隔着雨帘,还能看到紧靠窗子的小土山上丛草依然碧绿,毫无要变黄的样子。在万绿丛中赫然露出一朵鲜艳的红花。古诗"万绿丛中一点红",大概就是这般光景吧。这一朵小花如火似燃,照亮了混茫的雨天。

我从小就喜爱小动物。同小动物在一起,别有一番滋味。它们天真无邪,率性而行;有吃抢吃,有喝抢喝;不会说谎,不会推诿;受到惩罚,忍痛挨打;一转眼间,照偷不误。同它们在一起,我心里感到怡然,坦然,安然,欣然。不像同人在一起那样,应对进退、谨小慎微、斟酌词句、保持距离,感到异常的别扭。

十四年前,我养的第一只猫,就是这个虎子。刚到我家来的时候,比老鼠大不了多少。蜷曲在窄狭的窗内窗台上,活动的空间好像富富有余。它并没有什么特点,仅只是一只最平常的狸猫,身上有虎皮斑纹,颜色不黑不黄,并不美观。但是异于常猫的地方也有,它有两只炯炯有神的眼睛,两眼一睁,还真虎虎有虎气,因此起名叫虎子。它脾气也确实暴烈如虎。它从来不怕任何人。谁要想打它,不管是用鸡毛掸子，还是用竹竿，它从不回避，而是向前进攻，声色俱厉。得罪过它的人，它永世不忘。我的外孙打过一次，从此结仇。只要他到我家来，隔着玻璃窗子，一见人影，它就做好准备，向前进攻，爪牙并举，吼声震耳。他没有办法，在家中走动，都要手持竹竿，以防万一，否则寸步难行。有一次，一位老同志来看我，他显然是非常喜欢猫的。一见虎子，嘴里连声说着："我身上有猫味，猫不会咬我的。"他伸手想去抚摩它，可万万没有想到，我们虎子不懂什么猫味，回头就是一口。这位老同志大惊失色。总之，到了后来，虎子无人不咬，只有我们家三个主人除外，它的"咬声"颇能耸人听闻了。

但是，要说这就是虎子的全面，那也是不正确的。除了暴烈咬人以外，它还有另外一面，这就是温柔敦厚的一面。我举一个小例子。虎子来我们家以后的第三年，我又要了一只小猫。这是一只混种的波斯猫，浑身雪白，毛很长，但在额头上有一小片黑黄相间的花纹。我们家人管这只猫叫洋猫，起名咪咪；虎子则被尊为土猫。这只猫的脾气同虎子完全相反：胆小、怕人，从来没有咬过人。只有在外面跑的时候，才露出一点野性。它只要有机会溜出大门，但见它长毛尾巴一摆，像一溜烟似的立即窜入小山的树丛中，半天不回家。这两只猫并没有血缘关系。但是，不知道是由于什么原因，一进门，虎子就把咪咪看作是自己的亲生女儿。它自己本来没有什么奶，却坚决要给咪咪喂奶，把咪咪搂在怀里，让它咂自己的干奶头，它眯着眼睛，仿佛在享着天福。我在吃饭的时候，有时丢点鸡骨头、鱼刺，这等于猫们的燕窝、鱼翅。但是，虎子却只蹲在旁边，瞅着咪咪一只猫吃，从来不同它争食。有时还"喵噢"上两声，好像是在说："吃吧，孩子！安安静静地吃吧！"有时候，不管是春夏还是秋冬,虎子会从西边的小山上逮一些小动物,麻雀、蚱蜢、蝉、蛐蛐之类,用嘴叼着,蹲在家门口,嘴里发出一种怪声。这是猫语,屋里的咪咪,不管是睡还是醒,耸耳一听,立即跑到门后,馋涎欲滴,等着吃母亲带来的佳肴,大快朵颐。我们家人看到这样母子亲爱的情景,都由衷地感动,一致把虎子称作"义猫"。有一年,小咪咪生了两个小猫。大概是初做母亲,没有经验,正如我们圣人所说的那样"未有学养子而后嫁者也",人们能很快学会,而猫们则不行。咪咪丢下小猫不管,虎子却大忙特忙起来,觉不睡,饭不吃,日日夜夜把小猫搂在怀里。但小猫是要吃奶的,而奶正是虎子所缺的。于是小猫暴躁不安,虎子眉头一皱,计上心来,叼起小猫,到处追着咪咪,要它给小猫喂奶,还真像一个姥姥样子。但是小咪咪并不领情,依旧不给小猫喂奶。有几天的时间,虎子不吃不喝,瞪着两只闪闪发光的眼睛,嘴里叼着小猫,从这屋赶到那屋,一转眼又赶了回来。小猫大概真是受不了啦,便辞别了这个世界。

我看了这一出猫家庭里的悲剧又是喜剧,实在是爱莫能助,惋惜了很久。

我同虎子和咪咪都有深厚的感情。每天晚上,它们俩抢着到我床上去睡觉。在冬天,我在棉被上面特别铺上了一块布,供它们躺卧。我有时候半夜里醒来,神志一清醒,觉得有什么东西重重地压在我身上,一股暖气仿佛透过了两层棉被,扑到我的双腿上。我知道,小猫睡得正香,即使我的双腿由于僵卧时间过久,又酸又痛,但我总是强忍着,决不动一动双腿,免得惊了小猫的轻梦。它此时也许正梦着捉住了一只耗子,只要我的腿一动,它这耗子就吃不成了,岂非大煞风景吗?

这样过了几年,小咪咪大概有八九岁了。虎子比它大三岁,十一二岁的光景,依然威风凛凛,脾气暴烈如故,见人就咬,大有死不改悔的神气。而小咪咪则出我意料地露出了下世的光景。常常到处小便,桌子上,椅子上,沙发上,无处不便。如果到医院里去检查的话,大夫在列举的病情中一定会有一条的:小便失禁。最让我心烦的是,它偏偏看上了我桌子上的稿纸。我正写着什么文章,然而它却根本不管这一套,跳上去,屁股往下一蹲,一泡猫尿流在上面,还闪着微弱的光。说我不急,那不是真的。我心里真急,但是,我谨遵我的一条戒律:决不打小猫一掌,在任何情况之下,也不打它。此时,我赶快把稿纸拿起来,抖掉了上面的猫尿,等它自己干。心里又好气,又好笑,真是哭笑不得。家人对我的嘲笑,我置若罔闻,"全等秋风过耳边"。

我不信任何宗教,也不皈依任何神灵。但是,此时我却有点想迷信一下。我期望会有奇迹出现,让咪咪的病情好转。可世界上是没有什么奇迹的,咪咪的病一天一天地严重起来。它不想回家,喜欢在房外荷塘边上石头缝里呆着,或者藏在小山的树木丛里。它再也不在夜里睡在我的被子上了。每当我半夜里醒来,觉得棉被上轻飘飘的,我惘然若有所失,甚至有点悲伤了。我每天凌晨起来,第一件事情就是拿着手电到房外塘边山上去找咪咪。它浑身雪白,是很容易找到的。在薄暗中,我眼前白白地一闪,我就知道是咪咪。见了我,"喵噢"一声,起身向我走来。我把它抱回家,给它东西吃,它似乎根本没有口味。我看了直想流泪。有一次,我拖着疲惫的身子,走几里路,到海淀的肉店里去买猪肝和牛肉。拿回来,喂给咪咪,它一闻,似乎有点想吃的样子;但肉一沾唇,它立即又把头缩回去,闭上眼睛,不闻不问了。

有一天傍晚,我看咪咪神情很不妙,我预感要发生什么事情。

我唤它，它不肯进屋。我把它抱到篱笆以内，窗台下面。我端来两只碗，一只盛吃的，一只盛水。我拍了拍它的脑袋，它偎依着我，"喵噢"叫了两声，便闭上了眼睛。我放心进屋睡觉。第二天凌晨，我一睁眼，三步并作一步，手里拿着手电，到外面去看。哎呀不好！两碗全在，猫影顿杳。我心里非常难过，说不出是什么滋味。我手持手电找遍了塘边，山上，树后，草丛，深沟，石缝。有时候，眼前白光一闪。"是咪咪！"我狂喜。走近一看，是一张白纸。我嗒然若丧，心头仿佛被挖掉了点什么。"屋前屋后搜之遍，几处茫茫皆不见。"从此我就失掉了咪咪，它从我的生命中消逝了，永远永远地消逝了。我简直像是失掉了一个好友，一个亲人。至今回想起来，我内心里还颤抖不止。

在我心情最沉重的时候，有一些通达世事的好心人告诉我，猫们有一种特殊的本领，能知道自己什么时候寿终。到了此时此刻，它们决不呆在主人家里，让主人看到死猫，感到心烦，或感到悲伤。它们总是逃了出去，到一个最僻静、最难找的角落里，地沟里，山洞里，树丛里，等候最后时刻的到来。因此，养猫的人大都在家里看不见死猫的尸体。只要自己的猫老了，病了，出去几天不回来，他们就知道，它已经离开了人世，不让举行遗体告别的仪式，永远永远不再回来了。

我听了以后，憬然若有所悟。我不是哲学家，也不是宗教家，但却读过不少哲学家和宗教家谈论生死大事的文章。这些文章多半有非常精辟的见解，闪耀着智慧的光芒，我也想努力从中学习一些有关生死的真理，结果却是毫无所得。那些文章中，除了说教以外，几乎没有什么有用的东西。大半都是老生常谈，不能解决什么实际问题，没能给我留下深刻的印象。现在看来，倒是猫们临终时的所作所为,即使仅仅是出于本能吧,却给了我很大的启发。人们难道就不应该向猫们学习这一点经验吗?有生必有死,这是自然规律,谁都逃不过。中国历史上的赫赫有名的人物,秦皇、汉武,还有唐宗,想方设法,千方百计,想求得长生不老。到头来仍然是竹篮子打水一场空,只落得黄土一抔,"西风残照汉家陵阙"。我辈平民百姓又何必煞费苦心呢?一个人早死几个小时,或者晚死几个小时,甚至几天,实在是无所谓的小事,决影响不了地球的转动,社会的前进。再退一步想,现在有些思想开明的人士,不想长生不死,不想在大地上再留黄土一抔;甚至开明到不要遗体告别,不要开追悼会。但是仍会给后人留下一些麻烦:登报,发讣告,还要打电话四处通知,总得忙上一阵。何不学一学猫们呢?它们这样处理生死大事,干得何等干净利索呀!一点痕迹也不留,走了,走了,永远地走了,让这花花世界的人们不见猫尸,用不着落泪,照旧做着花花世界的梦。

我忽然联想到我多次看过的敦煌壁画上的西方净土。所谓"净土",指的就是我们常说的天堂、乐园。是许多宗教信徒烧香念佛,查经祷告,甚至实行苦行,折磨自己,梦寐以求想到达的地方。据说在那里可以享受天福,得到人世间万万得不到的快乐。我看了壁画上画的房子、街道、树木、花草,以及大人、小孩,林林总总,觉得十分热闹。可我觉得没有什么出奇之处。只有一件事给我留下了永不磨灭的印象,那就是,那里的人们都是笑口常开,没有一个人愁眉苦脸,他们的日子大概过得都很惬意。不像在我们人间有这样许多不如意的事情,有时候办点事,还要找后门,钻空子。在他们的商店里——净土里面还实行市场经济吗?他们还用得着商店吗?——售货员大概都很和气,不给人白眼,不训斥"上帝",不扎堆闲侃,不给人钉子碰。这样的天堂乐园,我也真是心向往之的。但是给我印象最深,使我最为吃惊或者羡慕的还是他们对待要死的人的态度。那里的人,大概同人世间的猫们差不多,能预先知道自己寿终的时刻。到了此时,要死的老嬷嬷或者老头,健步如飞地走在前面,身后簇拥着自己的子子孙孙、至亲好友,个个喜笑颜开,全无悲戚的神态,仿佛是去参加什么喜事一般,一直把老人送进坟墓。后事如何,壁画不是电影,是不能动的。然而画到这个程序,以后的事尽在不言中。如果一定要画上填土封坟,反而似乎是多此一举了。我觉得,净土中的人们给我们人类争了光。他们这一手比猫们又漂亮多了。知道必死,而又兴高采烈,多么豁达!多么聪明!猫们能做得到吗?这证明,净土里的人们真正参透了人生奥秘,真正参透了自然规律。人为万物之灵,他们为我们人类在同猫们对比之下真真增了光!真不愧是净土!

上面我胡思乱想得太远了,还是回到我们人世间来吧。我坦白承认,我对人生的奥秘参透得还不够,我对自然规律参透得也还不够。我仍然十分怀念我的咪咪。我心里仿佛有一个空白,非填起来不行。我一定要找一只同咪咪一模一样的白色波斯猫。后来果然朋友又送来了一只,浑身长毛,洁白如雪,两只眼睛全是绿的,亮晶晶像两块绿宝石。为了纪念死去的咪咪,我仍然为它命名"咪咪",见了它,就像见到老咪咪一样。过了大约又有一年的光景,友人又送了我一只据说是纯种的波斯猫,两只眼睛颜色不同,一黄一蓝。在太阳光下,黄的特别黄,蓝的特别蓝,像两颗黄蓝宝石,闪闪发光,竞妍争艳。这只猫特别调皮,简直是胆大无边,然而也因此就更特别可爱。这一下子又忙坏了虎子,它认为这两只小猫都是自己的亲生女儿,硬逼着它们吮吸自己那干瘪的奶头。只要它走出去,不知在什么地方弄到了小鸟、蚱蜢之类,就带回家来,给两只小猫吃。好久没有听到的"喵噢"唤小猫的声音,现在又听到了。我心里漾起了一丝丝甜意。这大大地减轻了我对老咪咪的怀念。

可是岁月不饶人,也不会饶猫的。这一只"土猫"虎子已经活到十四岁。据通达世情的人们说,猫的十四岁,就等于人的八九十岁。这样一来,我自己不是成了虎子的同龄"人"了吗?这个虎子却也真怪,有时候,颇现出一些老相。两只炯炯有神的眼睛里忽然被一层薄膜蒙了起来。嘴里流出了哈喇子,胡子上都沾得亮晶晶的。不大想往屋里来,日日夜夜趴在阳台上蜂窝煤堆上,不吃,不喝。我有了老咪咪的经验,知道它快不行了。我也跑到海淀,去买来牛肉和猪肝,想让它不要饿着肚子离开这个世界。我随时准备着:第二天早晨一睁眼,虎子不见了。结果虎子并没有这样干。我天天凌晨第一件事就是来看虎子;隔着窗子,依然黑乎乎的一团,卧在那里,我心里感到安慰。有时候,它也起来走动了。我在本文开头时写的就是去年深秋一个下雨天我隔窗看到的虎子的情况。

到了今天,半年又过去了。虎子不但没有走,而且顽健胜昔,仍然是天天出去。有时候在晚上,窗外的布帘子的一角蓦地被掀了起来,一个丑角似的三花脸一闪。我便知道,这是虎子回来了,连忙开门,放它进来。大概同某一些老年人一样——不是所有的老年人——到了暮年就改恶向善,虎子的脾气大大地改变了。几乎再也不咬人了。我早晨摸黑起床,写作看书累了,常常到门外湖边山下去走一走。此时,我冷不防脚下忽然踢着了一团软乎乎的东西。这是虎子,它在夜里不知道在什么地方呆了一夜,现在看到了我,一下子窜了出来,用身子蹭我的腿,在我身前和身后转悠。它跟着我,亦步亦趋,我走到哪里,它就跟到哪里,寸步不离。我有时故意爬上小山，以为它不会跟来了，然而一回头，虎子正跟在身后。猫是从来不跟人散步的，只有狗才这样干。有时候碰到过路的人，他们见了这情景，都大为吃惊。"你看猫跟着主人散步哩！"他们说，露出满脸惊奇的神色。最近一个时期，虎子似乎更精力旺盛了，它返老还童。有时候竟带一个它重孙辈的小公猫到我们家阳台上来。"今夜我们相识。"虎子用不着介绍就相识了。看样子，虎子一去不复返的日子遥遥无期了。我成了拥有三只猫的家庭的主人。

我养了十几年猫，前后共有四只。猫们向人们学习什么，我不通猫语，无法询问。我作为一个人却确实向猫学习了一些有用的东西。上面讲过的对处理死亡的办法，就是一个例子。我自己毕竟年纪已经很大了，常常想到死的问题。鲁迅五十多岁就想到了，我真是瞠乎后矣。人生必有死，这是无法抗御的。而且我还认为，死也是好事情。如果世界上的人都不死，连我们的轩辕老祖和孔老夫子今天依然峨冠博带，坐着奔驰车，到天安门去遛弯，你想人类世界会成一个什么样子！人是百代的过客，总是要走过去的，这决不会影响地球的转动和人类社会的进步。每一代人都只是一场没有终点的长途接力赛的一环。前不见古人，后不见来者，是宇宙常规。人老了要死，像在净土里那样，应该算是一件喜事。老人跑完了自己的一棒，把棒交给后人，自己要休息了，这是正常的。不管快慢，他们总算跑完了一棒，总算对人类的进步做出了贡献，总算尽上了自己的天职。年老了要退休，这是身体精神状况所决定的，不是哪个人能改变的。老人们会不会感到寂寞呢？我认为，会的。但是我却觉得，这寂寞是顺乎自然的，从伦理的高度来看，甚至是应该的。我始终主张，老年人应该为青年人活着，而不是相反。青年人有接力棒在手，世界是他们的，未来是他们的，希望是他们的。吾辈老年人的天职是尽上自己仅存的精力，帮助他们前进，必要时要躺在地上，让他们踏着自己的躯体前进，前进。如果由于害怕寂寞而学习《红楼梦》里的贾母，让一家人都围着自己转，这不但是办不到的，而且从人类前途利益来看是犯罪的行为。我说这些话，也许有人怀疑，我是不是碰到了什么不如意的事，才说出这样令某些人骇怪的话来。不，不，决不。我现在身体顽健，家庭和睦，在社会上广有朋友，每天照样读书、写作、会客、开会不辍。我没有不如意的事情，也没有感到寂寞。不过自己毕竟已逾耄耋之年，面前的路有限了。不免有时候胡思乱想。而且，我同猫们相处久了，觉得它们有些东西确实值得我们学习，我们这些万物之灵应该屈尊一下，学习学习。即使只学到猫们处理死亡大事这一手，我们社会上会减少多少麻烦呀！

"那么，你是不是准备学习呢？"我仿佛听到有人这样质问了。是的，我心里是想学习的。不过也还有些困难。我没有猫的本能，我不知道自己的大限何时来到。而且我还有点担心，如果我真正学习了猫，有一天忽然偷偷地溜出了家门，到一个旮旯里、树丛里、山洞里、河沟里，一头钻进去，藏了起来，这样一来，我们人类社会可不像猫社会那样平静，有些人必然认为这是特大新闻，指手画脚，喊喊喳喳。如果是在旧社会里或者在今天的香港等地的话，这必将成为头版头条的爆炸性新闻，不亚于当年的杨乃武和小白菜。我的亲属和朋友也必将派人出去寻找，派的人也许比寻找彭加木的人还要多。这是多么可怕的事呀！因此我就迟疑起来。至于最后究竟何去何从？我正在考虑、推敲、研究。

1992年2月17日

咪咪二世

凌晨四时，如在冬天，夜气犹浓，黑暗蔽空。我起床，打开电灯，拉开窗帘，玻璃窗外窗台上两股探照灯似的红光正对准我射过来。我知道，小猫咪咪二世已等我给她开门了。我连忙拿起手电筒，开门，走到黑暗的楼道里，用电筒对着赤暗的门外闪上两闪。立即有一股白烟似的东西，窜到我的脚下，用浑身白而长的毛蹭我的腿，用嘴咬我的裤腿，用软软的爪子挠我的脚，使我步都迈不开。看样子真好像是多年未见了。实际上昨天晚上我才开门放她出去的。

进屋以后，我给她极小一块猪肝或牛肉，她心满意足了。跳上电冰箱的顶，双眼一眯，呼噜呼噜念起经来了。多少年来，我一日之计就是这样开始的。我养过一只纯白的波斯猫，后来寿限已到，不知道寿终什么寝了。她的名字叫咪咪，她的死让我非常悲哀，我发誓要找一只同样毛长尾粗的波斯猫。皇天不负有心人，后来果然找到了。为了区别于她的前任，我仿效秦始皇的办法，命名为二世。是不是也蕴含着一点传之万世而无穷的意思呢？没有，咪咪和我都没有秦始皇那样的雄才大略。

不管怎样，咪咪二世已经成了我每天的不太多的喜悦的源泉。在白天，我看书写作一疲倦，就往往到楼外小山下池塘边去散一会儿步。这时候，忽然出我意料，又有一股白烟从草丛里，从野花旁，蓦地窜了出来,用长而白的毛蹭我的腿,用嘴咬我的裤腿,用软软的爪子捉我的脚,使我步都迈不开。我努力迈步向前走,她就跟在我身后,陪我散步,山上,池边,我走到哪里,她跟到哪里。据有经验的老人说,只有狗才跟人散步,猫是决不肯干的。可是我们的咪咪二世却敢于打破猫们的旧习,成为猫世界的叛逆的女性。于是,小猫跟季羡林散步,就成为燕园的一奇,可惜宣传跟不上,否则,这一奇景将同英国王宫卫队换岗一样,名扬世界了。

1993年12月13日

喜鹊窝

我是乡下人，小时候在乡下住过几年。乡下，树多，鸟多，树上的鸟窝多。秋冬之际，树上的叶子落光，抬头就能看到高树顶上的许多鸟窝，宛如一个个的黑色蘑菇。

但是，我同许多乡下人一样，对鸟并不特别感兴趣。我感兴趣的是昆虫中的知了（我们那里读如 jie liu，也就是蝉），在水族中是虾。夏天晚上，在场院里乘凉，在大柳树下，用麦秸点上一把火。赤脚爬上树去，用力一摇晃，知了便像雨点似的纷纷落下。如果嫌热，就跳到苇坑里，在苇丛中伸手一摸，就能摸到一些个儿不小的虾，带着双夹，齐白石画的就是这一种虾。

鸟却不能带给我这样的快乐，我有时甚至还感到厌烦。麻雀整天喳喳乱叫，还偷吃庄稼。乌鸦穿一身黑色的晚礼服，名声一向不好，乡下人总把他同死亡联系起来，"哇！哇！"两声，叫得人身上起鸡皮疙瘩。只有喜鹊沾了"喜"字的光，至少不引起人们的反感。那时候，乡下人饿着肚皮，又不是诗人，哪里会有什么闲情雅兴来欣赏鸟的鸣声呢？连喜鹊"喳，喳"的叫声也不例外。我虽然只有几岁，乡下人的偏见我都具备。只有一件事现在回想起来还能聊以自慰：我从来没有爬上树去掏喜鹊的窝。

后来我到了城里，变成了城里人。初到的时候，我简直像是进入迷宫。这么多人,这么多车,这么多商店,这么多大街小巷。我吃惊得目瞪口呆。有一年,母亲在乡下去世了,我回家奔丧。小时候的大娘、大婶见了我就问:

"寻(读若 xin)了媳妇没有?"

这问题好回答。我敬谨答曰:

"寻了。"

"是一个庄上的吗?"

我一时语塞,知道乡下人没有进过城,他们不知道城里不是村庄。想解释一下,又怕三言两语说不清楚,最终还是弄一个"丈二和尚,摸不着头脑"。我一时灵机一动,采用了鲁迅先生的办法,含糊答曰:

"唔!唔!"

谁也不知道"唔,唔"是什么意思。妙就妙在谁也不知道是什么意思。乡下的大娘、大婶不是哲学家,不懂什么逻辑思维,她们不"打破砂锅问到底"。我的口试就算及了格。

这一件小事虽小,它却充分说明了乡下人和城里人的思维和情趣是多么不同。回头再谈鸟儿。城里不是鸟的天堂。除了麻雀以外,别的鸟很少见到。常言道:物以稀为贵。于是城里的鸟就"贵"起来了,城里一些人对鸟也就有了感情。如果碰巧能看到高树顶端上的鸟窝,那简直是一件稀罕事儿。小孩子会在树下面拍手欢跳。

中国古代的诗人,虽然有的出生在乡下,但是科举,当官一定是在城里。既然是诗人,感情定是十分细腻。这种细腻表现在方方面面,也表现在对鸟,特别是对鸟鸣的喜爱上。这样的诗句,用不着去查书,一回想就能够想到一大堆。"鸟鸣山更幽","月出惊山鸟,时鸣春涧中","两个黄鹂鸣翠柳,一行白鹭上青天","荡胸生层云,决眦入归鸟","人归山郭暗,雁下芦洲白","微雨霭芳原,春鸠鸣何处","空山百鸟散还合,万里浮云阴且晴。嘶酸刍雁失群夜,断绝胡儿恋母声。川为静其波,鸟亦罢其鸣"等等,用不着再多举了。中国古代诗人对鸟和鸟鸣感情之深概可想见了。

只有陶渊明的一句诗,我觉得有点怪。"犬吠深巷中,鸡鸣桑树巅"。鸡飞上树去高声鸣叫,我确实没有见过。"鸡鸣桑树巅",这一句话颇为突兀。难道晋朝江西的鸡真有飞到桑树顶上去高叫的脾气吗?

不管怎样,中国古代诗人对鸟及其鸣声特别敏感,已是一个彰明昭著的事实。再看一看西方文学,不能不感到其间的差别。西方诗歌中,除了云雀和夜莺外,其他的鸟及其鸣声似乎很少受诗人的垂青。这里面是否也涵有很深的审美情趣的差别呢?是否也涵有东西方诗人,再扩而大之是一般人之间对大自然的关系的差别呢?姑妄言之。

我绕弯子说了半天,无非是想说中国的城里人对鸟比较有感情而已。我这个由乡下人变为城里人的人,也逐渐爱起鸟来。可惜我半辈子始终是在大城市里转,在中国是如此,在德国和瑞士仍然是如此。空有爱鸟之心,爱的对象却难找到,在心灵深处难免感到惆怅。

一直到四十多年前,我四十多岁了,才从沙滩——真像是一片沙漠——搬到风光旖旎林木蓊郁的燕园里来。这里虽处城市,却似乡村,真正是鸟的天堂。我又能看到鸟了;不是一只,而是成群;不是一种,而是多种;不但看到它们飞,而且听到它们叫;不但看到它们在草地上蹦跳,而且看到高树顶上搭窝。我真是顾而乐之,多年干涸的心灵似乎又注入了一股清泉。

在众多的鸟中,给我印象最深、我最喜爱的还是喜鹊。在我住的楼前,沿着湖畔,有一排高大的垂柳,在马路对面则是一排高耸入云的杨树。楼西和楼后,小山下面,有几棵高大的榆树,小山上有一棵至少有六七百年的古松。可以说我们的楼是处在绿色丛中。我原住在西门洞的二楼上,书房面西,正对着那几棵榆树。一到春天,喜鹊和其他鸟的叫声不停。喜鹊不知道是通过什么方式,大概是既无父母之命,也没有媒妁之言,自由恋爱,结成了情侣,情侣不停地在群树之间穿梭飞行,嘴里往往叼着小树枝,想到什么地方去搭窝。我天天早上最大的乐趣就是看喜鹊们箭似的飞翔,喳喳地欢叫,往往能看上、听上半天。

有一天,完全出我的意料,然而又合乎我的心愿,窗外大榆树上有一团黑色的东西,我豁然开朗:这是喜鹊在搭窝。我现在不用出门就能够看到喜鹊窝了,乐何如之。从此我的眼睛和耳朵完全集中到这一对喜鹊和它们的窝上,其他的鸟鸣声仿佛都不存在了。每次我看书写作疲倦了,就向窗外看一看。一看到喜鹊窝就像郑板桥看到白银那样,"心花怒放,书画皆佳"。我的灵感风起云涌,连记忆力都仿佛是变了样子,大有过目不忘之概了。

光阴流转,转瞬已是春末夏初。窝里的喜鹊小宝宝看样子已经成长起来了。每当刮风下雨,我心里就揪成一团,我很怕它们的窝经受不住风吹雨打。当我看到,不管风多么狂,雨多么骤,那一个黑蘑菇似的窝仍然固若金汤,我的心就放下了。我幻想,此时喜鹊妈妈和喜鹊爸爸正在窝里伸开了翅膀,把小宝宝遮盖得严严实实,喜鹊一家正在做着甜美的梦,梦到燕园风和日丽;梦到燕园花团锦簇;梦到小虫子和小蚱蜢自己飞到窝里来,小宝宝食用不尽;梦到湖光塔影忽然移到了大榆树下面……

这一切原本都是幻影,然而我却泪眼模糊,再也无法幻想下去了。我从小失去了慈母,失去了母爱。一个失去了母爱的人,必然是一个心灵不完整或不正常的人。在七八十年的漫长时期中,不管是什么时候,也不管我是在什么地方,只要提到了失去母爱,失去母亲,我必然立即泪水盈眶。对人是如此,对鸟兽也是如此。中国古人常说"终天之恨",我这真正是"终天之恨"了,这个恨只能等我离开人世才能消泯,这是无可怀疑的了。中国古诗说:"劝君莫打三春鸟,子在巢中待母归。"真是蔼然仁者之言,我每次暗诵,都会感到心灵震撼的。

但是,天有不测风云,鸟有旦夕祸福。正当我为这一家幸福的喜鹊感到幸福而自我陶醉的时候,祸事发生了。一天早上,我坐在书桌前,真是无巧不成书,我一抬头正看到一个小男孩赤脚爬上了那一棵榆树,伸手从喜鹊窝里把喜鹊宝宝掏了出来。掏了几只,我没有看清,不敢瞎说。总之是掏走了。只看这一个小男孩像猿猴一般,转瞬跳下树来,前后也不过几分钟,手里抓着小喜鹊,消逝得无影无踪了。我很想下楼去干预一下;但是一想到在浩劫中我头上戴的那一摞可怕的沉重的帽子,都还在似摘未摘之间,我只能规规矩矩,不敢乱说乱动。如果那一个小男孩是工人的孩子,那岂不成了"阶级报复"了吗!我吃了老虎心、豹子胆,也不敢动一动呀。我只有伏在桌上,暗自啜泣。

完了,完了,一切全完了。喜鹊的美梦消失了,我的美梦也消失了。我从此抑郁不乐,甚至不敢再抬头看窗外的大榆树。喜鹊妈妈和喜鹊爸爸的心情我不得而知。他们痛失爱子,至少也不会比我更好过。一连好几天,我听到窗外这一对喜鹊喳喳哀鸣,绕树千匝,无枝可依。我不忍再抬头看它们。不知什么时候,这一对喜鹊不见了。它们大概是怀着一颗破碎的心,飞到什么地方另起炉灶去了。

过了一两年,大榆树上的那一个喜鹊窝,也由于没加维修,鹊去窝空,被风吹得无影无踪了。

我却还并没有死心,那一棵大榆树不行了,我就寄希望于其他树木。喜鹊们选择搭窝的树,不知道是根据什么标准。根据我这个人的标准,我觉得,楼前,楼后,楼左,楼右,许多高大的树都合乎搭窝的标准。我于是就盼望起来,年年盼,月月盼,盼星星,盼月亮,盼得双眼发红光。一到春天,我出门,首先抬头往树上瞧,枝头光秃秃的,什么东西也没有。我有时候真有点发急,甚至有点发狂,我想用眼睛看出一个喜鹊窝来。然而这一切都白搭,都徒然。

今年春天,也就是现在,我走出楼门,偶尔一抬头,我在上面讲的那一棵大榆树上,在光秃秃的枝干中间,又看到一团黑乎乎的东西。连年来我老眼昏花,对眼睛已经失去了自信力,我在惊喜之余,连忙擦了擦眼,又使劲瞪大了眼睛,我明白无误地看到了:是一个新搭成的喜鹊窝。我的高兴是任何语言文字都无法形容的。然而福不单至。过了不久,临湖的一棵高大的垂柳顶上,一对喜鹊又在忙忙碌碌地飞上飞下,嘴里叼着小树枝,正在搭一个窝。这一次的惊喜又远远超过了上一回。难道我今生的华盖运真已经交过了吗?

当年爬树掏喜鹊窝的那一个小男孩,现在早已长成大人了吧。他或许已经留了洋,或者下了海,或者成了"大款"。此事他也许早已忘记了。我潜心默祷,希望不要再出这样一个孩子,希望这两个喜鹊窝能够存在下去,希望在燕园里千百棵大树上都能有这样黑蘑菇似的喜鹊窝,希望在这里,在全中国,在全世界,人与鸟都能和睦融洽像一家人一样生活下去,希望人与鸟共同造成一个和谐的宇宙。

1994 年 2 月 25 日

乌鸦和鸽子

傍晚,我们来到了清凉宫。正当我全神贯注地欣赏绿玉似的草地和珊瑚似的小红花的时候,忽然听到天空里一阵哇哇的叫声。啊!是乌鸦。一片黑影遮蔽了半个天空,想不到暮鸦归巢的情景竟在这里看到了。

这使我立即想起了三十多年以前我第一次缅甸之行。我首先到了仰光,那种堆绿叠翠的热带风光牢牢地吸引住了我。但是,更吸引住了我使我感到无限惊异的是那里的乌鸦之多。我敢说,在世界的任何地方都不会有这么多的乌鸦。据说,缅甸人虔信佛教,佛教禁止杀生到了可笑的地步。乌鸦就趁此机会大大地繁殖起来,其势猛烈,大有将三千大千世界都化为乌鸦王国的劲头。

我曾在距离仰光不太远的伊洛瓦底江口看到我生平第一次见到的最大的乌鸦群,恐怕有几万只。停泊在江边的大小船上的桅杆上、船舱上、船边上,到处都落满了乌鸦,漆黑一大片。在空中盘旋飞翔,数目还要超过几倍。简直成了乌鸦的世界,乌鸦的天堂,乌鸦的乐园,乌鸦的这个,乌鸦的那个,我理屈词穷,我说不出究竟是乌鸦的什么了。

今天早晨,也就是到清凉宫去的第二天的早晨,参观哈奴曼多卡古王宫时,我又第二次看到了生平见到的最大的乌鸦群之一,大概有上千只吧。它们忽然一下子从王宫高塔的背面飞了出来,嗡哨一声,其势惊天动地,在王宫天井上盘旋了一阵,又嗡哨一声,飞到不知道什么地方去了。

乌鸦在中国古代被认为是不吉祥的动物,名声不佳。人们听到它们的鸣声,往往起厌恶之感。可是这些年以来,在北京,甚至在树木葱茏的燕园里面,除了麻雀以外,别的鸟很少见到了。连令人讨厌的乌鸦也逐渐变得不那么讨厌了。它们那种绝不能算是美妙的叫声,现在听起来大有日趋美妙之势了。

我在加德满都不但见到了乌鸦,而且也见到了鸽子。

鸽子在北京现在还是能够见到的,都是人家养的,从来没有听说过野鸽子。记得我去年春天到印度新德里去参加《罗摩衍那》的作者蚁垤国际诗歌节,住在一家所谓五星旅馆的第十九层楼上。有一天,我出去开会,忘记了关窗子。回来一开门,听到鸽子咕噜咕噜的叫声。原来有两位长着翅膀的不速之客,趁我不在的时候,到我房间里来了。两只鸽子就躲在我的沙发下面亲热起来,谈情说爱,卿卿我我,正搞得火热。看到我进来,它俩坦然无动于衷,丝毫没有想逃避的意思,也看不出一点内疚之意。倒是我对于这种"突然袭击"感到有点局促不安了。原来印度人绝不伤害任何动物。鸽子们大概从它们的鼻祖起就对人不怀戒心,它们习惯于同人们和平共处了。反观我们自己的国家,情况有很大的不同。专就北京来说,鸟类的数目越来越少。每当我在燕园内绿树成荫的地方,或者在清香四溢的荷花池边,看到年轻人手持猎枪、横眉竖目,在寻觅枝头小鸟的时候,我简直内疚于心,说不出话来。难道在这些地方我们不应该向印度等国家学习吗?

我不是哲学家,也不喜欢、更不擅长去哲学地思考。但是古今中外都有不少的哲人，主张人与大自然应该浑然一体，人与鸟兽（有害于人类的适当除外）应该和睦相处，相向无猜，谁也离不开谁，谁都在大自然中有生存的权利。我是衷心地赞成这些主张的。即使到了人类大同的地步，除了人与人之间的关系应该同过去完全不同之外，人与大自然的关系，其中也包括人与鸟兽的关系，也应该大大地改进。我不相信任何宗教，我也不是素食主义者。人类赖以为生的动植物，非吃不行的，当然还要吃。只是那些不必要的、损动物而不利己的杀害行为，应该断然制止。写到这里，我忽然想到一件不大不小的事：过去有一段时间，竟然把种草养花视为修正主义。我百思不得其解。有这种主张的人有何理由？是何居心？真使我惊诧不置。世界一切美好的东西，不管是人类，还是鸟兽虫鱼，花草树木，我们都应该会欣赏，有权利去欣赏。我认为，这是天经地义的真理。难道在僵化死板的气氛中生活下去才算得上唯一正确吗？

写到这里，正是黎明时分，窗外加德满都的大雾又升起来了。从弥漫天地的一片白色浓雾的深处传来了咕咕的鸽子声，我的心情立刻为之一振，心旷神怡，好像饮了尼泊尔和印度神话中的甘露。

1986 年 11 月 26 日凌晨

神 牛

我又和我的老朋友神牛在加德满都见面了。这是我意料中但又似乎有点出乎意料的事情。

过去,我曾在印度的加尔各答和新德里等大城市的街头见到过神牛。三十多年以前我第一次访问印度的时候,在加尔各答那些繁华的大街上第一次见到神牛。在全世界似乎只有信印度教的国家才有这种神奇的富有浪漫色彩的动物。当时它们在加尔各答的闹市中,在车水马龙里面,在汽车喇叭和电车铃声的喧闹中,三五成群,有时候甚至结成几十头上百头的庞大牛群,昂首阔步,威仪俨然,真仿佛天上天下,唯我独尊。它们对人类社会的一切现象,对人类一切的新奇的发明创造,什么电车汽车,什么自行车、摩托车,全不放在眼中。它们对人类的一切显贵,什么公子、王孙,什么体操名将、电影明星,什么学者、专家,全不放在眼中。它们对人类创造的一切法律、法规,全不放在眼中。它们是绝对自由的,愿意到什么地方去,就到什么地方去;愿意在什么地方卧倒,就在什么地方卧倒。加尔各答是印度最大的城市,大街上车辆之多,行人之多,令人目瞪口呆,从公元前就有的马车和牛车,直至最新式的流线型的汽车,再加上涂饰华美的三轮摩托车,有上下两层的电车,无不具备。车声、人声、马声、牛声,混搅成一团,喧声直抵印度神话中的三十三天。在这种情况下,几头神牛,有时候竟然兴致一来,卧在电车轨道上,"我困欲眠君且去",闭上眼睛,睡起大觉来。于是汽车转弯,小车让路,电车脱离不了轨道,只好停驶。没有哪一个人敢去驱赶这些神牛。

对像我这样的外国人来说,这种情景实在是"匪夷所思",实在是非常有趣。我很想研究一下神牛的心理。但是从它们那些善良温顺的大眼睛里我什么也看不出,猜不出。它们也许觉得,人类真是奇妙的玩意儿。他们竟然聚居在这样大的城市里,还搞出了这样多不用马拉牛拖就会自己跑的玩意儿。这些神牛们也许会想到,人这种动物反正都害怕我们,没有哪一个人敢动我们一根毫毛,我们索性就愿意怎样干就怎样干吧!

但是,据我的观察,它们的日子也并不怎么好过。虽然没有人穿它们的鼻子,用绳子牵着走,稍有违抗,则挨上一鞭;但是也没有人按时给它们喂食喂水。它们只好到处游荡,自己谋食。看它们那种瘦骨嶙峋的样子,大概营养也并不好。而且它们虽然被认为是神牛,并没有长生不老之道,它们的死亡率并不低。当我隔了二十年第二次访问加尔各答的时候,在同一条大街上,我已经看不到当年那种十几头上百头牛游行在一起的庞大阵容了。只剩下零零落落的几头老牛徘徊在那里,寥若晨星,神牛的家族已经很不振了。看到这情景,我倒颇有一些寂寞苍凉之感。但是神牛们大概还不懂什么牛口学(对人口学而言),也不懂什么未来学,它们不会为二十一世纪的牛口问题而担忧,这也算是一种难得糊涂吧。

我似乎不曾想到,隔了又将近十年,我来到了尼泊尔,又在加德满都街头看到久违的神牛了。我在上面曾说到,这次重逢是在意料中的,因为尼泊尔同印度一样是信奉印度教的国家。我又说有点出乎意料,不曾想到,是因为尼泊尔毕竟不是印度。不管怎么样,我反正是在加德满都又同神牛会面了。

在这里,神牛的神气同印度几乎一模一样,虽然数目相差悬殊。在大马路上,我只见到了几头。其中有一头,同它的印度同事一样,走着走着,忽然卧倒,傲然地躺在马路中间,摇着尾巴,扑打飞来的苍蝇,对身旁驶过的车辆,连瞅都不瞅。不管是什么样的车辆,都只能绕它而行,绝没有哪一个人敢去惊扰它。隔了几天,我又在加德满都郊区看见了几头,在青草地上悠然漫步。它是不是有"食草绿树下,悠然见雪山"的雅兴呢?我不敢说。可是看到它那种悠闲自在的神态,真正羡慕煞人,它真像是活神仙了。尼泊尔是半热带国家,终年青草不缺,这就为神牛的生活提供了保证。

神牛们有福了!

我祝愿神牛们能够这样悠哉游哉地活下去。我祝愿它们永远不会想到牛口问题。

神牛们有福了!

1986年11月27日凌晨,时窗外浓雾中咕咕的鸽声于耳

加德满都的狗

我小时候住在农村里,终日与狗为伍,一点也没有感觉到狗这种东西有什么稀奇的地方。但是狗却给我留下了极其深刻的印象。我母亲逝世以后,故乡的家中已经空无一人。她养的一条狗——连它的颜色我现在都回忆不清楚了——却仍然日日夜夜卧在我家门口,守着不走。女主人已经离开人世,再没有人喂它了。它好像已经意识到这一点,但是它却坚决宁愿忍饥挨饿,也决不离开我们那破烂的家门口。黄昏时分,我形单影只从村内走回家来,屋子里摆着母亲的棺材,门口卧着这一只失去了主人的狗,泪眼汪汪地望着我这个失去了慈母的孩子,有气无力地摇摆着尾巴,嗅我的脚。茫茫宇宙,好像只剩下这只狗和我。此情此景,我连泪都流不出来了,我流的是血,而这血还是流向我自己的心中。我本来应该同这只狗相依为命,互相安慰。但是,我必须离开故乡,我又无法把它带走。离别时,我流着泪紧紧地搂住了它,我遗弃了它,真正受到良心的谴责。几十年来,我经常想到这一只狗,直到今天,我一想到它,还会不自主地流下眼泪。我相信,我离开家以后,它也决不会离开我们的门口。它的结局我简直不忍想下去了。母亲有灵,会从这一只狗身上得到我这个儿子无法给她的慰藉吧。

从此,我爱天下一切狗。

但是我迁居大城市以后,看到的狗渐渐少起来了。最近多少年以来,北京根本不许养狗,狗简直成了稀有动物,只有到动物园里才能欣赏了。

我万万没有想到,我到了加德满都以后,一下飞机,在机场受到热情友好的接待。汽车一驶离机场,驶入市内,在不算太宽敞的马路两旁就看到了大狗、小狗、黑狗、黄狗,在一群衣履比较随便的小孩子们中间,摇尾乞食,低头觅食。

这是一件小事,却使我喜出望外:久未晤面的亲爱的狗竟在万里之外的异域会面了。

狗们大概完全不理解我的心情,它们大概连辨别本国人和外国人的本领还没有学到。我这里一往情深,它们却漠然无动于衷,只是在那里摇尾低头,到处嗅着,想找到点什么东西吃吃。

晚上,我们从中国大使馆回旅馆的时候,天已经完全黑了。加德满都的大街上,电灯不算太多,霓虹灯的数目更少一些。我在阴影中又隐隐约约地看到了大狗、小狗、黑狗、黄狗,在那里到处嗅着。回到旅馆,在沐浴后上床的时候,从远处的黑暗中传来了阵阵的犬吠声。古人说,深夜犬吠若豹。我现在听到的不是吠声若豹,而是吠声若犬。这事当然并不稀奇。可这并不稀奇的若犬的犬吠声却给我带来了无尽的甜蜜的回忆。这甜蜜的犬吠声一直把我送入我在加德满都过的第一夜的梦中。

1986年11月25日凌晨于苏尔提宾馆

鳄鱼湖

人是不应该没有一点幻想的,即使是胡思乱想,甚至想入非非,也无大碍,总比没有要强。

要举例子嘛,那真是俯拾即是。古代的英雄们看到了皇帝老子的荣华富贵,口出大言"彼可取而代也",或者"大丈夫当如是也"。我认为,这就是幻想。牛顿看到苹果落地而悟出了地心吸力,最初难道也不就是幻想吗?有幻想的英雄们,有的成功,有的失败,这叫作天命,新名词叫机遇。有幻想的科学家们则在人类科学史上占了光辉的位置。科学不能靠天命,靠的是人工。

我说这些空话,是想引出一个真人来,引出一件实事来。这个人就是泰国北榄鳄鱼湖动物园的园主杨海泉先生。

鳄鱼这玩意儿,凶狠丑陋,残忍狞恶,从内容到形式,从内心到外表,简直找不出一点美好的东西。除了皮可以为贵夫人、贵小姐制造小手提包,增加她们的娇媚和骄纵外,浑身上下简直一无可取。当年韩文公驱逐鳄鱼的时候,就称它们为"丑类",说它们"睅然不安溪潭,据处食民畜、熊、豕、鹿、獐,以肥其身,以种其子孙"。到了今天,鳄鱼本性难移,毫无改悔之意,谁见了谁怕,谁见了谁厌;然而又无可奈何,只有怕而远之了。

然而唯独一个人不怕不厌,这个人就是杨海泉先生。他有幻想,有远见。幻想与远见相隔一毫米,有时候简直就是一码事。他独具慧眼,竟然在这个"丑类"身上看出了门道。他开始饲养起鳄鱼来。他的事业发展的过程,我并不清楚。大概也必然是经过了千辛万苦,三灾八难,他终于成功了。他成了蜚声寰宇的也许是唯一的一个鳄鱼大王,被授予了名誉科学博士学位。关于他的故事在世界上纷纷扬扬,流传不已。鳄鱼,还有人妖,成了泰国旅游的热点,大有"不看鳄鱼非好汉"之概了。

今天我来到了鳄鱼湖。天气晴朗,热浪不兴,是十分理想的旅游天气。我可决没有想到,杨先生竟在百忙中亲自出来接待我们。我同他一见面,心里就吃了一惊:站在我面前的难道就是杨海泉先生本人吗?这样一个传奇式的人物,即使不是三头六臂,硃齿獠牙,至少也应该有些特点。干脆说白了吧,我心中想象的杨先生应该粗一点,壮一点,甚至野一点。一个不是大学出身,不是科举出身,而又天天同吃人不眨眼的"丑类"打交道的人,没有上面说的三个"一点",怎么能行呢?然而站在我面前的人,温文尔雅,谦虚热情,话说不多,诚恳却溢于言表,同我的想象大相径庭。然而,事实就是这个样子,我只有心悦诚服地接受了。

杨先生不但会见了我们,而且还亲自陪我们参观,这样一个世界知名的鳄鱼湖,又有这样理想的天气。园子里挤满了游人,黑眼黑发,碧眼黄发,耄耋老人,童稚少年,摩登女郎,淳朴村妇,交相辉映,满园喧腾,好一派热闹景象。我看,我们中国大陆来的人,心情都很好,在热带阳光的照晒下,满面春风。

我们先在一座大会议厅里看了本园概况和发展历史的影片,然后走出来参观。但是,偌大一个园子,简直如一部二十四史,不知从何处看起,幸亏园主就在我们眼前,还是听他调度吧。

他先带我们到一个完全出乎我意料的地方去：一个地上趴着一只猛虎的亭子里，我原以为是一个老虎标本，摆在那儿，供人照相用作背景的。因为这里并没有像其他动物园里那样有庞大的铁笼子，没有铁笼子怎么敢养老虎呢？然而，我仔细一看，地上趴的确确实实是一只活老虎，脖子上拴着铁链子。一个小男孩蹲在虎的背后，面对老虎的是几个拍照的小姑娘。我一看，倒抽了一口冷气；说老实话，双腿都有些发颤了。我看了看那几个泰国的男女小孩，又看了看园主，只见他们面色怡然，神情坦然，我也只好强压下紧张的情绪，走了进去。跨过一个铁槛杆，主人领我转到老虎背后，要与虎合影，我战战兢兢地跟在主人身后，同园主一起，摆好了照相的架势。园主示意我用手抚摩老虎的脖子。俗话说"老虎屁股摸不得。"老虎的屁股都摸不得，哪里还敢抚摩老虎的脖子呢？我曾在印度海德拉巴的动物园中摸过老虎的屁股；但那是老虎被锁在仅容一身的铁笼子里，人站在笼子外面，哆里哆嗦地摸上一把，自己就仿佛成了一个准英雄了。今天是同老虎在一起，中间没有铁栏杆，我的手实在不敢往下放。正在这关键时刻，也许是由于园主的示意，饲虎的小男孩用一根木棒捣了老虎一下，老虎大怒，猛张血盆大口，吼声震耳欲聋，好像是晴天的霹雳，吓得我浑身汗毛都竖了起来，此情此景，大概我一生只仅有这一次——然而这一次已经足够足够了。

此时，我真是五体投地地佩服园主，我佩服他的幻想，一个没有幻想的人，能想得出这样前无古人的绝招吗？

紧接着是参观真正的鳄鱼湖。鳄鱼被养在池塘中。池塘有大有小，有方有圆，没有一定的规格，看样子是利用迁就原来的地形，只稍稍加以整修。我们走过跨在湖上的骑湖楼，楼全是木结构，中间铺木板，两旁有栏杆。前后左右全是池塘，池塘养着多寡不等的鳄鱼。据主人告诉我们说,这样的池塘群还有十五个,水面面积之大可想而知。鳄鱼是按照种类,按照年龄分池饲养的。这样多的鳄鱼,水里的鱼早被吃光了,只能每天按时用鱼来饲养。我看鳄鱼条条肥壮,足征它们的饭食是不错的。池中的鳄鱼千姿百态,有的趴在岸边,有的游在水里。我们走过一个池塘,里面的鳄鱼,条条都长过一丈。行动迟缓,有的一动也不动,有的趴在太阳里,好像是在那里负暄,修身养性。主人说,这个池塘是专门饲养五六十岁以上的老年鳄鱼。在人类社会中,近些年来,中外都有一些人高喊什么老龄社会,大有惶惶不可终日之概。鳄鱼大概还没有进化到这个程度,不会关心什么老龄不老龄。然而这个鳄鱼湖的主人却为它们操心,给它们创建了这个舒适的干休所,它们可以在这里颐养天年了。至于变成了女士们的手提包,鳄鱼们是不会想到的。有一个问题我们参观的人都很关心,我想别的人也一样,这就是:这个鳄鱼湖究竟饲养了多少条鳄鱼。主人说是四万条。这真是一个惊人的数字。我想,在茫茫大地上,在任何地方,即使是鳄鱼最集中的地方,也决不会四万条聚集在一起的。

此时,我更是五体投地地佩服我们的园主,佩服他的幻想。一个没有幻想的人能够把四万条鳄鱼集中在一起成为人类的奇迹吗?

紧接着我们走上了林阴大道,浓阴匝地,暑意全消。蒙杨海泉先生照顾,因为我年纪最大,他特别调来了一辆只能坐两人的敞篷车,看样子是他专用的。我们俩坐上,开到了一个像体育馆似的地方。周围是看台,有木凳可坐。园主请中国客人坐在最前排。下面是鳄鱼的运动场。周围环水,中间有块陆地,有几条鳄鱼在上面睡觉,还有几条在水里露出脑袋来。走进来了两个男孩子,穿着颇为鲜艳的衣服。他们俩向周围看台上的泰外观众合十致敬,然后走到水中拉出几条大鳄鱼,是拽着尾巴拉的,都拉到环水的陆地上。一个男孩掀开一条鳄鱼的大嘴,不知道是念了一个什么咒,鳄鱼的嘴就大张着,上下颚并不并拢起来。没看清男孩是用什么东西,戳鳄鱼的什么地方,只听得乓的一声巨响,又乓的一声,不知道是从哪里发出来的声音。小男孩又把自己的脑袋伸入鳄鱼嘴中,在上下两排剑一般的巨齿中间,莞尔而笑。然后抽出脑袋,把鳄鱼举在手中,放在脖子上。又让鳄鱼趴在地上,他踏上它的背部。两个孩子把几条吃人不眨眼的鳄鱼耍弄得服服帖帖。有时候我们真替他们捏一把汗;然而两个孩子却怡然自得,光着脚丫,在水中和陆上来回奔波。

走出了鳄鱼馆,又来到了另一个也像体育场似的场所。周围也是看台,同样是坐满了全世界许多国家的旅游者。但这里是大象和杂技表演的场所,台下没有水,而是一片运动场似的地。场中有几个同样穿着彩衣的男女青年。他们先把一大堆玻璃瓶之类的东西砸碎,然后有一个男孩光着膀子,躺在碎玻璃碴子上,打滚,翻筋斗,耍出种种的花样。最后又有一个男孩踩在他身上。在他身子下面,碎玻璃仿佛变成了棉花或者羊毛或者鸭绒什么的,简直是柔软可爱。看了这些表演,对中国人来说,这简直是司空见惯;然而对碧眼黄发的人来说,却是颇为值得惊奇的。于是一阵阵的掌声就从周围的看台上响起了。接着进场的是几头大象,脖子上戴着花环,背上,毋宁说是鼻子上骑着一个男孩子。先绕场一周,向观众致敬,大象无法用泰国常见的方式,合十致敬,只能把鼻子高高举,表达一番敬意了。大象在小孩子的指挥下,表演了许多精彩的节目。然后又绕场走起来。我原以为这只是节目结束后例行的仪式,然而,我立刻就看到,看台上懂行的观众,掏出了硬币,投向场中,不管硬币多么小,大象都能用鼻子一一捡起,递到骑在鼻子上的小孩的手中。

坐在前排的观众，掏出了纸币，塞到大象的嘴里——请注意，是嘴，不是鼻子——，大象叼起来，仍然递到小孩子手中。我同园主坐在前排正中，大概男孩知道，园主正陪贵宾坐在那里，于是就用不知什么方法示意大象，大象摇晃着鼻子来到我们眼前。我一下子窘了起来，我口袋中既无硬币，也无纸币。聪明的主人立刻递给我几个硬币和几张纸币，这就给我解了围。我把纸币放在大象嘴中，又把硬币放到伸到我眼前的鼻子中，我的手碰到了大象柔软的鼻尖上的小口，一阵又软又滑又湿的感觉，从我的手指头尖上直透我的全身，有一种无法用言语形容舒适清凉的 ecstasy，我的全身仿佛在颤抖。

此时，我更真正是五体投地地佩服我们的园主，佩服他的幻想。一个没有幻想的人能够想出这样训练鳄鱼，这样训练大象吗？

我们的参观结束了，但是我的感触却没有结束，而且永远也不会结束。杨海泉先生养的虽然是极为丑陋凶狠的鳄鱼，然而他的目标却是：

绍述文化今鉴古——
卿云霭霭，邹鲁遗风。
作圣齐贤吾辈事，
民胞物与，人和政通。
世变沧桑俱往矣！
忠荩毋我，天下为公。
静、安、虑、得、勤观照，
辉煌禹甸，乐见群龙。
忠孝礼义仁为本，
发聋启瞆新民丰。

杨先生的广阔的胸襟可见一斑了。他这一番奇迹般的伟大事业，已经给寰宇的炎黄子孙增添了光彩，已经给世界文化增添了光彩，已经给炎黄文化增添了光彩，已经给泰华文化增添了光彩。对于这一点我焉能漠然淡然没有感触呢？海泉先生虽然已经做出了这样的事业，但看上去他仍然是充满了青春活力的。他那令人吃惊的幻想能力已经呈现出极大的辉煌；但是看来还大有用武之地，还是前途无量的。我相信，等我下一次再来曼谷时，还会有更伟大更辉煌的奇迹在等候着我。这是我坚定不移的信念。

1994年5月7日

一条老狗

自己也不知道是什么原因,我总会不时想起一条老狗来。在过去七十年的漫长的时间内,不管我是在国内,还是在国外,不管我是在亚洲、在欧洲、在非洲,一闭眼睛,就会不时有一条老狗的影子在我眼前晃动,背景是在一个破破烂烂篱笆门前,后面是绿苇丛生的大坑,透过苇丛的疏隙处,闪亮出一片水光。

这究竟是怎么一回事呢?

无论用多么夸大的词句,也决不能说这一条老狗是逗人喜爱的。它只不过是一条最普普通通的狗,毛色棕红,灰暗,上面沾满了碎草和泥土,在乡村群狗当中,无论如何也显不出一点特异之处,既不凶猛,又不魁梧。然而,就是这样一条不起眼儿的狗却揪住了我的心,一揪就是七十年。

因此,话必须从七十年前说起。当时我还是一个不谙世事的毛头小伙子,正在清华大学读西洋文学系二年级。能够进入清华园,是我平生最满意的事情,日子过得十分惬意。然而,好景不长。有一天,是在秋天,我忽然接到从济南家中打来的电报,只是四个字:"母病速归。"我仿佛是劈头挨了一棒,脑筋昏迷了半天。我立即买好了车票,登上开往济南的火车。

我当时的处境是,我住在济南叔父家中,这里就是我的家,而我母亲却住在清平官庄的老家里。整整十四年前,我六岁的那一年,也就是1917年,我离开了故乡,也就是离开了母亲,到济南叔父处去上学。我上一辈共有十一位叔伯兄弟,而男孩却只有我一个。济南的叔父也只有一个女孩,于是,在表面上我就成了一个宝贝蛋。然而真正从心眼里爱我的只有母亲一人,别人不过是把我看成能够传宗接代的工具而已。这一层道理一个六岁的孩子是无法理解的。可是离开母亲的痛苦我却是理解得又深又透的。到了济南后第一夜,我生平第一次不在母亲怀抱里睡觉,而是孤身一个人躺在一张小床上,我无论如何也睡不着,我一直哭了半夜。这是怎么一回事呀!为什么把我弄到这里来了呢?"可怜小儿女,未解忆长安"。母亲当时的心情,我还不会去猜想。现在追忆起来,她一定会是肝肠寸断,痛哭决不止半夜。现在,这已成了一个万古之谜,永远也不会解开了。

从此我就过上了寄人篱下的生活。我不能说,叔父和婶母不喜欢我,但是,我惟一被喜欢的资格就是,我是一个男孩。不是亲生的孩子同自己亲生的孩子感情必然有所不同,这是人之常情,用不着掩饰,更用不着美化。我在感情方面不是一个麻木的人,一些细微末节,我体会极深。常言道,没娘的孩子最痛苦。我虽有娘,却似无娘,这痛苦我感受得极深。我是多么想念我故乡里的娘呀!然而,天地间除了母亲一个人外有谁真能了解我的心情我的痛苦呢?因此,我半夜醒来一个人偷偷地在被窝里吞声饮泣的情况就越来越多了。

在整整十四年中,我总共回过三次老家。第一次是在我上小学的时候,为了奔大奶奶之丧而回家的。大奶奶并不是我的亲奶奶;但是从小就对我疼爱异常。如今她离开了我们,我必须回家,这似乎是天经地义的事情。这一次我在家只住了几天，母亲异常高兴，自在意中。第二次回家是在我上中学的时候，原因是父亲卧病。叔父亲自请假回家，看自己共过患难的亲哥哥。这次在家住的时间也不长。我每天坐着牛车，带上一包点心，到离开我们村相当远的一个大地主兼中医的村里去请他，到我家来给父亲看病，看完再用牛车送他回去。路是土路，坑洼不平，牛车走在上面，颠颠簸簸，来回两趟，要用去差不多一整天的时间，至于医疗效果如何呢？那只有天晓得了。反正父亲的病没有好，也没有变坏。叔父和我的时间都是有限的，我们只好先回济南了。过了没有多久，父亲终于走了。一叔到济南来接我回家。这是我第三次回家，同第一次一样，专为奔丧。在家里埋葬了父亲，又住了几天。现在家里只剩下了母亲和二妹两个人。家里失掉了男主人，一个妇道人家怎样过那种只有半亩地的穷日子，母亲的心情怎样，我只有十一二岁，当时是难以理解的。但是，我仍然必须离开她到济南去继续上学。在这样万般无奈的情况下，但凡母亲还有不管是多么小的力量，她也决不会放我走的。可是，她连一丝一毫的力量也没有。她一字不识，一辈子连个名字都没有能够取上，做了一辈子"季赵氏"。到了今天，父亲一走，她怎样活下去呢？她能给我饭吃吗？不能的，决不能的。母亲心内的痛苦和忧愁，连我都感觉到了。最后，她只能眼睁睁地看着自己最亲爱的孩子离开了自己，走了，走了。谁会知道，这是她最后一次看到自己的儿子呢？谁会知道，这也是我最后一次见到母亲呢？

　　回到济南以后，我由小学而初中，而初中而高中，由高中而到北京来上大学，在长达八年的过程中，我由一个混混沌沌的小孩子变成了一个青年人，知识增加了一些，对人生了解得也多了不少。

对母亲当然仍然是不断想念的。但在暗中饮泣的次数少了，想的是一些切切实实的问题和办法。我梦想，再过两年，我大学一毕业，由于出身一个名牌大学，抢一只饭碗是不成问题的。到了那时候，自己手头有了钱，我将首先把母亲迎至济南。她才四十来岁，今后享福的日子多着哩。

可是我这一个奇妙如意的美梦竟被一张"母病速归"的电报打了个支离破碎。我现在坐在火车上，心惊肉跳，忐忑难安。哈姆莱特问的是 to be or not to be，我问的是母亲是病了，还是走了？我没有法子求签占卜，可我又偏想知道个究竟，我于是自己想出了一套占卜的办法。我闭上眼睛，如果一睁眼我能看到一根电线杆，那母亲就是病了；如果看不到，就是走了。当时火车速度极慢，从北京到济南要走十四五个小时。就在这样长的时间内，我闭眼又睁眼反复了不知多少次。有时能看到电线杆，则心中一喜。有时又看不到，心中则一惧。到头来也没能得出一个肯定的结果。我到了济南。

到了家中，我才知道，母亲不是病了，而是走了。这消息对我真如五雷轰顶，我昏迷了半晌，躺在床上哭了一天，水米不曾沾牙。悔恨像大毒蛇直刺入我的心窝。在长达八年的时间内，难道你就不能在任何一个暑假内抽出几天时间回家看一看母亲吗？二妹在前几年也从家乡来到了济南，家中只剩下母亲一个人，孤苦伶仃，形单影只，而且又缺吃少喝，她日子是怎么过的呀！你的良心和理智哪里去了？你连想都不想一下吗？你还能算得上是一个人吗？我痛悔自责，找不到一点能原谅自己的地方。我一度曾想到自杀，追随母亲于地下。但是，母亲还没有埋葬，不能立即实行。在极度痛苦中我胡乱诌了一幅挽联：

一别竟八载,多少次倚闾怅望,眼泪和血流,迢迢玉宇,高处寒否?

为母子一场,只留得面影迷离,入梦浑难辨,茫茫苍天,此恨曷极!

对仗谈不上,只不过想聊表我的心情而已。

叔父婶母看着苗头不对,怕真出现什么问题,派马家二舅陪我还乡奔丧。到了家里,母亲已经成殓,棺材就停放在屋子中间。只隔一层薄薄的棺材板,我竟不能再见母亲一面,我与她竟是人天悬隔矣。我此时如万箭钻心,痛苦难忍,想一头撞死在母亲棺材上,被别人死力拽住,昏迷了半天,才醒转过来。抬头看屋中的情况,真正是家徒四壁,除了几只破椅子和一只破箱子以外,什么都没有。在这样的环境中,母亲这八年的日子是怎样过的,不是一清二楚了吗?我又不禁悲从中来,痛哭了一场。

现在家中已经没了女主人,也就是说,没有了任何人。白天我到村内二大爷家里去吃饭,讨论母亲的安葬事宜。晚上则由二大爷亲自送我回家。那时村里不但没有电灯,连煤油灯也没有。家家都点豆油灯,用棉花条搓成灯捻,只不过是有点微弱的亮光而已。有人劝我,晚上就睡在二大爷家里,我执意不肯。让我再陪母亲住上几天吧。在茫茫百年中,我在母亲身边只住过六年多,现在仅仅剩下了几天,再不陪就真正抱恨终天了。于是,二大爷就亲自提一个小灯笼送我回家。此时,万籁俱寂,宇宙笼罩在一片黑暗中,只有天上的星星在眨眼,仿佛闪出一丝光芒。全村没有一点亮光,没有一点声音。透过大坑里芦苇的疏隙闪出一点水光。走近破篱笆门时,门旁地上有一团黑东西,细看才知道是一条老狗,静静地卧在那里。

狗们有没有思想,我说不准,但感情的确是有的。这一条老狗几天来大概是陷入困惑中,天天喂我的女主人怎么忽然不见了?它白天到村里什么地方偷一点东西吃,立即回到家里来,静静地卧在篱笆门旁。见了我这个小伙子,它似乎感到我也是这家的主人,同女主人有点什么关系,因此见到了我并不咬我,有时候还摇摇尾巴,表示亲昵。那一天晚上我看到的就是这一条老狗。

我孤身一个人走进屋内,屋中停放着母亲的棺材。我躺在里面一间屋子里的大土炕上,炕上到处是跳蚤,它们勇猛地向我发动进攻。我本来就毫无睡意,跳蚤的干扰更加使我难以入睡了。我此时孤身一人陪伴着一具棺材。我是不是害怕呢?不的,一点也不。虽然是可怕的棺材,但里面躺的人却是我的母亲。她永远爱她的儿子,是人,是鬼,都决不会改变的。

正在这时候,在黑暗中外面走进来一个人,听声音是对门的宁大叔。在母亲生前,他帮助母亲种地,干一些重活,我对他真是感激不尽。他一进屋就高声说:"你娘叫你哩!"我大吃一惊:母亲怎么会叫我呢?原来宁大婶撞客了,撞着的正是我母亲。我赶快起身,走到宁家。在平时这种事情我是绝对不会相信的。此时我却是心慌意乱了。只听从宁大婶嘴里叫了一声:"喜子呀!娘想你啊!"我虽然头脑清醒,然而却泪流满面。娘的声音,我八年没有听到了。这一次如果是从母亲嘴里说出来的,那有多好啊!然而却是从宁大婶嘴里,但是听上去确实像母亲当年的声音。我信呢,还是不信呢,你不信能行吗?我糊里糊涂地如醉似痴地走了回来。在篱笆门口,地上黑黢黢的一团,是那一条忠诚的老狗。

我又躺在炕上,无论如何也睡不着了,两只眼睛望着黑暗,仿佛能感到自己的眼睛在发亮。我想了很多很多,八年来从来没有想到的事，现在全想到了。父亲死了以后，济南的经济资助几乎完全断绝，母亲就靠那半亩地维持生活，她能吃得饱吗？她一定是天天夜里躺在我现在躺的这一个土炕上想她的儿子，然而儿子却音信全无。她不识字，我写信也无用。听说她曾对人说过："如果我知道一去不回头的话，我无论如何也不会放他走的！"这一点我为什么过去一点也没有想到过呢？古人说："树欲静而风不止，子欲养而亲不待。"现在这两句话正应在我的身上，我亲自感受到了；然而晚了，晚了，逝去的时光不能再追回了！"长夜漫漫何时旦？"我盼天赶快亮。然而，我立刻又想到，我只是一次度过这样痛苦的漫漫长夜，母亲却度过了将近三千次。这是多么可怕的一段时间啊！在长夜中，全村没有一点灯光，没有一点声音，黑暗仿佛凝结成为固体，只有一个人还瞪大了眼睛在玄想，想的是自己的儿子。伴随她的寂寥的只有一个动物，就是篱笆门外静卧的那一条老狗。想到这里，我无论如何也不敢再想下去了；如果再想下去的话，我不知道会出现什么样的情况。

母亲的丧事处理完，又是我离开故乡的时候了。临离开那一座破房子时，我一眼就看到那一条老狗仍然忠诚地趴在篱笆门口，见了我，它似乎预感到我要离开了，它站了起来，走到我跟前，在我腿上擦来擦去，对着我尾巴直摇。我一下子泪流满面，我知道这是我们的永别，我俯下身，抱住了它的头，亲了一口。我很想把它抱回济南，但那是绝对办不到的。我只好一步三回首地离开了那里，眼泪向肚子里流。

到现在这一幕已经过去了七十年。我总是不时想到这一条老狗。女主人没了，少主人也离开了，它每天到村内找点东西吃，究竟能够找多久呢？我相信，它决不会离开那个篱笆门口的，它会永远趴在那里的，尽管脑袋里也会充满了疑问。它究竟趴了多久，我不知道，也许最终是饿死的。我相信，就是饿死，它也会死在那个破篱笆门口，后面是大坑里透过苇丛闪出来的水光。

我从来不信什么轮回转生；但是，我现在宁愿信上一次。我已经九十岁了，来日苦短了。等到我离开这个世界以后，我会在天上或者地下什么地方与母亲相会，趴在她脚下的仍然是这一条老狗。

2001年5月2日写定

第五辑 阅世的心语

我的座右铭

多少年以来,我的座右铭一直是:
  纵浪大化中,
  不喜亦不惧。
  应尽便须尽,
  无复独多虑。

老老实实的、朴朴素素的四句陶诗,几乎用不着任何解释。

我是怎样实行这个座右铭的呢?无非是顺其自然,随遇而安而已,没有什么奇招。

"应尽便须尽,无复独多虑。"(到了应该死的时候,你就去死,用不着左思右想),这句话应该是关键性的。但是在我几十年的风华正茂的期间内,"尽"什么的是很难想到的。在这期间,我当然既走过阳关大道,也走过独木小桥。即使在走独木桥时,好像路上铺的全是玫瑰花,没有荆棘。这与"尽"的距离太远太远了。

到了现在,自己已经九十多岁了。离开人生的尽头,不会太远了。我在这时候,根据座右铭的精神,处之泰然,随遇而安。我认为,这是唯一正确的态度。

我不是医生,我想贸然提出一个想法。所谓老年忧郁症恐怕十有八九同我上面提出的看法有关,怎样治疗这种病症呢?我本来

想用"无可奉告"来答复。但是,这未免太简慢,于是改写一首打油:题曰"无题":

人生在世一百年,
天天有些小麻烦,
最好办法是不理,
只等秋风过耳边。

赞"代沟"

现在常常听到有人使用"代沟"这个词儿。这个词儿看起来像一个外来语。然而它表达的内容却不限于外国,而是有普遍意义的,中国当然也不能够例外。

青年人怎样议论"代沟",我不清楚。老年人一谈起来,往往流露出十分不满意的神气,有时候甚至有类似"人心不古,世道浇漓"之类的慨叹。这种神气和慨叹我也有过。我现在是一个地地道道的老年人了。老年人的心理状态,我同样也是有的。我们大概都感觉到,在青年人身上有一些东西,我们看着不顺眼;青年人嘴里讲一些话,我们听上去不大顺耳,特别是那一些新造的名词更是特别刺耳。他们的衣着、他们的态度、他们的言谈举动以及接物待人的礼节、他们欣赏的对象和趣味,总之,一切的一切,我们无不觉得不那么顺溜。脾气好一点的老头摇一摇头,叹一口气;脾气不太好的就难免发发牢骚,成为九斤老太的同党了。

如果说有一条沟的话,那么,我们就站在沟的这一边,那一边站的是年轻人。但是若干年以前,我们也曾在沟的那一边站过,站在这一边的是我们的父母、老师、长辈。不知道从什么时候起,好像是在一夜之间,我们忽然站到这边来了。原来站在这边的人,由于自然规律不可抗御,一个个地让出了位置,走向涅槃,空出来的位置由我们来递补。有如秋后的树木，落叶渐多，枝头渐空，全身都在秋风里，只有日渐凋零了。这一个过程是非常非常微妙的，好像一点痕迹都没有留下，然而它确实是存在的。

　　站在沟这一边的老人，往往有一些杞忧。过去老人喜欢说一些世风日下之类的话，其尤甚者甚至缅怀什么羲皇盛世。现在这种人比较少了，但是类似这样的感慨还是有的。我在这一方面似乎更特别敏感。最近几年，我曾数次访问日本。年纪大一点的日本朋友对于中国文化能够理解，能够欣赏，他们感谢中国文化带给日本的好处，感激之情，溢于言表。中国古代的诗词和书画，他们熟悉。他们身上有一股"老"味，让我们觉得很亲切。然而据日本朋友说，现在的年轻人可完全不是这个样子了。中国古代的那一套，他们全不懂，全不买账。他们喝咖啡，吃西餐，一切唯西方马首是瞻。同他们交往，他们身上有一股"新"味，这种"新"味使我觉得颇不舒服。我自己反复琢磨，中日交往垂二千年。到了近代，日本虽然进行了改革，成为世界上头号经济强国，但是在过去还多少有点共同语言。好像在一夜之间，忽然从地里涌出了一代"新人类"，同过去几乎完全割断了纽带联系。同这一群新人打交道，我简直手足无所措。这样下去，我们两国不是越来越疏远吗？为什么几千年没有变，而今天忽然变了呢？我冥思苦想，不得其解。

　　在中国，我也有这种杞忧。过去，当我站在沟的那一边的时候，我虽然也感到同沟这一边的老年人有点隔阂，但并不认为十分严重；然而到了今天，世界变化空前加速，真正是一天等于二十年，我来到了沟的这一边，顿时觉得沟那一边的年轻人也颇有"新人类"的味道。他们所作所为，很多我都觉得有点难以理解。男女自由恋爱，在封建时期是不允许的；在解放前允许了，但也多半不敢明目张胆。如果男女恋人之间接一个吻,恐怕也要秘密举行。然而今天呢,青年们在光天化日之下,大庭广众之间,公然拥抱接吻,坦然,泰然,甚至还有比这更露骨的举动,我看了确实感到吃惊,又觉得难以理解。我原来自认为脑筋还没有僵化,同九斤老太划清了界限。曾几何时,我也竟成了她的"同路人",岂不大可异哉!又岂不大可哀哉!

不管从世界范围来看,还是从中国范围来看,代沟自古以来就存在的;任何国家,任何时代,都是不可避免的。然而,根据我个人的感觉,好像是"自古已然,于今为烈",好像任何时候也没有今天这样明显。青年老年之间存在的好像已经不是沟,而是长江大河,其中波涛汹涌,难以逾越,我们两代人有点难以互相理解的势头了。为代沟而杞忧者自古就有,今天也决不乏人。我也是其中之一,而且还可能是"积极分子"。

说了上面这一些话以后,倘若有人要问:"你对代沟抱什么态度呢?"答曰:"坚决拥护,竭诚赞美!"

试想一想:如果没有代沟,青年人和老年人完全一模一样,人类的进步表现在什么地方呢?再往上回溯一下,如果在猴子中间没有代沟,所有的猴子都只能用四条腿在地上爬行,哪一只也决不允许站立起来,哪一只也决不允许使用工具劳动,某一类猴子如何能转变成人呢?从语言方面来讲,如果不允许青年们创造一些新词,我们的语言如何能进步呢?孔老夫子说的话如果原封不动地保留到今天,这种情况你能想象吗?如果我们今天的报刊杂志孔老夫子这位圣人都完全能读懂,这是可能的吗?人类社会在不停地变化,世界新知识日新月异,如果不允许创造新词儿,那么,语言就不能表达新概念、新事物,语言就失去存在的意义了,这种情况是可取的吗？总之，代沟是不可避免的，而且是十分必要的。它标志着变化，它标志着进步，它标志着社会演化，它标志着人类前进。不管你是否愿意，它总是要存在的，过去存在，现在存在，将来也还要存在。

因此，我赞美代沟，用满腔热忱来赞美代沟。

1987年4月29日　上海华东师大

老少之间

在任何国家,任何时代的任何社会里,都会有老年人和青少年人同时并存。从年龄上来说,这是社会的两极,中间是中年,这样一些不同年龄的阶层,共同形成了我们的社会,所谓芸芸众生者就是。

从社会方面来讲,这个模式是不变的,是固定的。但是,从每一个人来说,它却是不固定的,经常变动的。今天你是少年,转瞬就是中年。你如果不中途退席的话,前面还有一个老年阶段在等候着你。老年阶段以后呢?那谁都知道,用不着细说。

想要社会安定,就必须处理好这三个年龄阶段之间的关系,特别是社会两极的老年与少年的关系。现在人们有时候讲到"代沟"——我看这也是舶来品——有人说有,有人说无,我是承认有的。因为事实就是如此,是否认不掉的。而且从某种意义上来说,有"代沟"正标明社会在不断前进。如果不前进,"沟"从何来?

承认有"代沟",不就万事大吉。真要想保持社会的安定团结,还必须进一步对"沟"两边的具体情况加以分析。中年这一个中间阶段,我先不说,我只分析老少这两极。

一言以蔽之,这两极各有各的优缺点。老年人人生经历多,识多见广,这是优点。缺点往往是自以为是,执拗固执。动不动就是:

我吃的盐比你吃的面还多,我走过的桥比你走过的路还长。个别人仕途失意,牢骚满腹:"世人皆醉而我独醒,世人皆浊而我独清。"简直变成了九斤老太,唠唠叨叨,什么都是从前的好。结果惹得大家都不痛快。

我现在这里特别提出一个我个人观察到的老年人的缺点,就是喜欢说话,喜欢长篇发言。开一个会两小时,他先包办一半,甚至四分之三。别人不耐烦看表,他老眼昏花,不视不见,结果如何,一想便知。听说某大学有一位老教授,开会他一发言,有经验的人士就回家吃饭。酒足饭饱,回来看,老教授的发言还没有结束,仍然在那里"悬河泻水"哩。

因此,我对老年人有几句箴言:老年之人,血气已衰;刹车失灵,戒之在说。

至于年轻人,他们朝气蓬勃,进取心强。在他们眼前的道路上,仿佛铺满了玫瑰花。他们对任何事情都不畏缩,九天揽月,五洋捉鳖,易如反掌,唾手可得。这是一种非常可贵的精神,只能保护,不能挫伤。然而他们的缺点就正隐含在这种优点中。他们只看到玫瑰花的美,只闻到玫瑰花的香;他们却忘记了玫瑰花是带刺的,稍不留心,就会扎手。

那么,怎么办呢?我没有什么高招,我只有几句老生常谈:老年少年都要有自知之明,越多越好。老的不要"倚老卖老",少的不要"倚少卖少"。后一句话是我杜撰出来的,我个人认为,这个杜撰是正确的。老少之间应当互相了解,理解,谅解。最重要的是谅解。有了这个谅解,我们社会的安定团结就有了保证。

1994年7月3日

忘

记得曾在什么地方听过一个笑话:一个人善忘。一天,他到野外去出恭。任务完成后,却找不到自己的腰带了。出了一身汗,好歹找到了,大喜过望,说道:"今天运气真不错,平白无故地捡了一条腰带!"一转身,不小心,脚踩到了自己刚才拉出来的屎堆上,于是勃然大怒:"这是哪一条混账狗在这里拉了一泡屎?"

这本来是一个笑话,在我们现实生活中,未必会有的。但是,人一老,就容易忘事糊涂,却是经常见到的事。

我认识一位著名的画家,本来是并不糊涂的。但是,年过八旬以后,却慢慢地忘事糊涂起来。我们将近半个世纪以前就认识了,颇能谈得来,而且平常也还是有些接触的。然而,最近几年来,每次见面,他把我的尊姓大名完全忘了。从眼镜后面流出来的淳朴宽厚的目光,落到我的脸上,其中饱含着疑惑的神气。我连忙说:"我是季羡林,是北京大学的。"他点头称是。但是,过了没有五分钟,他又问我:"你是谁呀!"我敬谨回答如上。在每一次会面中,尽管时间不长,这样尴尬的局面总会出现几次。我心里想:老友确是老了!

有一年,我们邂逅在香港。一位有名的企业家设盛筵,宴嘉宾。香港著名的人物参加者为数颇多,比如饶宗颐、邵逸夫、杨振宁等先生都在其中。宽敞典雅、雍容华贵的宴会厅里，一时珠光宝气，璀璨生辉，可谓极一时之盛。至于菜肴之精美，服务之周到，自然更不在话下了。我同这一位画家老友都是主宾，被安排在主人座旁。但是正当觥筹交错，逸兴遄飞之际，他忽然站了起来，转身要走，他大概认为宴会已经结束，到了拜拜的时候了。众人愕然，他夫人深知内情，赶快起身，把他拦住，又拉回到座位上，避免了一场尴尬的局面。

前几年，中国敦煌吐鲁番学会在富丽堂皇的北京图书馆的大报告厅里举行年会。我这位画家老友是敦煌学界的元老之一，获得了普遍的尊敬。按照中国现行的礼节，必须请他上主席台并且讲话。但是，这却带来了困难。像许多老年人一样，他脑袋里刹车的部件似乎老化失灵。一说话，往往像开汽车一样，刹不住车，说个不停，没完没了。会议是有时间限制的，听众的忍耐也决非无限。在这危难之际，我同他的夫人商议，由她写一个简短的发言稿，往他口袋里一塞，叮嘱他念完就算完事，不悖行礼如仪的常规。然而他一开口讲话，稿子之事早已忘入九霄云外。看样子是打算从盘古开天辟地讲。照这样下去，讲上几千年，也讲不到今天的会。到了听众都变成了化石的时候，他也许才讲到春秋战国！我心里急如热锅上的蚂蚁，忽然想到：按既定方针办。我请他的夫人上台，从他的口袋掏出了讲稿，耳语了几句。他恍然大悟，点头称是，把讲稿念完，回到原来的座位。于是一场惊险才化险为夷，皆大欢喜。

我比这位老友小六七岁。有人赞我耳聪目明，实际上是耳欠聪，目欠明。如人饮水，冷暖自知，其中滋味，实不足为外人道也。但是，我脑袋里的刹车部件，虽然老化，尚可使用。再加上我有点自知之明，我的新座右铭是：老年之人，刹车失灵，戒之在说。一向奉行不违，还没有碰到下不了台的窘境。在潜意识中颇有点沾沾自喜了。

然而我的记忆机构也逐渐出现了问题。虽然还没有达到画家老友那样"神品"的水平，也已颇有可观。在这方面，我是独辟蹊径，创立了有季羡林特色的"忘"的学派。

我一向对自己的记忆力，特别是形象的记忆，是颇有一点自信的。四五十年前，甚至六七十年前的一个眼神，一个手势，至今记忆犹新，招之即来，显现在眼前、耳旁，如见其形，如闻其声，移到纸上，即成文章。可是，最近几年以来，古旧的记忆尚能保存。对眼前非常熟的人，见面时往往忘记了他的姓名。在第一瞥中，他的名字似乎就在嘴边，舌上。然而一转瞬间，不到十分之一秒，这个呼之欲出的姓名，就蓦地隐藏了起来，再也说不出了。说不出，也就算了，这无关宇宙大事，国家大事，甚至个人大事，完全可以置之不理的。而且脑袋里断了的保险丝，还会接上的。些许小事，何必介意？然而不行，它成了我的一块心病。我像着了魔似的，走路，看书，吃饭，睡觉，只要思路一转，立即想起此事。好像是，如果想不出来，自己就无法活下去，地球就停止了转动。我从字形上追忆，没有结果；我从发音上追忆，结果杳然。最怕半夜里醒来，本来睡得香香甜甜，如果没有干扰，保证一夜幸福。然而，像电光石火一闪，名字问题又浮现出来。古人常说的平旦之气，是非常美妙的，然而此时却美妙不起来了。我辗转反侧，瞪着眼一直瞪到天亮。其苦味实不足为外人道也。但是，不知道是哪一位神灵保佑，脑袋又像电光石火似的忽然一闪，他的姓名一下子出现了。古人形容快乐常说，"洞房花烛夜，金榜题名时"，差可同我此时的心情相比。

这样小小的悲喜剧，一出刚完，又会来第二出，有时候对于同一个人的姓名，竟会上演两出这样的戏。而且出现的频率还是越来越多。自己不得不承认，自己确实是老了。郑板桥说："难得糊涂。"对我来说，并不难得，我于无意中得之，岂不快哉！

然而忘事糊涂就一点好处都没有吗？

我认为，有的，而且很大。自己年纪越来越老，对于"忘"的评价却越来越高，高到了宗教信仰和哲学思辨的水平。苏东坡的词说："人有悲欢离合，月有阴晴圆缺，此事古难全。"他是把悲和欢、离和合并提。然而古人说：不如意事常八九。这是深有体会之言。悲总是多于欢，离总是多于合，几乎每个人都是这样。如果造物主——如果真有的话——不赋予人类以"忘"的本领——我宁愿称之为本能——那么，我们人类在这么多的悲和离的重压下，能够活下去吗？我常常暗自胡思乱想：造物主这玩意儿（用《水浒》的词儿，应该说是"这话儿"）真是非常有意思。他（她？它？）既严肃，又油滑；既慈悲，又残忍。老子说："天地不仁，以万物为刍狗。"这话真说到了点子上。人生下来，既能得到一点乐趣，又必须忍受大量的痛苦，后者所占的比重要多得多。如果不能"忘"，或者没有"忘"这个本能，那么痛苦就会时刻刻都新鲜生动，时时刻刻像初产生时那样剧烈残酷地折磨着你。这是任何人都无法忍受下去的。然而，人能"忘"，渐渐地从剧烈到淡漠，再淡漠，再淡漠，终于只剩下一点残痕；有人，特别是诗人，甚至爱抚这一点残痕，写出了动人心魄的诗篇，这样的例子，文学史上还少吗？

因此，我必须给赋予我们人类"忘"的本能的造化小儿大唱赞歌。试问，世界上哪一个圣人、贤人、哲人、诗人、阔人、猛人，这人，那人，能有这样的本领呢？

我还必须给"忘"大唱赞歌。试问：如果人人一点都不忘，我们的世界会成什么样子呢？

　　遗憾的是，我现在尽管在"忘"的方面已经建立了有季羡林特色的学派，可是自谓在这方面仍是钝根。真要想达到我那位画家朋友的水平，仍须努力。如果想达到我在上面说的那个笑话中人的境界，仍是可望而不可即。但是，我并不气馁，我并没有失掉信心，有朝一日，我总会达到的。勉之哉！勉之哉！

1993年7月6日

我写我

我写我,真是一个绝妙的题目;但是,我的文章却不一定妙,甚至很不妙。

每一个人都有一个"我",二者亲密无间,因为实际上是一个东西。按理说,人对自己的"我"应该是十分了解的;然而,事实上却不尽然。依我看,大部分人是不了解自己的,都是自视过高的。这在人类历史上竟成了一个哲学上的大问题。否则古希腊哲人发出狮子吼:"要认识你自己!"岂不成了一句空话吗?

我认为,我是认识自己的,换句话说,是有点自知之明的。我经常像鲁迅先生说的那样剖析自己。然而结果并不美妙我剖析得有点儿过了头,我的自知之明过了头,有时候真感到自己一无是处。

这表现在什么地方呢?

拿写文章做一个例子。专就学术文章而言,我并不认为"文章是自己的好"。我真正满意的学术论文并不多。反而别人的学术文章,包括一些青年后辈的文章在内,我觉得是好的。为什么会出现这种心情呢?我还没有答案。

再谈文学作品。在中学时候,虽然小伙伴们曾赠我一个"诗人"的绰号,实际上我没有认真写过诗。至于散文,则是写的,而且已经写了六十多年,加起来也有七八十万字了。然而自己真正满意的也屈指可数。在另一方面,别人的散文就真正觉得好的也十分有限。这又是什么原因呢?我也没有得到答案。

在品行的好坏方面,我有自己的看法。什么叫好?什么又叫坏?我不通伦理学,没有深邃的理论,我只能讲几句大白话。我认为,只替自己着想,只考虑个人利益,就是坏。反之能替别人着想,考虑别人的利益,就是好。为自己着想和为别人着想,后者能超过一半,他就是好人;低于一半,则是不好的人;低得过多,则是坏人。

拿这个尺度来衡量一下自己,我只能承认自己是一个好人。我尽管有不少的私心杂念,但是总起来看,我考虑别人的利益还是多于一半的。至于说真话与说谎,这当然也是衡量品行的一个标准。我说过不少谎话,因为非此则不能生存。但是我还是敢于讲真话的。我的真话总是大大地超过谎话。因此我是一个好人。

我这样一个自命为好人的人,生活情趣怎么样呢?我是一个感情充沛的人,也是兴趣不老少的人。然而事实上生活了八十年以后,到头来自己都感到自己枯燥乏味,干干巴巴,好像是一棵枯树,只有树干和树枝,而没有一朵鲜花,一片绿叶。自己搞的所谓学问,别人称之为"天书";自己写的一些专门的学术著作,别人视之为神秘。年届耄耋,过去也曾有过一些幻想,想在生活方面改弦更张,减少一点儿枯燥,增添一点儿滋润,在枯枝粗干上开出一点儿鲜花,长出一点儿绿叶;然而直至今天,仍然是忙忙碌碌,有时候整天连轴转,"为他人做嫁衣裳",而且退休无日,路穷无期,可叹亦复可笑!

我这一生,同别人差不多,阳关大道,独木小桥,都走过跨过。坎坎坷坷,弯弯曲曲,一路走了过来。我不能不承认,我运气不错,所得的成功,所获的虚名,都有点儿名不副实。在另一个方面,我的倒霉也有非常人所可得者。在那骇人听闻的所谓什么"大革命"中，因为敢于仗义执言，几乎把老命赔上，皮肉之苦也是永世难忘的。

现在，我的人生之旅快到终点了。我常常回忆八十年来的历程，感慨万端。我曾问过自己一个问题：如果真的有那么一个造物主，要加恩于我，让我下辈子还转生为人，我是不是还走今生走的这条路？经过了一些思虑，我的回答是：还要走这条路。但是有一个附带条件：让我的脸皮厚一些，让我的心黑一点儿，让我考虑自己的利益多一点儿，让我自知之明少一点儿。

1992年11月16日

我的心是一面镜子

我生也晚,没有能看到20世纪的开始。但是,时至今日,再有7年,21世纪就来临了。从我目前的身体和精神两个方面来看,我能看到两个世纪的交接,是丝毫也没有问题的。在这个意义上来讲,我也可以说是与20世纪共始终了,因此我有资格写"我与中国20世纪"。

对时势的推移来说,每一个人的心都是一面镜子。我的心当然也不会例外。我自认为是一个颇为敏感的人,我这一面心镜,虽不敢说是纤毫必显,然确实并不迟钝。我相信,我的镜子照出了20世纪长达90年的真实情况,是完全可以依赖的。

我生在1911年辛亥革命那一年。我生下两个月零四天以后,那一位"末代皇帝",就从宝座上被请了下来。因此,我常常戏称自己是"满清遗少"。到了我能记事儿的时候,还有时候听乡民肃然起敬地谈到北京的"朝廷"(农民口中的皇帝),仿佛他们仍然高踞宝座之上。我不理解什么是"朝廷",他似乎是人,又似乎是神,反正是极有权威、极有力量的一种动物。

这就是我的心镜中照出的清代残影。

我的家乡山东清平县(现归临清市)是山东有名的贫困地区。我们家是一个破落的农户。祖父母早亡,我从来没见过他们。祖父之爱我是一点也没有尝到过的。他们留下了三个儿子,我父亲行大(在大排行中行七)。两个叔父,最小的一个无父无母,送了人,改姓刁,剩下的两个,上无怙恃,孤苦伶仃,寄人篱下,其困难情景是难以言说的。恐怕哪一天也没有吃过饱饭。饿得没有办法的时候,兄弟俩就到村南枣树林子里去,捡掉在地上的烂枣,聊以果腹。这一段历史我并不清楚,因为兄弟俩谁也没有对我讲过。大概是因为太可怕,太悲惨,他们不愿意再揭过去的伤疤,也不愿意让后一代留下让人惊心动魄的回忆。

但是,乡下无论如何是呆不下去了,呆下去只能成为饿殍。不知道怎么一来,兄弟俩商量好,到外面大城市里去闯荡一下,找一条活路。最近的大城市只有山东首府济南。兄弟俩到了那里,两个毛头小伙子,两个乡巴佬,到了人烟稠密的大城市里,举目无亲。他们碰到多少困难,遇到多少波折。这一段历史我也并不清楚,大概是出于同一个原因,他们谁也没有对我讲过。

后来,叔父在济南立定了脚跟,至多也只能像是石头缝里的一棵小草,艰难困苦地挣扎着。于是兄弟俩商量,弟弟留在济南挣钱,哥哥回家务农,希望有朝一日,混出点名堂来,即使不能衣锦还乡,也得让人另眼相看,为父母和自己争一口气。

但是,务农要有田地,这是一个最简单的常识。可我们家所缺的正是田地这玩意儿。大概我祖父留下了几亩地,父亲就靠这个来维持生活。至于他怎样侍弄这点儿地,又怎样成的家,这一段历史对我来说又是一个谜。

我就是在这时候来到人间的。

天无绝人之路。正在此时或稍微前一点,叔父在济南失了业,流落在关东。用身上仅存的一元钱买了湖北水灾奖券,结果中了头奖,据说得到了几千两银子。我们家一夜之间成了暴发户。父亲买了60亩带水井的地。为了耀武扬威起见,要盖大房子。一时没有砖,他便昭告全村:谁愿意拆掉自己的房子,把砖卖给他,他肯出几十倍高的价钱。俗话说:"重赏之下,必有勇夫。"别人的房子拆掉,我们的房子盖成,东、西、北房各五大间。大门朝南,极有气派。兄弟俩这一口气总算争到了。

然而好景不长,我父亲是乡村中朱家郭解一流的人物,仗"义"施财,忘乎所以。有时候到外村去赶集,他一时兴起,全席棚里喝酒吃饭的人,他都请了客。据说,没过多久,60亩上好的良田被卖掉,新盖的房子也把东房和北房拆掉,卖了砖瓦。这些砖瓦买进时似黄金,卖出时似粪土。

一场春梦终成空。我们家又成了破落户。

在我能记事儿的时候,我们家已经穷到了相当可观的程度。一年大概只能吃一两次"白的"(指白面),吃得最多的是红高粱饼子,棒子面饼子也成为珍品。我在春天和夏天,割了青草,或劈了高粱叶,背到二大爷家里,喂他的老黄牛,赖在那里不走,等着吃上一顿棒子面饼子,打一打牙祭。夏天和秋天,对门的宁大婶和宁大姑总带我到外村的田地里去拾麦子和豆子,把拾到的可怜兮兮的一把麦子或豆子交给母亲。不知道积攒多少次,才能勉强打出点麦粒,磨成面,吃上一顿"白的"。我当然觉得如吃龙肝凤髓。但是,我从来不记得母亲吃过一口。她只是坐在那里,瞅着我吃,眼里好像有点潮湿。我当时哪里能理解母亲的心情呀!但是,我也隐隐约约地立下一个决心:有朝一日,将来长大了,也让母亲吃点"白的"。可是,"树欲静而风不止,子欲养而亲不待"。还没有等到我有能力让母亲吃"白的",母亲竟舍我而去,留下了我一个终生难补的心灵伤痕，抱恨终天！

我们家，我父亲一辈，大排行兄弟11个。有6个因为家贫，下了关东。从此音讯杳然。留下的只有5个，一个送了人，我上面已经说过。这5个人中，只有大大爷有一个儿子，不幸早亡，我从来没有见过他。我生下以后，就成了唯一的一个男孩子。在封建社会里，这意味着什么，大家自然能理解。在济南的叔父只有一个女儿。于是兄弟俩一商量，要把我送到济南。当时母亲什么心情，我太年幼，完全不能理解。很多年以后，我才听人告诉我说，母亲曾说过："要知道一去不回头的话，我拼了命也不放那孩子走！"这一句不是我亲耳听到的话，却终生回荡在我耳边。"谁言寸草心，报得三春晖"。

我终于离开了家，当年我6岁。

一个人的一生难免稀奇古怪。个人走的路有时候并不由自己来决定，假如我当年留在家里，走的路是一条贫农的路。生活可能很苦，但风险决不会大。我今天的路怎样呢？我广开了眼界，认识了世界，认识了人生，获得了虚名。我曾走过阳关大道，也曾走过独木小桥；坎坎坷坷，又颇顺顺当当，一直走到了耄耋之年。如果当年让我自己选择道路的话，我究竟要选哪一条呢？概难言矣！

离开故乡时，我的心镜中留下的是一幅一个贫困至极的、一时走了运、立刻又垮下来的农村家庭的残影。

到了济南以后，我眼前换了一个世界。不用说别的，单说见到济南的山，就让我又惊又喜。我原以为山只不过是一个巨大无比的石头柱子。

叔父当然非常关心我的教育，我是季家唯一的传宗接代的人。我上过大概一年的私塾，就进了新式的小学校，济南一师附小。一切都比较顺利。五四运动波及了山东。一师校长是新派人物，首先采用了白话文教科书。国文教科书中有一篇寓言，名叫《阿拉伯的骆驼》，故事讲的是得寸进尺，是国际上流行的。无巧不成书，这一篇课文偏偏让叔父看到了，他勃然变色，大声喊道："骆驼怎么能说话呀！这简直是胡闹！赶快转学！"于是我就转到了新育小学。当时转学好像是非常容易，似乎没有走什么后门就转了过来。只举行一次口试，教员写了一个"骡"字，我认识，我的比我大两岁的亲戚不认识。我直接插入高一，而他则派进初三。一字之差，我便是沾了一年的光。这就叫作人生！最初课本还是文言，后来则也随时代潮流改了白话，不但骆驼能说话，连乌龟蛤蟆都说起话来，叔父却置之不管了。

叔父是一个非常有天才的人。他并没有受过什么正规教育。在颠沛流离中，完全靠自学，获得了知识和本领。他能作诗，能填词，能写字，能刻图章。中国古书也读了不少。按照他的出身，他无论如何也不应该对宋明理学发生兴趣，然而他竟然发生了兴趣，而且还极为浓烈，非同一般。这件事我至今大惑不解。我每看到他正襟危坐，威仪俨然，在读《皇清经解》一类十分枯燥的书时，我都觉得滑稽可笑。

这当然影响了对我的教育。我这一根季家的独苗，他大概想要我诗书传家。《红楼梦》、《三国演义》、《水浒传》等等，他都认为是"闲书"，绝对禁止看。大概出于一种逆反心理，我爱看的偏是这些书。中国旧小说，包括《金瓶梅》、《西厢记》等等几十种，我都偷着看了个遍。放学后不回家，躲在砖瓦堆里看，在被窝里用手电照着看。这样大概过了有几年的时间。

叔父的教育则是另外一回事。在正谊时，他出钱让我在下课后跟一个国文老师念古文,连《左传》等都念。回家后,吃过晚饭,立刻又到尚实英文学社去学英文,一直到深夜。这样天天连轴转,也有几年的时间。

叔父相信"中学为体",这是可以肯定的。但是是否也相信"西学为用"呢?这一点我说不清楚。反正当时社会上都认为,学点洋玩意儿是能够升官发财的。这是一种实用主义的"崇洋","媚外"则不见得。叔父心目中"夷夏之辨"是很显然的。

大概是1926年,我在正谊中学毕了业,考入设在北园白鹤庄的山东大学附设高中文科去念书。这里的教员可谓极一时之选。国文教员王崑玉先生,英文教员尤桐先生、刘先生和杨先生,数学教员王先生,史地教员祁蕴璞先生,伦理学教员鞠思敏先生(正谊中学校长),伦理学教员完颜祥卿先生(一中校长),还有教经书的"大清国"先生(因为诨名太响亮,真名忘记了),另一位是前清翰林。两位先生教《书经》、《易经》、《诗经》,上课从不带课本,五经四书连注都能背诵如流。这些教员全是佼佼者。再加上学校环境有如仙境,荷塘四布,垂柳蔽天,是念书再好不过的地方。

我有意识地认真用功,是从这里开始的。我是一个很容易受环境支配的人。在小学和初中时,成绩不能算坏,总在班上前几名,但从来没有考过甲等第一。我毫不在意,照样钓鱼、摸虾。到了高中,国文作文无意中受到了王崑玉先生的表扬,英文是全班第一。其他课程考个高分并不难,只需稍稍一背,就能应付裕如。结果我生平第一次考了一个甲等第一,平均分数超过95分,是全校唯一的一个学生。当时山大校长兼山东教育厅长前清状元王寿彭,亲笔写了一副对联和一个扇面奖给我。这样被别人一指,我的虚荣心就被抬起来了。从此认真注意考试名次,再不掉以轻心。结果两年之内，四次期考，我考了四个甲等第一，威名大震。

在这一段时间内，外界并不安宁。军阀混战，鸡犬不宁。直奉战争、直皖战争，时局瞬息万变，"你方唱罢我登场"。有一年山大祭孔，我们高中学生受命参加。我第一次见到当时的奉系山东土匪督军——不知道自己有多少兵、多少钱和多少姨太太的张宗昌，他穿着长袍、马褂，匍匐在地，行叩头大礼。此情此景。至今犹在眼前。

到了1928年，蒋介石假"革命"之名，打着孙中山先生的招牌，算是一股新力量，从广东北伐，有共产党的协助，以雷霆万钧之力，一路扫荡，宛如劲风卷残云，大军占领了济南。此时，日本军国主义分子想趁火打劫，出兵济南，酿成了有名的"济南惨案"。高中关了门。

在这一段时间内，我的心镜中照出来的影子是封建又兼维新的教育再加上军阀混战。

日寇占领了济南，国民党军队撤走。学校都不能开学。我过了一年临时亡国奴生活。

此时日军当然是全济南至高无上的唯一的统治者。同一切非正义的统治者一样，他们色厉内荏，十分害怕中国老百姓，简直害怕到风声鹤唳、草木皆兵的程度。天天如临大敌，常常搞一些突然袭击，到居民家里去搜查。我们一听到日军到附近某地来搜查了，家里就像开了锅。有人主张关上大门，有人坚决反对。前者说，不关门，日本兵会说："你怎么这样大胆呀！竟敢双门大开！"于是捅上一刀。后者则说，关门，日本兵会说："你们一定有见不得人的勾当；不然的话，皇军驾到，你们应该开门恭迎嘛！"于是捅上一刀。结果是，一会儿开门，一会儿又关上，如坐针毡，又如热锅上的蚂蚁。此情此景，非亲身经历者，是决不能理解的。

我还有一段个人经历。我无学可上，又深知日本人最恨中国学生，在山东焚烧日货的"罪魁祸首"就是学生。我于是剃光了脑袋，伪装是商店的小徒弟。有一天，走在东门大街上，迎面来了一群日军，检查过往行人。我知道，此时万不能逃跑，一定要镇定，否则刀枪无情。我貌似坦然地走上前去。一个日兵搜我的全身，发现我腰里扎的是一条皮带。他如获至宝，发出狞笑，说道："你的，狡猾的大大的。你不是学徒，你是学生。学徒的，是不扎皮带的！"我当头挨了一棒，幸亏还没有全昏过去，我向他解释：现在小徒弟们也发了财，有的能扎皮带了。他坚决不信。正在争论的时候，另外一个日军走了过来，大概是比那一个高一级的，听了那个日军的话，似乎有点不耐烦，一摆手："让他走吧！"我于是死里逃生，从阴阳界上又转了回来，我身上出了多少汗，只有我自己知道。

在这一年内，我心镜上照出的是临时或候补亡国奴的影像。

1929年，日军撤走，国民党重进。我在求学的道路上，从此开辟了一个新天地。

此时，北园高中关了门，新成立了一所山东省济南高中，是全省唯一的一所高级中学。我没有考试，就入了学。

校内换了一批国民党的官员，"党"气颇浓，令人生厌。但是总的精神面貌却是焕然一新。最明显不过的是国文课。"大清国"没有了，经书不念了，文言作文改成了白话。国文教员大多是当时颇为著名的新文学家。我的第一个国文教员是胡也频烈士。他很少讲正课，每一堂都是宣传"现代文艺"，亦名"普罗文学"，也就是无产阶级文学。一些青年，其中也有我，大为兴奋，公然在宿舍门外摆上桌子，号召大家参加"现代文艺研究会"。还准备出刊物，我为此写了一篇文章,叫做《现代文艺的使命》,里面生吞活剥抄了一些从日文译过来的所谓马克思主义文艺理论的文句。译文像天书,估计我也看不懂,但是充满了革命义愤和口号的文章,却堂而皇之地写成了。文章还没有来得及刊出,国民党通缉胡先生,他慌忙逃往上海,一二年后被国民党杀害。我的革命梦像肥皂泡似的破灭了,从此再也没有"革命",一直到了解放。

接胡先生的是董秋芳(冬芬)先生。他算是鲁迅的小友,北京大学毕业,翻译了一本《争自由的波浪》,有鲁迅写的序。不知道怎样一来,我写的作文得到了他的垂青,他发现了我的写作"天才",认为是全班、全校之冠。我有点飘飘然,是很自然的。到现在,在60年漫长的过程中,不管我搞什么样的研究工作。写散文的笔从来没有放下过。写得好坏,姑且不论。对我自己来说,文章能抒发我的感情,表露我的喜悦,缓解我的愤怒,激励我的志向。这样的好处已经算不少了。我永远怀念我这位尊敬的老师!

在这一年里,我的心镜照出来的仿佛是我的新生。

1930年夏天,我们高中一级的学生毕了业。几十个举子联合"进京赶考"。当时北平的大学五花八门,国立、私立、教会立,纷然杂陈。水平极端参差不齐,吸引力也就大不相同。其中最受尊重的,同今天完全一样,是北大与清华,两个"国立"大学。因此,全国所有的赶考的举子没有不报考这两所大学的。这两所大学就仿佛变成了龙门,门槛高得可怕。往往几十人中录取一个。被录取的金榜题名,鲤鱼变成了龙。我来投考的那一年,有一个山东老乡,已经报考了五次,次次名落孙山。这一年又同我们报考,也就是第六次,结果仍然榜上无名。他神经失常,一个人恍恍惚惚在西山一带漫游了7天,才清醒过来。他从此断了大学梦,回到了山东老家,后不知所终。

我当然也报了北大与清华。同别的高中同学不同的是，我只报这两个学校，仿佛极有信心——其实我当时并没有考虑这样多，几乎是本能地这样干了——别的同学则报很多大学，二流的、三流的、不入流的，有的人竟报到七八所之多。我一辈子考试的次数成百成千，从小学一直考到获得最高学位，但我考试的运气好，从来没有失败过。这一次又撞上了喜神，北大和清华我都被录取，一时成了人们羡慕的对象。

但是，北大和清华，对我来说，却成了鱼与熊掌。何去何从？一时成了挠头的问题。我左考虑，右考虑，总难以下这一步棋。当时"留学热"不亚于今天，我未能免俗。如果从留学这个角度来考虑，清华似乎有一日之长。至少当时人们都是这样看的。"吾从众"，终于决定了清华，入的是西洋文学系（后改名为外国语文系）。

在旧中国，清华西洋文学系名震神州。主要原因是教授几乎全是外国人，讲课当然用外国话，中国教授也多用外语（实际上就是英语）授课。这一点就具有极大的吸引力。夷考其实，外国教授几乎全部不学无术，在他们本国恐怕连中学都教不上。因此，在本系所有的必修课中，没有哪一门课我感到满意。反而是我旁听和选修的两门课，令我终生难忘，终生受益。旁听的是陈寅恪先生的"佛经翻译文学"，选修的是朱光潜先生的"文艺心理学"，就是美学。在本系中国教授中，叶公超先生教我们大一英文。他英文大概是好的，但有时故意不修边幅，好像要学习竹林七贤，给我没有留下好印象。吴宓先生的两门课"中西诗之比较"和"英国浪漫诗人"，给我留下了深刻的印象。

此外，我还旁听了或偷听了很多外系的课。比如朱自清、俞平伯、谢婉莹（冰心）、郑振铎等先生的课，我都听过，时间长短不等。在这种旁听活动中，我有成功，也有失败。最失败的一次，是同许多男同学，被冰心先生婉言赶出了课堂。最成功的是旁听西谛先生的课。西谛先生豁达大度，待人以诚，没有教授架子，没有行帮意识。我们几个年轻大学生——吴组缃、林庚、李长之，还有我自己——由听课而同他有了个人来往。他同巴金、靳以主编大型的《文学季刊》是当时轰动文坛的大事。他也竟让我们名不见经传的无名小卒，充当《季刊》的编委或特约撰稿人，名字赫然印在杂志的封面上，对我们来说这实在是无上的光荣。结果我们同西谛先生成了忘年交，终生维持着友谊，一直到1958年他在飞机失事中遇难。到了今天，我们一想到郑先生还不禁悲从中来。

此时政局是非常紧张的。蒋介石在拼命"安内"，日军已薄古北口，在东北兴风作浪，更不在话下。"九一八"后，我也曾参加清华学生卧轨绝食，到南京去请愿，要求蒋介石出兵抗日。我们满腔热血，结果被满口谎言的蒋介石捉弄，铩羽而归。

美丽安静的清华园也并不安静。国共两方的学生斗争激烈。此时，胡乔木（原名胡鼎新）同志正在历史系学习，与我同班。他在进行革命活动，其实也并不怎么隐蔽。每天早晨，我们洗脸盆里塞上的传单，就出自他之手。这是一个公开的秘密，尽人皆知。他曾有一次在深夜坐在我的床上，劝说我参加他们的组织。我胆小怕事，没敢答应。只答应到他主办的工人子弟夜校去上课，算是聊助一臂之力，稍报知遇之恩。

学生中国共两派的斗争是激烈的，详情我不得而知。我算是中间偏左的逍遥派，不介入，也没有兴趣介入这种斗争。不过据我的观察，两派学生也有联合行动，比如到沙河、清河一带农村中去向农民宣传抗日。我参加过几次,记忆中好像也有倾向国民党的学生参加。原因大概是,尽管蒋介石不抗日,青年学生还是爱国的多。在中国知识分子中,爱国主义的传统是源远流长的,根深蒂固的。

这几年,我们家庭的经济情况颇为不妙。每年寒暑假回家,返校时筹集学费和膳费,就煞费苦心。清华是国立大学,花费不多。每学期收学费40元;但这只是一种形式,毕业时学校把收的学费如数还给学生,供毕业旅行之用。不收宿费,膳费每月6块大洋,顿顿有肉。即使是这样,我也开支不起。我的家乡清平县,国立大学生恐怕只有我一个,视若"县宝",每年津贴我50元。另外,我还能写点文章,得点稿费,家里的负担就能够大大减轻。我就这样在颇为拮据的情况中度过了4年,毕了业,戴上租来的学士帽照过一张相,结束了我的大学生活。

当时流行着一个词儿,叫"饭碗问题",还流行着一句话,是"毕业即失业"。除了极少数高官显宦、富商大贾的子女以外,谁都会碰到这个性命交关的问题。我从三年级开始就为此伤脑筋。我面临着承担家庭主要经济负担的重任。但是,我吹拍乏术,奔走无门。夜深人静之时,自己脑袋里好像是开了锅。然而结果却是一筹莫展。

眼看快要到1934年的夏天,我就要离开学校了。真好像是大旱之年遇到甘霖,我的母校济南省高中校长宋还吾先生,托人邀我到母校去担任国文教员。月薪大洋160元,是大学助教的一倍。大概因为我发表过一些文章,我就被认为是文学家,而文学家都一定能教国文,这就是当时的逻辑。这一举真让我受宠若惊,但是我心里却打开了鼓:我是学西洋文学的,高中国文教员我当得了吗?何况我的前任是被学生"架"(当时学生术语,意思是"赶")走的,足见学生不易对付。我去无疑是自找麻烦,自讨苦吃,无异于跳火坑。我左考虑，右考虑，终于举棋不定，不敢答复。然而，时间是不饶人的。暑假就在眼前，离校已成定局，最后我咬了咬牙，横下了一条心："你有勇气请，我就有勇气承担！"

于是在1934年秋天，我就成了高中的国文教员。校长待我是好的，同学生的关系也颇融洽。但是同行的国文教员对我却有挤对之意。全校3个年级，12个班，4个国文教员，每人教3个班。这就来了问题：其他三位教员都比我年纪大得多，其中一个还是我的老师一辈，都是科班出身，教国文成了老油子，根本用不着备课。他们却每人教一个年级的3个班，备课只有一个头。我教三个年级剩下的那个班，备课有三个头，其困难与心里的别扭是显而易见的。所以在这一年里，收入虽然很好（160元的购买力约与今天的3200元相当），心情却是郁闷。眼前的留学杳无踪影，手中的饭碗飘忽欲飞。此种心情，实不足为外人道也。

但是，幸运之神（如果有的话）对我是垂青的。正在走投无路之际，母校清华大学同德国学术交换处签订了互派留学生的合同，我喜极欲狂，立即写信报了名，结果被录取。这比考上大学金榜题名的心情，又自不同，别是一番滋味在心头。积年愁云，一扫而空，一生幸福，一锤定音，仿佛金饭碗已经捏在手中。自己身上一镀金，则左右逢源，所向无前。我现在看一切东西，都发出玫瑰色的光泽了。

然而，人是不能脱离现实的。我当时的现实是：亲老、家贫、子幼，我又走到了我一生最大的一个歧路口上。何去何从？难以决定。这个歧路口，对我来说，意义真正是无比的大。不向前走，则命定一辈子当中学教员，饭碗还不一定经常能拿在手中，向前走，则会是另一番境界。"马前桃花马后雪，教人怎敢再回头"？

经过了痛苦的思想矛盾，经过了细致的家庭协商，决定向前迈步。好在原定期限只有两年，咬一咬牙就过来了。

我于是在1935年夏天离家，到北平和天津办理好出国手续，乘西伯利亚火车，经苏联，到了柏林。我自己的心情是：万里投荒第二人。

在这一段从大学到教书一直到出国的时期中，我的心镜中照见的是：蒋介石猖狂反共，日本军野蛮入侵，时局动荡不安，学生两极分化，这样一幅十分复杂矛盾的图像。

马前的桃花，远看异常鲜艳，近看则不见得。

我在柏林呆了几个月，中国留学生人数颇多，认真读书者当然有之，终日鬼混者也不乏其人。国民党的大官，自蒋介石起，很多都有子女在德国"流学"。这些高级"衙内"看不起我，我更藐视这一群行尸走肉的家伙，羞与他们为伍。"此地信美非吾土"，到了深秋，我就离开柏林，到了小城又是科学名城的哥廷根。从此以后，在这里一住就是7年，没有离开过。

德国给我一月120马克，房租约占百分之四十多，吃饭也差不多。手中几乎没有余钱。同官费学生一个月800马克相比，真则小巫见大巫。我在德国住了那么久的时间，从来没有寒暑假休息，从来没有旅游，一则因为"阮囊羞涩"，二则珍惜寸阴，想多念一点书。

我不远万里而来，是想学习的。但是，学习什么呢？最初并没有一个十分清楚的打算。第一学期，我选了希腊文，样子是想念欧洲古典语言文学。但是，在这方面，我无法同德国学生竞争，他们在中学里已经学了8年拉丁文、6年希腊文。我心里彷徨起来。

到了1936年春季始业的那一学期，我在课程表上看到了瓦尔特施米特开的梵文初学课，我狂喜不止。在清华时，受了陈寅恪先生讲课的影响，就有志于梵学。但在当时，中国没有人开梵文课，现在竟于无意中得之，焉能不狂喜呢？于是我立即选了梵文课。在德国，要想考取哲学博士学位，必须修三个系，一主二副。我的主系是梵文、巴利文，两个副系是英国语言学和斯拉夫语学。我从此走上了正规学习的道路。

1937年，我的奖学金期满。正在此时，日军发动了卢沟桥事变，虎视眈眈，意在吞并全中国和亚洲。我是望乡兴叹，有家难归。但是天无绝人之路，汉文系主任夏伦邀我担任汉语讲师，我实在像久旱逢甘霖，当然立即同意，走马上任。这个讲师工作不多，我照样当我的学生，我的读书基地仍然在梵文研究所，偶尔到汉学研究所来一下。这情况一直继续到1945年秋天我离开德国。

1939年，第二次世界大战正式开幕。我原以为像这样杀人盈野、积血成河的人类极端残酷的大搏斗，理应震撼三界，摇动五洲，使禽兽颤抖，使人类失色。然而，我有幸身临其境，只不过听到几次法西斯头子狂嚎——这在当时的德国是司空见惯的事——好像是春梦初觉，无声无息地就走进了战争。战争初期阶段，德军的胜利使德国人如疯如狂，对我则是一个打击。他们每胜利一次，我就在夜里服安眠药一次。积之既久，失眠成病，成了折磨我几十年的终生痼疾。

最初生活并没有怎样受到影响。慢慢地肉和黄油限量供应了，慢慢地面包限量供应了，慢慢地其他生活用品也限量供应了。在不知不觉中，生活的螺丝越拧越紧。等到人们明确地感觉到时，这螺丝已经拧得很紧很紧了，但是除了极个别的反法西斯的人以外，我没有听到老百姓说过一句怨言。德国法西斯头子统治有术，而德国人民也是一个十分奇特的民族，对我来说，简直是个谜。

后来战火蔓延，德国四面被封锁，供应日趋紧张。我天天挨饿，夜夜做梦，梦到中国的花生米。我幼无大志，连吃东西也不例外。

有雄心壮志的人，梦到的一定是燕涎、鱼翅，哪能像我这样没出息的人只梦到花生米呢？饿得厉害的时候，我简直觉得自己是处在饿鬼地狱中，恨不能把地球都整个吞下去。

我仍然继续念书和教书。除了挨饿外，天上的轰炸最初还非常稀少。我终于写完了博士论文。此时瓦尔特施米特教授被征从军，他的前任已退休的老教授Prof. E. Sieg（西克）替他上课。他用了几十年的时间读通了吐火罗文，名扬全球。按岁数来讲，他等于我的祖父。他对我也完全是一个祖父的感情。他一定要把自己全部拿手的好戏都传给我：印度古代语法、吠陀，而且不容我提不同意见，一定要教我吐火罗文。我趁瓦尔特施米特教授休假之机，通过了口试，布朗恩口试俄文的斯拉夫文，罗德尔口试英文。考试及格后，仍在西克教授指导下学习。我们天天见面，冬天黄昏，在积雪的长街上，我搀扶着年逾八旬的异国的老师，送他回家。我忘记了战火，忘记了饥饿，我心中只有身边这个老人。

我当然怀念我的祖国，怀念我的家庭。此时邮政早已断绝。杜甫诗："烽火连三月，家书抵万金。"我却是"烽火连三年，家书抵亿金"。事实上根本收不到任何信。这大大地加强了我的失眠症，晚上吞服的药量，与日俱增，能安慰我的只有我的研究工作。此时英美的轰炸已成家常便饭，我就是在饥饿与轰炸中写成了几篇论文。大学成了女生的天下，男生都抓去当了兵。过了没有多久，男生有的回来了，但不是缺一只手，就是缺一条腿。双拐击地的声音在教室大楼中往复回荡，形成了独特的合奏。

到了此时，前线屡战屡败，法西斯头子的牛皮虽然照样厚颜无耻地吹，然而已经空洞无力，有时候牛头不对马嘴。从我们外国人眼里来看，败局已定，任何人也回天无力了。

德国人民怎么样呢？经过我10年的观察与感受，我觉得，德国人不愧是世界上最优秀的人民之一。文化昌明，科学技术处于世界前列，大文学家、大哲学家、大音乐家、大科学家，近代哪一个民族也比不上。而且为人正直、淳朴，各个都是老实巴交的样子。在政治上，他们却是比较单纯的，真心拥护希特勒者占绝大多数。令我大惑不解的是，希特勒极端诬蔑中国人，视为文明的破坏者。按理说，我在德国应当遇到很多麻烦。然而，实际上，我却一点麻烦也没有遇到。听说，在美国，中国人很难打入美国人社会。可我在德国，自始至终就在德国人社会之中，我就住在德国人家中，我的德国老师，我的德国同学，我的德国同事，我的德国朋友，从来待我如自己人，没有丝毫歧视。这一点让我终生难忘。

这样一个民族现在怎样看待垂败的战局呢？他们很少跟我谈论战争问题，对生活的极端艰苦，轰炸的极端野蛮，他们好像都无动于衷，他们有点茫然、漠然。一直到1945年春，美国军队攻入哥廷根，法西斯彻底完蛋了，德国人仍然无动于衷，大有逆来顺受的意味，又仿佛当头挨了一棒，在茫然、漠然之外，又有点昏昏然、懵懵然。

惊心动魄的世界大战，持续了6年，现在终于闭幕了。我在惊魂甫定之余，顿时想到了祖国，想到了家庭。我离开祖国已经10年了，我在内心深处感到了祖国对我这个海外游子的召唤。几经交涉，美国占领军当局答应用吉普车送我们到瑞士去。我辞别德国师友时，心里十分痛苦，特别是西克教授，我看到这位耄耋老人面色凄楚，双手发颤，我们都知道，这是最后一面了。我连头也不敢回，眼里流满了热泪。我的女房东对我放声大哭。她儿子在外地，丈夫已死，我这一走，房子里空空洞洞，只剩下她一人。几年来她实际上是同我相依为命，而今以后，日子可怎样过呀！离开她时，我也是头也没有敢回，含泪登上美国吉普。我在心里套一首旧诗想成了一首诗：

　　留学德国已十霜，归心日夜忆旧邦。
　　无端越境入瑞士，客树回望成故乡。

这10年在我的心镜上照出的是法西斯统治，极端残酷的世界大战，游子怀乡的残影。

1945年10月，我们到了瑞士。在这里呆了几个月。1946年春天，离开瑞士，经法国马赛，乘为法国运兵的英国巨轮，到了越南西贡。在这里呆到夏天，又乘船经香港回到上海，别离祖国将近11年，现在终于回来了。

此时，我已经通过陈寅恪先生的介绍，胡适之先生、傅斯年先生和汤用彤先生的同意，到北大来工作。我写信给在英国剑桥大学任教的哥廷根旧友夏伦教授，谢绝了剑桥之聘，决定不再回欧洲。同家里也取得了联系，寄了一些钱回家。我感激叔父和婶母，以及我的妻子彭德华，他们经过千辛万苦，努力苦撑了11年，我们这个家才得以完整安康地留下来。

当时正值第二次革命战争激烈进行，交通中断，我无法立即回济南老家探亲。我在上海和南京住了一个夏天。在南京曾叩见过陈寅恪先生，到中央研究院拜见过傅斯年先生。1946年深秋，从上海乘船到秦皇岛，转乘火车，来到了暌别了11年的北平。深秋寂冷，落叶满街，我心潮起伏，酸甜苦辣，说不出来是什么滋味。阴法鲁先生到车站去接我们，把我暂时安置在北大红楼。第二天，会见了文学院长汤用彤先生。汤先生告诉我，按北大以及其他大学规定，得学位回国的学人，最高只能给予副教授职称，在南京时傅斯年先生也告诉过我同样的话。能到北大来，我已经心满意足，焉敢妄求？

但是过了没有多久,大概只有个把礼拜,汤先生告诉我,我已被定为正教授兼东方语言文学系主任,时年35岁。当副教授时间之短,我恐怕是创了新纪录。这完全超出了我的想望。我暗下决心:努力工作,积极述作,庶不负我的老师和师辈培养我的苦心!

此时的时局却是异常恶劣的。以蒋介石为首的国民党,剥掉自己的一切画皮,贪污成性,贿赂公行,大搞"五子登科",接收大员满天飞,"法币"天天贬值,搞了一套银元券、金圆券之类的花样,毫无用处。人民生活在水深火热之中,大学教授也不例外。手中领到工资,一个小时以后,就能贬值。大家纷纷换银元,换美元,用时再换成法币。每当手中攥上几个大头时,心里便暖乎乎的,仿佛得到了安全感。

在学生中,新旧势力的斗争异常激烈。国民党垂死挣扎,进步学生猛烈进攻。当时流传着一个说法:在北平有两个解放区,一个是北大的民主广场,一个是清华园。我住在红楼,有几次也受到了国民党北平市党部纠集的天桥流氓等闯进来捣乱的威胁。我们在夜里用桌椅封锁了楼口,严阵以待,闹得人心惶惶,我们觉得又可恨,又可笑。

但是,腐败的东西终究会灭亡的,这是一条人类和大自然进化的规律。1949年春,北京终于解放了。

在这三年中,我的心镜中照出的是黎明前的一段黑暗。

如果把我的一生分成两截的话,我习惯的说法是,前一截是旧社会,共38年。后一截是新社会,年数现在还没法确定,我一时还不想上八宝山,我无法给我的一生画上句号。

为什么要分为两截呢?一定是认为两个社会差别极大,非在中间划上鸿沟不行。实际上,我同当时留下没有出国或到台湾去的中老年知识分子一样,对共产党并不了解;对共产主义也不见得那么向往;但是对国民党我们是了解的。因此,解放军进城我们是欢迎的,我们内心是兴奋的,希望而且也觉得从此换了人间。解放初期,政治清明,一团朝气,许多措施深得人心。旧社会留下的许多污泥浊水,荡涤一清。我们都觉得从此河清有日,幸福来到了人间。

但是,我们也有一个适应过程。别的比我年老的知识分子的真实心情,我不了解。至于我自己,我当时才40岁,算是刚刚进入中年,但是我心中需要克服的障碍就不老少。参加大会,喊"万岁"之类的口号,最初我张不开嘴。连脱掉大褂换上中山装这样的小事,都觉得异常别扭,他可知矣。

对我来说,这个适应过程并不长,也没有感到什么特殊的困难,我一下子像是变了一个人。觉得一切的一切都是美好的,都是善良的。我觉得天特别蓝,草特别绿,花特别红,山特别青。全中国仿佛开遍了美丽的玫瑰花,中华民族前途光芒万丈,我自己仿佛又年轻了10岁,简直变成了一个大孩子。开会时,游行时,喊口号,呼"万岁",我的声音不低于任何人,我的激情不下于任何人。现在回想起来,那是我一生最愉快的时期。

但是,反观自己,觉得百无是处。我从内心深处认为自己是一个地地道道的"摘桃派"。中国人民站起来了,自己也跟着挺直了腰板。任何类似贾桂的思想,都一扫而空。我享受着"解放"的幸福,然而我干了什么事呢?我做出了什么贡献呢?我确实没有当汉奸,也没有加入国民党,没有屈服于德国法西斯。但是,当中华民族的优秀儿女把脑袋挂在裤腰带上,浴血奋战,壮烈牺牲的时候,我却躲在万里之外的异邦,在追求自己的名山事业。天下可耻事宁有过于此者乎?我觉得无比地羞耻。连我那一点所谓学问——如果真正有的话——也是极端可耻的。

我左思右想，沉痛内疚，觉得自己有罪，觉得知识分子真是不干净。我仿佛变成了一个基督教徒，深信"原罪"的说法。在好多好多年，这种"原罪"感深深地印在我的灵魂中。

我当时时发奇想，我希望时间之轮倒拨回去，拨回到战争年代，给我一个机会，让我立功赎罪。我一定会不惜牺牲自己的性命，为了革命，为了民族。我甚至有近乎疯狂的幻想：如果我们的领袖遇到生死危机，我一定会挺身而出，用自己的鲜血与性命来保卫领袖。

我处处自惭形秽。我当时最羡慕、最崇拜的是三种人：老干部、解放军和工人阶级。对我来说，他们的形象至高无上，神圣不可侵犯。在我眼中，他们都是"最可爱的人"，是我终生学习也无法赶上的人。

就这样，我背着沉重的"原罪"的十字架，随时准备深挖自己思想，改造自己的资产阶级思想，真正树立无产阶级思想——除了"毫不利己，专门利人"之外，我到今天也说不出什么是无产阶级思想——脱胎换骨，重新做人。风风雨雨，坎坎坷坷，一会儿山重水复，一会儿柳暗花明，走过了漫长的30年。

解放初期第一场大型的政治运动，是三反、五反、思想改造运动。我认真严肃地怀着满腔的虔诚参加了进去。我一辈子不贪公家一分钱，三反、五反与我无缘。但是思想改造，我却认为，我的任务是艰巨的，是迫切的。笼统说来，是资产阶级思想；具体说来，则可以分为几项。首先，在解放前，我从对国民党的观察中，得出了一条结论：政治这玩意儿是肮脏的，是污浊的，最好躲得远一点。其次，我认为，外蒙古是被原苏联抢走的；中共是受苏联左右的。思想改造，我首先检查、批判这两个思想。当时，当众检查自己的思想叫作"洗澡"，"洗澡"有小、中、大三盆。我是系主任，必须洗中盆,也就是在系师生大会上公开检查。因为我没有什么民愤,没有升入"大盆",也就是没有在全校师生大会上检查。

在中盆里,水也是够热的。大家发言异常激烈,有的出于真心实意,有的也不见得。我生平破天荒第一次经过这个阵势,句句话都像利箭一样,射向我的灵魂。但是,因为我仿佛变成一个基督教徒,怀着满腔虔诚的"原罪"感,好像话越是激烈,我越感到舒服,我舒服得浑身流汗,仿佛洗的是土耳其蒸气浴。大会最后让我通过以后,我感动得真流下了眼泪,感到身轻体健,资产阶级思想仿佛真被廓清。

像我这样虔诚的信徒,还有不少,但是也有想蒙混过关的。有一位洗大盆的教授,小盆、中盆,不知洗过多少遍了,群众就是不让通过,终于升至大盆。他破釜沉舟,想一举过关。检讨得痛快淋漓,把自己骂得狗血喷头,连同自己的资产阶级父母,都被波及,他说了父母不少十分难听的话。群众大受感动。然而无巧不成书,主席瞥见他的检讨稿上用红笔写上了几个大字"哭"。每到这地方,他就号啕大哭。主席一宣布,群众大哗。结果如何,就不用说了。

跟着来的是批判电影《武训传》,批判《早春二月》,批判资产阶级学术思想,胡适、俞平伯都榜上有名。后面是揭露和批判胡风"反革命集团",这是属于敌我矛盾的事件。胡风本人以外,被牵涉到的人数不少,艺术界和学术界都有。附带进行了一次清查历史反革命的运动,自杀的人时有所闻。北大一位汽车司机告诉我,到了这样的时候,晚上开车,要十分警惕,怕冷不防有人从黑暗中一下子跳出来,甘愿做轮下之鬼。

到了1957年,政治运动达到了第一次高潮。从规模上来看,从声势上来看,从涉及面之广来看,从持续时间之长来看,都无愧是空前的。

最初只说是党内整风,号召大家提意见,"知无不言,言无不尽"。当时党的威信至高无上。许多爱护党而头脑简单的人,就真提开了意见,有的话说得并不好听,但是绝大部分人是出于一片赤诚之心,结果被揪住了辫子,划为右派。根据"上头"的意见,右派是敌我矛盾作为人民内部矛盾来处理,而且信誓旦旦说:右派永远不许翻案。

有些被抓住辫子的人恍然大悟:原来不是说不抓辫子,不打棍子,不戴帽子吗?这是不是一场阴谋?答曰:否,这不是阴谋,而是阳谋。到了此时,悔之晚矣。戴上右派帽子的人,虽说是人民内部,但是游离于敌我之间,徒倚于人鬼之隙,滋味是够受的。有的人到了20年之后才被摘掉帽子,然而老夫耄矣。无论如何,这证明了,共产党有改正错误的勇气,是有力量有信心的表现。

当时究竟划了多少右派,确数我不知道。听说右派是有指标的,这指标下达到每一个基层单位,如果没有完成,必须补划。传说出了不少笑话,这都先不去管它。有一件事情,我脑筋里开了点窍:这一场运动,同以前的运动一样,是针对知识分子的。我怀着根深蒂固的"原罪"感,衷心拥护这一场运动。

到了1958年,轰轰烈烈的反击右派运动逐渐接近了尾声。但是,车不能停驶,马不能停蹄,立即展开了新的运动,而且这一次运动在很多方面都超越了以前的运动。这一次是精神和物质一齐抓,既要解放生产力,又要肃清资产阶级思想。后者主要是针对学校里的教授,美其名曰:"拔白旗"。"白"就代表落后,代表倒退,代表资产阶级思想,是与代表前进,代表革命,代表无产阶级思想的"红"相对立的。大学里和中国科学院里一些"资产阶级教授",

狠狠地被拔了一下白旗。

前者则表现在大炼钢铁上。至于人民公社,则好像是兼而有之。"共产主义是天堂,人民公社是桥梁",是当时最响亮的口号,大炼钢铁实际上是一场巨大的灾难。全国人民响应号召,到处搜捡废铁,加以冶炼,这件事本来未可厚非。但是,废铁捡完了,为了完成指标,就把完整的铁器,包括煮饭的锅在内,砸成"废铁",回炉冶炼。全国各地,炼钢的小炉,灿若群星,日夜不熄,蔚为宇宙伟观。然而炼出来的却是一炉炉的废渣。

人人都想早上天堂,于是人民公社,一夜之间,遍布全国,适逢粮食丰收,大家敞开肚皮吃饭。个人的灶都撤掉了,都集中在公共食堂中吃饭。有的粮食烂在地里,无人收割。把群众运动的威力夸大到无边无际,把人定胜天的威力也夸大到无边无际。麻雀被定为四害之一,全国人民起来打之。把粮食的亩产量也无限夸大,从几百斤、几千斤,到几万斤。各地竞相弄虚作假,大放"卫星"。有人说,如果亩产几万斤,则一亩地里光麦粒或谷粒就得铺得老厚,那是完全不可信的。

那时我已经有48岁,不是小孩子了;我是受过高等教育、留过洋的大学教授,然而我对这一切都深信不疑。"人有多大胆,地有多大产",我是坚信的。我在心中还暗暗地嘲笑那一些"思想没有解放"的"胆小鬼",觉得唯我独马,唯我独革。

跟着来的是三年灾害。真是"自然灾害"吗?今天看来,未必是的。反正是大家都挨了饿。我在德国挨过5年的饿,"曾经沧海难为水",我现在一点没有感到难受,半句怪话也没有说过。

从全国形势来看,当时的政策已经"左"到不能再"左"的程度,当务之急当然是反"左"。据说中央也是这样打算的。但是,在庐山会议上,忽然杀出来一个彭德怀。他上了"万言书",说了几句真话,这就惹了大祸。于是一场反"左"变为反右。一直到今天,开国元勋中,我最崇拜、最尊敬的无过于彭大将军。他是一个难得的硬汉子,豁出命去也不阿谀奉承,代表了中华民族的浩然正气。

上面既然号召反右,那么就反吧。知识分子们经过十几年连续不断的运动,都已锻炼成了"运动健将",都已成了运动的内行里手。这一次我整你,下一次你整我,大家都已习惯这一套了。于是乱乱哄哄,时松时紧,时强时弱,一直反到社教运动。

据我看,社教运动实际上是"无产阶级文化大革命"的前奏曲。我现在就把这两场运动摆在一起来讲。

社会主义教育运动,北大是试点,先走了一步,运动开始后不久学校里就泾渭分明地分了派:被整的与整人的。我也懵懵懂懂地参加了整人的行列。可是有一件事情我不明白,也想不通,解放后第一次萌动了一点"反动思想":学校的领导都是上面派来的老党员、老干部,我们资产阶级知识分子并起不了多大作用,为什么上头的意思说我们"统治"了学校呢?我百思不得其解。

后来北京市委进行了干预,召开了国际饭店会议,为被批的校领导平反,这里就伏下了"文化大革命"的起因。

1965年秋天,我参加完了国际饭店会议,被派到京郊南口村去搞农村社教运动。在这里我们真成了领导了,党政财文大权统统掌握在我们手里。但是要求也是非常严格的:不许自己开火做饭,在全村轮流吃派饭,鱼肉蛋不许吃。自己的身份和工资不许暴露,当时农民每日工分不过三四角钱,我的工资是四五百,这样放了出去,怕农民吃惊。时隔31年,到了今天,再到农村去,我们工资的数目是不肯说,怕说出去让农民笑话。抚今追昔,真不禁感慨系之矣!

这一年的冬天，姚文痞的文章《评新编历史剧〈海瑞罢官〉》发表，敲响了"文化大革命"的钟声。所谓"三家村"的三位主人，我全认识，我在南口村无意中说了出来。这立即被我的一位"高足"牢记在心。后来在"文革"中，这位高足原形毕露。为了出人头地，颇多惊人之举，比如说贴口号式的大字报，也要署上自己的名字，引起了轰动。他对我也落井下石，把我"打"成了"三家村"的小伙计。

我于1966年6月4日奉召回校，参加"文化大革命"。最初的一个阶段，是批所谓"资产阶级学术权威"。这次运动又是针对知识分子的，是再明显不过的了，我自然在被批之列。我虽不敢以"学术权威"自命，但是，说自己是资产阶级，我则心悦诚服，毫无怨言，尽管运动来势迅猛，我没有费多大力量就通过了。

后来，北大成立了"革命委员会"，头子就是那位所谓写第一张"马列主义大字报"的"老佛爷"。此人是有后台的，广通声气，据说还能通天，与江青关系密切。她不学无术，每次讲话，必出错误，但是却骄横跋扈，炙手可热。此时她成了全国名人，每天到北大来"取经"朝拜的上万人，上十万人。弄得好端端一个燕园乱七八糟，乌烟瘴气。

随着运动的发展，北大逐渐分了派。"老佛爷"这一派叫"新北大公社"，是执掌大权的"当权派"。它的对立面叫"井冈山"，是被压迫的。两派在行动上很难说有多少区别，都搞打、砸、抢，都不懂什么叫法律。上面号召："革命无罪，造反有理。"这就是至高无上的法律。

我越过第一阵强烈的风暴，问题算是定了。我逍遥了一阵子，日子过得满惬意。如果我这样逍遥下去的话，太大的风险不会再有了。我现在无异是过了昭关的伍子胥。我是一个胆小怕事的人，这是常态;但是有时候我胆子又特别大。在我一生中,这样的情况也出现过几次,这是变态。及今思之,我这个人如果有什么价值的话,价值就表现在变态上。

这种变态在"文化大革命"又出现过一次。

在"老佛爷"仗着后台硬为所欲为无法无天的时候,校园里残暴野蛮的事情越来越多。抄家,批斗,打人,骂人,脖子上挂大木牌子,头上戴高帽子,任意污辱人,放胆造谣言,以至发展到用长矛杀人,不用说人性,连兽性都没有了。我认为这不符合群众路线,不符合什么人的"革命路线"。放着安稳的日子不过,我又发了牛脾气,自己跳了出来,其中危险我是知道的。我在日记里写过:"为了保卫什么人的革命路线,虽粉身碎骨,在所不辞。"这完全是真诚的,半点虚伪也没有。

同时,我还有点自信:我头上没有辫子,屁股上没有尾巴。我没有参加过国民党或任何反动组织,没有干反人民的事情。我怀着冒险、侥幸又还有点自信的心情,挺身出来反对那一位"老佛爷"。我完完全全是"自己跳出来"的。

没想到,也可以说是已经想到,这一跳就跳进了"牛棚"。我在群众中有一定的影响,我起来在太岁头上动土,"老佛爷"恨我入骨,必欲置之死地而后快。我被抄家,被批斗,被打得头破血流,鼻青脸肿。我并不是那种豁达大度什么都不在乎的人。我一时被斗得晕头转向,下定决心,自己结束自己的性命。决心既下,我心情反而显得异常平静,简直平静得有点可怕。我把历年积攒的安眠药片和药水都装到口袋里,最后看了与我共患难的婶母和老伴一眼,刚准备出门跳墙逃走,大门上响起了雷鸣般的撞门声:"新北大公社"的红卫兵来押解我到大饭厅去批斗了。这真正是千钧一发呀!这一场批斗进行得十分激烈,十分野蛮,我被打得躺在地上站不起来。然而我一下得到了"顿悟":一个人忍受挨打折磨的能力,是没有极限的。我能够忍受下去的!我不死了!我要活下去!

我的确活下来了。然而,在刚离开"牛棚"的时候,我已经虽生犹死,我成了一个半白痴,到商店去买东西,不知道怎样说话。让我抬起头来走路,我觉得不习惯。耳边不再响起"妈的!""混蛋!""王八蛋!"一类的词儿,我觉得奇怪。见了人,我是口欲张而嗫嚅,足欲行而趑趄。我几乎成了一具行尸走肉,我已经"异化"为"非人"。

我的确活下来了,然而一个念头老在咬我的心。我一向信奉的"士可杀,不可辱"的教条,怎么到了现在竟被我完全地抛到脑后了呢?我有勇气仗义执言,打抱不平,为什么竟没有勇气用自己的性命来抗议这种暴行呢?我有时甚至觉得,隐忍苟活是可耻的。然而,怪还不怪在我的后悔,而在于我在很长的时间内并没有把这件事同整个的"文化大革命"联系在一起。一直到1976年"四人帮"被打倒,我一直拥护七八年一次、一次七八年的"革命"。可见我的政治嗅觉是多么迟钝。

我做了四十多年的梦,我怀拥"原罪感"四十多年。上面提到的我那三个崇拜对象,我一直崇拜了四十多年。所有这一些对我来说是十分神圣的东西,都被"文革"打得粉碎,而今安在哉!我不否认,我这几个崇拜对象大部分还是好的,我不应从一个极端走向另一个极端。至于我衷心拥护了十年的"文化大革命",则另是一码事。这是中国历史上空前的最野蛮、最残暴、最愚昧、最荒谬的一场悲剧,它给伟大的中华民族脸上抹了黑。我们永远不应忘记!

"四人帮"垮台,"无产阶级文化大革命"结束以后,中央拨乱反正，实行了改革开放的政策，受到了全国人民的拥护。时间并不太长，取得的成绩有目共睹。在全国人民眼前，全国知识分子眼前，天日重明，又有了希望。

我在上面讲述了解放后四十多年来的遭遇和感受：在这一段时间内，我的心镜里照出来的是运动，运动，运动；照出来的是我个人和众多知识分子的遭遇；照出来的是我个人由懵懂到清醒的过程；照出来的是全国人民从政治和经济危机的深渊岸边回头走向富庶的转机。

我在20世纪生活了八十多年了。再过7年，这一世纪，这一千纪就要结束了。这是一个非常复杂、变化多端的世纪。我心里这一面镜子照见的东西当然也是富于变化的，五花八门的，但又多姿多彩的。它既照见了阳关大道，也照见了独木小桥；它既照见了山重水复，也照见了柳暗花明。我不敢保证我这一面心镜绝对通明锃亮，但是我却相信，它是可靠的，其中反映的倒影是符合实际的。

我揣着这一面镜子，一揣揣了八十多年。我现在怎样来评价镜子里照出来的20世纪呢？我现在怎样来评价镜子里照出来的我的一生呢？呜呼，概难言矣！概难言矣！"却道天凉好个秋"。我效法这一句词，说上一句：天凉好个冬！

只有一点我是有信心的：21世纪将是中国文化（东方文化的核心）复兴的世纪。现在世界上出现了许多影响人类生存前途的弊端，比如人口爆炸、大自然被污染、生态平衡被破坏、臭氧层被破坏、粮食生产有限、淡水资源匮乏，等等，这只有中国文化能克服，这就是我的最后信念。

1993年2月17日

老年谈老

老年谈老,就在眼前;然而谈何容易!原因何在呢?原因就在,自己有时候承认老,有时候又不承认,真不知道认何处谈起。

记得很多年以前,自己还不到六十岁的时候,有人称我为"季老",心中颇有反感,应之逆耳,不应又不礼貌,左右两难,极为尴尬。然而曾几何时,在不知不觉中,渐渐地听得入耳了,有时甚至还有点甜蜜感。自己吃了一惊:原来自己真是老了,而且也承认老了。至于这个大转变是从什么时候开始的,自己有点茫然懵然,我正在推敲而且研究。

不管怎样,一个人承认老是并不容易的。我的一位九十岁出头的老师有一天对我说,他还不觉得老,其他可知了。我认为,在这里关键是一个"渐"字。若干年前,我读过丰子恺先生一篇含有浓厚哲理的散文,讲的就是这个"渐"字。这个字有大神通力,它在人生中的作用决不能低估。人们有了忧愁痛苦,如果不渐渐地淡化,则一定会活不下去的。人们逢到极大的喜事,如果不渐渐地恢复平静,则必然会忘乎所以,高兴得发狂。人们进入老境,也是逐渐感觉到的。能够感觉到老,其妙无穷。人们渐渐地觉得老了,从积极方面来讲,它能够提醒你:一个人的岁月决不是取之不尽用之不竭的,应该抓紧时间,把想做的事情做完、做好,免得无常一到,后悔无及。从消极方面来讲，一想到自己的年龄，那些血气方刚时干的勾当就不应该再去硬干。个别喜欢争名于朝、争利于市的人，或许也能收敛一点。老之为用大矣哉！

我自己是怎样对待老年的呢？说来也颇为简单。我虽年届耄耋，内部零件也并不都非常健全；但是我处之泰然。我认为，人上了年纪，有点这样那样的病，是合乎自然规律的，用不着大惊小怪。如果年老了，硬是一点病都没有，人人活上二三百岁甚至更长的时间，那么今年狂呼"老龄社会"者，恐怕连嗓子也会喊哑，而且吓得浑身发抖，连地球也会被压塌的。我不想做长生的梦。我对老年，甚至对人生的态度是道家的。我信奉陶渊明的两句诗：

纵浪大化中

不喜亦不惧

这就是我对待老年的态度。

看到我已经有了一把子年纪，好多人都问我：有没有什么长寿秘诀。我的答复是：我的秘诀就是没有秘诀，或者不要秘诀。我常常看到有一些相信秘诀的人，禁忌多如牛毛。这也不敢吃，那也不敢尝，比如，吃鸡蛋只吃蛋清，不吃蛋黄，因为据说蛋黄胆固醇高；动物内脏决不入口，同样因为胆固醇高。有的人吃一个苹果要消三次毒，然后削皮；削皮用的刀子还要消毒，不在话下；削了皮以后，还要消一次毒，此时苹果已经毫无苹果味道，只剩下消毒药水味了。从前有一位化学系的教授，吃饭要仔细计算卡路里的数量，再计算维生素的数量，吃一顿饭用的数学公式之多等于一次实验。结果怎样呢？结果每月饭费超过别人十倍，而人却瘦成一只干巴鸡。一个人到了这个地步，还有什么人生之乐呢？如果再戴上放大百倍的显微镜眼镜，则所见者无非细菌，试问他还能活下去吗？

至于我自己呢，我决不这样做，我一无时间，二无兴趣。凡是我觉得好吃的东西我就吃，不好吃的我就不吃，或者少吃，卡路里维生素统统见鬼去吧！心里没有负担，胃口自然就好，吃进去的东西都能很好地消化。再辅之以腿勤、手勤、脑勤，自然百病不生了。脑勤我认为尤其重要。如果非要让我讲出一个秘诀不行的话，那么我的秘诀就是：千万不要让脑筋懒惰，脑筋要永远不停地思考问题。

我已年届耄耋，但是，专就北京大学而论，倚老卖老，我还没有资格。在教授中，按年龄排队，我恐怕还要排到二十多位以后。我幻想眼前有一个按年龄顺序排列的向八宝山进军的北大教授队伍，我后面的人当然很多。但是向前看，我还算不上排头，心里颇得安慰，并不着急。可是偏有一些排在我后面的比我年轻的人，风风火火，抢在我前面，越过排头，登上山去。我心里实在非常惋惜，又有点怪他们。今天我国的平均寿命已经超过七十岁，比解放前增加了一倍，你们正在精力旺盛时期，为国效力，正是好时机，为什么非要抢先登山不行呢？这我无法阻拦，恐怕也非本人所愿。不过我已下定决心，决不抢先夹塞。

不抢先夹塞活下去目的何在呢？要干些什么事呢？我一向有一个自己认为是正确的看法：人吃饭是为了活着，但活着却不是为了吃饭。到了晚年，更是如此。我还有一些工作要做，这些工作对人民对祖国都还是有利的，不管这个"利"是大是小。我要把这些工作做完，同时还要再给国家培养一些人才。我仍然要老老实实干活，清清白白做人；决不干对不起祖国和人民的事；要尽量多为别人着想少考虑自己的得失。人过了八十，金钱富贵等同浮云，要多为下一代操心，少考虑个人名利，写文章决不剽窃抄袭，欺世盗名。等到非走不行的时候，就顺其自然，坦然离去，无愧于个人良心，则吾愿足矣。

要说的话已经说完，但是我还想借这个机会发点牢骚。我在上面提到"老龄社会"这个词儿,这个概念我是懂得的,有一些措施我也是赞成的。什么干部年轻化,教师年轻化,我都举双手赞成。但是我对报纸上天天大声叫嚷"老龄社会",却有极大的反感。好像人一过六十就成了社会的包袱,成了阻碍社会进步的绊脚石,我看有点危言耸听,不知道用意何在。我自己已是老人,我也观察过许多别的老人。他们中游手好闲者有之,躺在医院里不能动的有之,天天提鸟笼持钩竿者有之,如此等等,不一而足。但这只是少数,并不是老人的全部。还有不少老人虽然已经寿登耄耋,年逾期颐,向着百寿甚至茶寿进军,但仍然勤勤恳恳,焚膏继晷,兀兀穷年,难道这样一些人也算是社会的包袱吗?我倒不一定赞成"姜是老的辣"这样一句话。年轻人朝气蓬勃,是我们未来希望之所在,让他们登上要路津,是完全必要的。但是对老年人也不必天天絮絮叨叨,耳提面命:"你们已经老了!你们已经不行了!对老龄社会的形成你们不能辞其咎呀!"这样做有什么用处呢?随着生活的日益改善,人们的平均寿命还要提高,将来老年人在社会中所占的比例还要提高。即使你认为这是一件坏事,你也没有法子改变。听说从前钱玄同先生主张,人过四十一律枪毙。这只是愤激之辞,有人作诗讽刺他自己也活过了四十而照样活下去。我们有人老是为社会老龄化担忧,难道能把六十岁以上的人统统赐自尽吗?老龄化同人口多不是一码事。担心人口爆炸,用计划生育的办法就能制止。老龄化是自然趋势,而且无法制止。既然无法制止,就不必瞎嚷,这是徒劳无益的。我总怀疑,"老龄化"这玩意儿也是从外国进口的舶来品。西方人有同我们不同的伦理观念,我们大可以不必西施效颦。质诸高明,以为如何?

牢骚发完,文章告终,过激之处,万望包容。

1991年7月15日

老年四"得"

著名的历史学家周一良教授,在他去世前的一段时间内,在一些公开场合,讲了他的或者他听到的老年健身法门。每一次讲,他都是眉开眼笑、眉飞色舞,十分投入。他讲了四句话:吃得进,拉得出,睡得着,想得开。这话我曾听过几次。我在心里第一个反应是:这有什么好讲的呢?不就是这样子吗?

一良先生不幸逝世以后,迫使我时常想到一些与他有关的事情,以上四句话,四个"得",当然也在其中。我越想越觉得,这四句话确实很平凡;但是,人世间真正的真理不都是平凡的吗?真理蕴藏于平凡中,世事就是如此。

前三句话,就是我们所说的吃喝拉撒睡那一套,是每一个人每天都必须处理的,简直没有什么还值得考虑和研究的价值,但这是年青人和某一些中年人的看法。当年我在清华大学读书的时候,从来没想到这四个"得"的问题,因为它们不成问题。当时听说一个个子高大的同学患失眠症,我大惊失色。我睡觉总是睡不够的,一个人怎么会能失眠呢?失眠对我来说简直像是一个神话。至于吃和拉,更是不在话下。每一顿饭,如果少吃了一点,则不久就感到饿意。二战期间我在德国时,饿得连地球都想吞下去(借用俄国文豪果戈里《巡按使》中的话)。有一次下乡帮助农民摘苹果,得到四五斤土豆，我回家后一顿吃光，幸而没有撑死。怎么能够吃不下呢？直到八十岁，拉对我也从来没有成为问题。

可是，"如今一切都改变"。前三个"得"，对我都成问题了。三天两头，总要便秘一次。吃了三黄片或果导，则立即变为腹泻。弄得我束手无策，不知所措。至于吃，我可以说，现在想吃什么就有什么。然而有时却什么也不想吃。偶尔有点饿意，便大喜若狂，昭告身边的朋友们："我害饿了！"睡眠则多年来靠舒乐安定过日子。不值一提了。

我认为，周一良先生的四"得"的要害是第四个，也就是"想得开"。人，虽自称为"万物之灵"，对于其他生物可以任意杀害，也并不总是高兴的。常言道："不如意事常八九，可与言人无二三"，这两句话对谁都适合。连叱咤风云的君王和大独裁者，以及手持原子弹吓唬别的民族的新法西斯头子，也不会例外。对待这种情况，万应神药只有一味，就是"想得开"。可惜绝大多数人做不到。尤其是我提到的三种人。他们想不开，也根本不想想得开。最后只能成为不齿于人类的狗屎堆。

想不开的事情很多，但统而言之不出名利二字，所谓"名缰利索"者便是。世界上能有几人真正逃得出这个缰和这条索？对于我们知识分子，名缰尤其难逃。逃不出的前车之鉴比比皆是。周一良先生的第四"得"，我们实在应深思。它不但适用于老年人，对中青年人也同样适用。

2002年6月16日

老年十忌

我已经在本栏写过谈老年的文章,意犹未尽,再写"十忌"。

忌,就是禁忌,指不应该做的事情。人的一生,都有一些不应该做的事情,这是共性。老年是人生的一个阶段,有一些独特的不应该做的事情,这是特性,老年禁忌不一定有十个。我因受传统的"十全大补"、"某某十景"之类的"十"字迷的影响,姑先定为十个。将来或多或少,现在还说不准。骑驴看唱本,走着瞧吧。

一忌:说话太多。

说话,除了哑巴以外,是每人每天必有的行动。有的人喜欢说话,有的人不喜欢,这决定于一个人的秉性,不能强求一律。我在这里讲忌说话太多,并没有"祸从口出"或"金人三缄其口"的涵义。说话惹祸,不在话多话少,有时候,一句话就能惹大祸。口舌惹祸,也不限于老年人,中年和青年都可能由此致祸。

我先举几个例子。

某大学有一位老教授,道德文章,有口皆碑。虽年逾耄耋,而思维敏锐,说话极有条理。不足之处是:一旦开口,就如悬河泄水,滔滔不绝;又如开了闸,再也关不住,水不断涌出。在那个大学里流传着一个传说:在学校召开的会上,某老一开口发言,有的人就退席回家吃饭,饭后再回到会场,某老谈兴正浓。据说有一次博士生答辩会，规定开会时间为两个半小时，某老参加，一口气讲了两个小时，这个会会是什么结果，答辩委员会的主席会有什么想法和措施，他会怎样抓耳挠腮，坐立不安，概可想见了。

另一个例子是一位著名的敦煌画家。他年轻的时候，头脑清楚，并不喜欢说话。一进入老境，脾气大变，也许还有点老年痴呆症的原因，说话既多又不清楚。有一年，在北京国家图书馆新建的大礼堂中召开中国敦煌吐鲁番学会的年会，开幕式必须请此老讲话。我们都知道他有这个毛病，预先请他夫人准备了一个发言稿，简捷而扼要，塞入他的外衣口袋里，再三叮嘱他，念完就退席。然而，他一登上主席台就把此事忘得一干二净，摆开架子，开口讲话，听口气是想从开天辟地讲起，如果讲到那一天的会议，中间至少有3000年的距离，主席有点沉不住气了。我们连忙采取紧急措施，把他夫人请上台，从他口袋里掏出发言稿，让他照念，然后下台如仪，会议才得以顺利进行。

类似的例子还可以举出一些来，我不再举了。根据我个人的观察，不是每一个老人都有这个小毛病，有的人就没有。我说它是"小毛病"，其实并不小。试问，我上面举出的开会的例子，难道那还不会制造极为尴尬的局面吗？当然，话又说了回来，爱说长话的人并不限于老年，中青年都有，不过以老年为多而已。因此，我编了四句话，奉献给老人：年老之人，血气已衰；煞车失灵，戒之在说。

二忌：倚老卖老。

五十年代和六十年代前期，中国政治生活还比较（我只说是"比较"）正常的时候，周恩来招待外宾后，有时候会把参加招待的中国同志在外宾走后留下来，谈一谈招待中有什么问题或纰漏，有点总结经验的意味。这时候刚才外宾在时严肃的场面一变而为轻松活泼,大家都争着发言,谈笑风生,有时候一直谈到深夜。

有一次,总理发言时使用了中国常见的"倚老卖老"这个词儿。翻译一时有点迟疑,不知道怎样恰如其分地译成英文。总理注意到了,于是在客人走后就留下中国同志,议论如何翻译好这个词儿。大家七嘴八舌,最终也没能得出满意的结论。我现在查了两部《汉英词典》,都把这个词儿译为:To take advantage of one's seniority or old age. 意思是利用自己的年老,得到某一些好处,比如脱落形迹之类。我认为基本能令人满意的;但是"达到脱落形迹的目的",似乎还太狭隘了一点,应该是"达到对自己有利的目的"。

人世间确实不乏"倚老卖老"的人,学者队伍中更为常见。眼前请大家自己去找。我讲点过去的事情,故事就出在清吴敬梓的《儒林外史》中。吴敬梓有刻画人物的天才,着墨不多,而能活灵活现。第十八回,他写了两个时文家。胡三公子请客:

四位走进书房,见上面席间先坐着两个人,方巾白须,大模大样,见四位进来,慢慢立起身。严贡生认得,便上前道:"卫先生、随先生都在这里,我们公揖。"当下作过了揖,请诸位坐。那卫先生、随先生也不谦让,仍旧上席坐了。

倚老卖老,架子可谓十足。然而本领却并不怎么样,他们的诗,"且夫"、"尝谓"都写在内,其余也就是文章批语上采下来的几个字眼。一直到今天,倚老卖老,摆老架子的人大都如此。

平心而论,人老了,不能说是什么好事,老态龙钟,惹人厌恶;但也不能说是什么坏事。人一老,经验丰富,识多见广。他们的经验,有时会对个人甚至对国家是有些用处的。但是,这种用处是必须经过事实证明的,自己一厢情愿地认为有用处,是不会取信于人的。另外,根据我个人的体验与观察,一个人,老年人当然也包括在里面，最不喜欢别人瞧不起他。一感觉到自己受了怠慢，心里便不是滋味，甚至怒从心头起，拂袖而去。有时闹得双方都不愉快，甚至结下怨仇。这是完全要不得的。一个人受不受人尊敬，完全决定了你有没有值得别人尊敬的地方。在这里，摆架子，倚老卖老，都是枉然的。

三忌：思想僵化。

人一老，在生理上必然会老化；在心理上或思想上，就会僵化。此事理之所必然，不足为怪。要举典型，有鲁迅的九斤老太在。

从生理上来看，人的躯体是由血、肉、骨等物质的东西构成的，是物质的东西就必然要变化、老化，以至消逝。生理的变化和老化必然影响心理或思想，这是无法抗御的。但是，变化、老化或僵化却因人而异，并不能一视同仁。有的人早，有的人晚；有的人快，有的人慢。所谓老年痴呆症，只是老化的一个表现形式。

空谈无补于事，试举一标本，加以剖析。远在天边，近在眼前，标本就是我自己。

我已届九旬高龄，古今中外的文人能活到这个年龄者只占极少数。我不相信这是由于什么天老爷、上帝或佛祖的庇佑，而是享了新社会的福。现在，我目虽不太明，但尚能见物；耳虽不太聪，但尚能闻声。看来距老年痴呆和八宝山还有一段距离，我也还没有这样的计划。

但是，思想僵化的迹象我也是有的。我的僵化同别人或许有点不同：它一半自然，一半人为；前者与他人共之，后者则为我所独有。

我不是九斤老太一党，我不但不认为"一代不如一代"，而且确信"雏凤清于老凤声"。可是最近几年来，一批"新人类"或"新新人类"脱颖而出,他们好像是一批外星人,他们的思想和举止令我迷惑不解,惶恐不安。这算不算是自然的思想僵化呢?

至于人为的思想僵化,则多一半是一种逆反心理在作祟。就拿穿中山装来做例子,我留德十年,当然是穿西装的。解放以后,我仍然有时改着西装。可是改革开放以来,不知从哪吹来了一股风,一夜之间,西装遍神州大地矣。我并不反对穿西装;但我不承认西装就是现代化的标志,而且打着领带锄地,我也觉得滑稽可笑。于是我自己就"僵化"起来,从此再不着西装,国内国外,大小典礼,我一律蓝色卡其布中山装一袭,以不变应万变矣。

还有一个"化",我不知道怎样称呼它。世界科技进步,一日千里,没有科技,国难以兴,事理至明,无待赘言。科技给人类带来的幸福,也是有目共睹的。但是,它带来了危害,也无法掩饰。世界各国现在都惊呼环保,环境污染难道不是科技发展带来的吗?犹有进者。我突然感觉到,科技好像是龙虎山张天师镇妖瓶中放出来的妖魔,一旦放出来,你就无法控制。只就克隆技术一端言之,将来能克隆人,指日可待。一旦实现,则人类社会迄今行之有效的法律准则和伦理规范,必遭破坏。将来的人类社会变成什么样的社会呢?我有点不寒而栗。这似乎不尽属于"僵化"范畴,但又似乎与之接近。

四忌:不服老。

服老,《现代汉语词典》的解释:"承认年老",可谓简明扼要。人上了年纪,是一个客观事实,服老就是承认它,这是唯物主义的态度。反之,不承认,也就是不服老倒迹近唯心了。

中国古代的历史记载和古典小说中,不服老的例子不可胜数,尽人皆知,无须列举。但是,有一点我必须在这里指出来:古今论者大都为不服老唱赞歌,这有点失于偏颇,绝对地无条件地赞美不服老，有害无益。

空谈无补，举几个实例，包括我自己。

1949年春夏之交，解放军进城还不太久，忘记了是出于什么原因，毛泽东的老师徐特立约我在他下榻的翠明庄见面。我准时赶到，徐老当时年已过八旬，从楼上走下，卫兵想去扶他，他却不停地用胳膊肘捣卫兵的双手，一股不服老的劲头至今给我留下了难忘的印象。

再一个例子是北大二十年代的教授陈翰笙先生。陈先生生于1896年，跨越了三个世纪，至今仍然健在。他晚年病目失明，但这丝毫也没有影响了他的活动，有会必到。有人去拜访他，他必把客人送到电梯门口。有时还会对客人伸一伸胳膊，踢一踢腿，表示自己有的是劲。前几年，每天还安排时间教青年英文，分文不取。这样的不服老我是钦佩的。

也有人过于服老。年不到五十，就不敢吃蛋黄和动物内脏，怕胆固醇增高。这样的超前服老，我是不敢钦佩的。

至于我自己，我先讲一段经历。是在1995年，当时我已经达到了八十四岁高龄。然而我却丝毫没有感觉到，不知老之已至，正处在平生写作的第二个高峰中。每天跑一趟大图书馆，几达两年之久，风雪无阻。我已经有点忘乎所以了。一天早晨，我照例四点半起床，到东边那一单元书房中去写作。一转瞬间，肚子里向我发出信号：该填一填它了。一看表，已经六点多了。于是我放下笔，准备回西房吃早点。可是不知是谁把门从外面锁上了，里面开不开。我大为吃惊，回头看到封了顶的阳台上有一扇玻璃窗可以打开。我于是不假思索，立即开窗跳出，从窗口到地面约有一米八高。我一堕地就跌了一个大马趴，脚后跟有点痛。旁边就是洋灰台阶的角，如果脑袋碰上，后果真不堪设想，我后怕起来了。我当天上下午都开了会,第二天又长驱数百里到天津南开大学去做报告。脚已经肿了起来。第三天,到校医院去检查,左脚跟有点破裂。

我这样的不服老,是昏聩糊涂的不服老,是绝对要不得的。

我在上面讲了不服老的可怕,也讲到了超前服老的可笑。然则何去何从呢?我认为,在战略上要不服老,在战术上要服老,二者结合,庶几近之。

五忌:无所事事。

这是一个比较复杂的问题,必须细致地加以分析,区别对待,不能一概而论。

达官显宦,在退出政治舞台之后,幽居府邸,"庭院深深深几许",我辈槛外人无法窥知,他们是无所事事呢,还是有所事事,无从谈起,姑存而不论。

富商大贾,一旦钱赚够了,年纪老了,把事业交给儿子、女儿或女婿,他们是怎样度过晚年的,我们也不得而知,我们能知道的只是钞票不能拿来炒着吃。这也姑且存而不论。

说来说去,我所能够知道的只是工、农和知识分子这些平头老百姓。中国古人说:"一事不知,儒者之耻。"今天,我这个"儒者"却无论如何也没有胆量说这样的大话。我只能安分守己,夹起尾巴来做人,老老实实地只谈论老百姓的无所事事。

我曾到过承德,就住在避暑山庄对面的一个旅馆里。每天清晨出门散步,总会看到一群老人,手提鸟笼,把笼子挂在树枝上,自己则分坐在山庄门前的石头上,"闲坐说玄宗"。一打听,才知道他们多是旗人,先人是守卫山庄的八旗兵,而今老了,无所事事,只有提鸟笼子。试思:他们除了提鸟笼子外还能干什么呢?他们这种无所事事,不必探究。

北大也有一批退休的老工人,每日以提鸟笼为业。过去他们常聚集在我住房附近的一座石桥上,鸟笼也是挂在树枝上,笼内鸟儿放声高歌,清脆嘹亮。我走过时,也禁不住驻足谛听,闻而乐之。这一群工人也可以说是无所事事,然而他们又怎样能有所事事呢?

现在我只能谈我自己也是其中一分子,因而我最了解情况的知识分子。国家给年老的知识分子规定了退休年龄,这是合情合理的,应该感激的。但是,知识分子行当不同,身体条件也不相同。是否能做到老有所为,完全取决于自己,不取决于政府。自然科学和技术,我不懂,不敢瞎说。至于人文社会科学,则我是颇为熟悉的。一般说来,社会科学的研究不靠天才火花一时的迸发,而靠长期积累。一个人到了六十多岁退休的关头,往往正是知识积累和资料积累达到炉火纯青的时候。一旦退下,对国家和个人都是一个损失。有进取心有干劲者,可能还会继续干下去的。可是大多数人则无所事事。我在南北几个大学中都听到了有关"散步教授"的说法,就是一个退休教授天天在校园里溜达,成了全校著名的人物。我没同"散步教授"谈过话,不知道他们是怎样想的。估计他们也不会很舒服。锻炼身体,未可厚非。但是,整天这样"锻炼",不也太乏味太单调了吗?学海无涯,何妨再跳进去游泳一番,再扎上两个猛子,不也会身心两健吗?蒙田说得好:"如果大脑有事可做,有所制约,它就会在想象的旷野里驰骋,有时就会迷失方向。"

六忌:提当年勇。

我做了一个梦。我驾着祥云或别的什么云,飞上了天宫,在凌霄宝殿多功能厅里,参加了一个务虚会。

第一个发言的是项羽。他历数早年指挥雄师数十万,横行天下,各路诸侯皆俯首称臣,他是诸侯盟主,颐指气使,没有敢违抗者。

鸿门设宴,吓得刘邦像一只小耗子一般。说到尽兴处,手舞足蹈,唾沫星子乱溅。这时忽然站起来了一位天神,问项羽:四面楚歌,乌江自刎是怎么一回事呀?项羽立即垂下了脑袋,仿佛是一个泄了气的皮球。

第二个发言的是吕布,他手握方天画戟,英气逼人。他放言高论,大肆吹嘘自己怎样戏貂婵,杀董卓,为天下人民除害;虎牢关力敌关、张、刘三将,天下无敌。正吹得眉飞色舞,一名神仙忽然高声打断了他的发言:"白门楼上向曹操下跪,恳求饶命,大耳贼刘备一句话就断送了你的性命,是怎么一回事呢?"吕布面色立变,流满了汗,立即下台,像一只斗败了的公鸡。

第三个发言的是关羽。他久处天宫,大地上到处都有关帝庙,房子多得住不过来。他威仪俨然,放不下神架子。但发言时,一谈到过五关斩六将,用青龙偃月刀挑起曹操捧上的战袍时,便不禁圆睁丹凤眼,猛抖卧蚕眉,兴致淋漓,令人肃然。但是又忽然站起了一位天官,问道:"夜走麦城是怎么一回事呢?"关公立即放下神架子,神色仓皇,脸上是否发红,不得而知,因为他的脸本来就是红的。他跳下讲台,在天宫里演了一出夜走麦城。

我听来听去,实在厌了,便连忙驾祥云回到大地上,正巧落在绍兴,又正巧阿Q被小D抓住辫子往墙上猛撞,阿Q大呼:"我从前比你阔得多了!"可是小D并不买账。

谁一看都能知道,我的梦是假的。但是,在芸芸众生中,特别是在老年中,确有一些人靠自夸当年勇来过日子。我认为,这也算是一种自然现象。争胜好强也许是人类的一种本能。但一旦年老,争胜有心,好强无力,便难免产生一种自卑情结。可又不甘心自卑,于是只有自夸当年勇一途,可以聊以自慰。对于这种情况,别人是爱莫能助的。"解铃还是系铃人",只有自己随时警惕。

现在有一些得了世界冠军的运动员有一句口头禅:从零开始。意思是,不管冠军或金牌多么灿烂辉煌,一旦到手,即成过去,从现在起又要从零开始了。

我觉得,从零开始是唯一正确的想法。

七忌:自我封闭。

这里专讲知识分子,别的界我不清楚。但是,行文时也难免涉及社会其他阶层。

中国古人说:"人生识字忧患始"。其实不识字也有忧患。道家说,万物方生方死。人从生下的一刹那开始,死亡的历程也就开始了。这个历程可长可短,长可能到 100 年或者更长,短则几个小时,几天,少年夭折者有之,英年早逝者有之,中年弃世者有之,好不容易,跌跌撞撞,坎坎坷坷,熬到了老年,早已心力交瘁了。

能活到老年,是一种幸福,但也是一种灾难。并不是每一个人都能活到老年,所以说是幸福;但是老年又有老年的难处,所以说是灾难。

老年人最常见的现象或者灾难是自我封闭。封闭,有行动上的封闭,有思想感情上的封闭,形式和程度又因人而异。老年人有事理广达者,有事理欠通达者。前者比较能认清宇宙万物以及人类社会发展的规律,了解到事物的改变是绝对的,不变是相对的,千万不要要求事物永恒不变。后者则相反,他们要求事物永恒不变;即使变,也是越变越坏,上面讲到的九斤老太就属于此类人。这一类人,即使仍然活跃在人群中,但在思想感情方面,他们却把自己严密地封闭起来了。这是最常见的一种自我封闭的形式。

空言无益,试举几个例子。

我在高中读书时,有一位教经学的老师,是前清的秀才或举人。五经和四书背得滚瓜烂熟,据说还能倒背如流。他教我们《书经》和《诗经》,从来不带课本,业务是非常熟练的。可学生并不喜欢他。因为他张口闭口:"我们大清国怎样怎样。"学生就给他起了一个诨名"大清国",他真实的姓名反隐而不彰了。我们认为他是老顽固,他认为我们是新叛逆。我们中间不是代沟,而是万丈深渊,是他把自己完全封闭起来了。

再举一个例子。我有一位老友,写过新诗,填过旧词,毕生研究中国文学史,都达到了相当高的水平。他为人随和,性格开朗,并没有什么乖僻之处。可是,到了最近几年,突然产生了自我封闭的现象,不参加外面的会,不大愿意见人,自己一个人在家里高声唱歌。我曾几次以老友的身份,劝他出来活动活动,他都婉言拒绝。他心里是怎样想的,至今对我还是一个谜。

我认为,老年人不管有什么形式的自我封闭现象,都是对个人健康不利的。我奉劝普天下老年人力矫此弊。同青年人在一起,即使是"新新人类"吧,他们身上的活力总会感染老年人的。

八忌:叹老嗟贫。

叹老嗟贫,在中国的读书人中,是常见的现象,特别是所谓怀才不遇的人们中,更是特别突出。我们读古代诗文,这样的内容随时可见。在现代的知识分子中,这种现象比较少见了,难道这也是中国知识分子进化或进步的一种表现吗?

我认为,这是一个十分值得研究的课题。它是中国知识分子学和中西知识分子比较学的重要内容。

我为什么又拉扯上了西方知识分子呢?因为他们与中国的不同,是现成的参照系。

西方的社会伦理道德标准同中国不同,实用主义色彩极浓。一个人对社会有能力做贡献,社会就尊重你。一旦人老珠黄,对社会没有用了,社会就丢弃你,包括自己的子孙也照样丢弃了你,社会舆论不以为忤。当年我在德国哥廷根时,章士钊的夫人也同儿子住在那里,租了一家德国人的三楼居住。我去看望章伯母时,走过二楼,经常看到一间小屋关着门,门外地上摆着一碗饭,一丝热气也没有。我最初认为是喂猫或喂狗用的。后来一打听,才知道是给小屋内卧病不起的母亲准备的饭菜。同时,房东还养了一条大狼狗,一天要吃一斤牛肉。这种天上人间的情况无人非议,连躺在小屋内病床上的老太太大概也会认为所有这一切都是顺理成章的吧。

在这种狭隘的实用主义大潮中,西方的诗人和学者极少极少写叹老嗟贫的诗文。同中国比起来,简直不成比例。

在中国,情况则大大地不同。中国知识分子一向有"学而优则仕"的传统。过去一千多年以来,仕的途径只有一条,就是科举。"千军万马过独木桥",所有的读书人都拥挤在这一条路上,从秀才——举人向上爬,爬到进士参加殿试,僧多粥少,极少数极幸运者可以爬完全程,"仕宦而至将相,富贵而归故乡",达到这个目的万中难得一人。大家只要读一读《儒林外史》,便一目了然。在这样的情况下,倘若科举不利,老而又贫,除了叹老嗟贫以外,实在无路可走了。古人说:"诗必穷而后工",其中"穷"字也有科举不利这个涵义。古代大官很少有好诗文传世,其原因实在耐人寻味。

今天,时代变了。但是"学而优则仕"的幽灵未泯,学士、硕士、博士、院士代替了秀才、举人、进士、状元。骨子里并没有大变。在当今知识分子中,一旦有了点成就,便立即披上一顶乌纱帽,这现象难道还少见吗?

今天的中国社会已能跟上世界潮流,但是,封建思想的残余还不容忽视。我们都要加以警惕。

九忌:老想到死。

好生恶死,为所有生物之本能。我们只能加以尊重,不能妄加评论。

作为万物之灵的人,更是不能例外。俗话说:"黄泉路上无老少。"可是人一到了老年,特别是耄耋之年,离那个长满了野百合花的地方越来越近了,此时常想到死,更是非常自然的。

今人如此,古人何独不然!中国古代的文学家、思想家、骚人、墨客大都关心生死问题。根据我个人的思考,各个时代是颇不相同的。两晋南北朝时期似乎更为关注。粗略地划分一下,可以分为三派。第一派对死十分恐惧,而且十分坦荡地说了出来。这一派可以江淹为代表。他的《恨赋》一开头就说:"试望平原,蔓草萦骨,拱木敛魂。人生到此,天道宁论。"最后几句话是:"自古皆有死。莫不饮恨而吞声!"话说得再清楚不过了。

第二派可以"竹林七贤"为代表。《世说新语·任诞等二十三》第一条就讲到阮籍、嵇康、山涛、刘伶、阮咸、向秀和王戎"常集于竹林之中,肆意酣畅"。这是一群酒徒。其中最著名的刘伶命人荷锹跟着他,说:"死便埋我!"对死看得十分豁达。实际上,情况正相反,他们怕死怕得发抖,聊作姿态以自欺欺人耳。其中当然还有逃避残酷的政治迫害的用意。

第三派可以陶渊明为代表。他的意见具见他的诗《神释》中。诗中有这样的话:"老少同一死,贤愚无复数。日醉或能忘,将非促龄具!立善常所欣,谁当为此举?甚念伤吾生,正宜委运去。纵浪大化中,不喜亦不惧。应尽便须尽,无复独多虑。"他反对酣酒麻醉自己，也反对常想到死。我认为，这是最正确的态度。最后四句诗成了我的座右铭。

我在上面已经说到，老年人想到死，是非常自然的。关键是：想到以后，自己抱什么态度。惶惶不可终日，甚至饮恨吞声，最要不得，这样必将成陶渊明所说的"促龄具"。最正确的态度是顺其自然，泰然处之。

鲁迅不到五十岁，就写了有关死的文章。王国维则说："五十之年，只欠一死。"结果投了昆明湖。我之所以能泰然处之，有我的特殊原因。"十年浩劫"中，我已走到过死亡的边缘上，一个千钧一发的偶然性救了我。从那以后，多活一天，我都认为是多赚的。因此就比较能对死从容对待了。

我在这里诚挚奉劝普天之下的年老又通达事情的人，偶尔想一下死，是可以的，但不必老想。我希望大家都像我一样，以陶渊明《神释》诗最后四句为座右铭。

十忌：愤世嫉俗。

愤世嫉俗这个现象，没有时代的限制，也没有年龄的限制。古今皆有，老少具备，但以年纪大的人为多。它对人的心理和生理都会有很大的危害，也不利于社会的安定团结。

世事发生必有其因。愤世嫉俗的产生也自有其原因。归纳起来，约有以下诸端：

首先，自古以来，任何时代，任何朝代，能完全满足人民大众的愿望者，绝对没有。不管汉代的文景之治怎样美妙，唐代的贞观之治和开元之治怎样理想，宫廷都难免腐败，官吏都难免贪污，百姓就因而难免不满，其尤甚者就是愤世嫉俗。

其次，"学而优则仕"达不到目的，特别是科举时代名落孙山者，人不在少数，必然愤世嫉俗。这在中国古代小说中可以找出不少的典型。

再次，古今中外都不缺少自命天才的人。有的真有点天才或者才干，有的则只是个人妄想，但是别人偏不买账，于是就愤世嫉俗。其尤甚者，如西方的尼采要"重新估定一切价值"，又如中国的徐文长。结果无法满足，只好自己发了疯。

最后，也是最常见的，对社会变化的迅猛跟不上，对新生事物看不顺眼，是九斤老太一党；九斤老太不识字，只会说："一代不如一代"，识字的知识分子，特别是老年人，便表现为愤世嫉俗，牢骚满腹。

以上只是一个大体的轮廓，不足为据。

在中国文学史上，愤世嫉俗的传统，由来已久。《楚辞》的"黄钟毁弃，瓦釜雷鸣"等语就是最早的证据之一。以后历代的文人多有愤世嫉俗之作，形成了知识分子性格上的一大特点。

我也算是一个知识分子，姑以我自己为麻雀，加以剖析。愤世嫉俗的情绪和言论，我也是有的。但是，我又有我自己的表现方式。我往往不是看到社会上的一些不正常现象而牢骚满腹，怪话连篇，而是迷惑不解，惶恐不安。我曾写文章赞美过代沟，说代沟是人类进步的象征。这是我真实的想法。可是到了目前，我自己也傻了眼，横亘在我眼前的像我这样老一代人和一些"新人类"、"新新人类"之间的代沟，突然显得其阔无限，其深无底，简直无法逾越了，仿佛把人类历史断成了两截。我感到恐慌，我不知道这样发展下去将伊于胡底。我个人认为，这也是愤世嫉俗的一种表现形式，是要不得的；可我一时又改变不过来，为之奈何！

我不知道，与我想法相同或者相似的有没有人在，有的话，究竟有多少人。我想来想去，觉得还是毛泽东的两句诗好："牢骚太盛防肠断，风物常宜放眼量。"

2000年2月22日写毕

长生不老

长生不老,过去中国历史上,颇有一些人追求这个境界。那些炼丹服食的不就是想"丹成入九天"吗?结果却是"服食求神仙,多为药所误",最终还是翘了辫子。

最积极的应该数那些皇帝老爷子。他们骑在人民头上,作威作福,后宫里还有佳丽三千,他们能舍得离开这个世界吗?于是千方百计,寻求长生不老之术。最著名的有秦皇、汉武、唐宗、宋祖——这后一位情况不明,为了凑韵,把他拉上了——最后都还是宫车晚出,龙驭上宾了。

我常想,现代人大概不会再相信长生不老了。然而,前几天阅报说,有的科学家正在致力于长生不老的研究。我心中立刻一闪念:假如我晚生80年,现在年龄9岁,说不定还能赶上科学家们研究成功,我能分享一份。但我立刻又一闪念,觉得自己十分可笑。自己不是标榜豁达吗?"应尽便须尽,无复独多虑"。原来那是自欺欺人。老百姓说:"好死不如赖活着",我自己也属于"赖"字派。

我有时候认为,造化小儿创造出人类来,实在是多此一举。如果没有人类,世界要比现在安静祥和得多了。可造化小儿也立了一功:他不让人长生不老。否则,如果人人都长生不老,我们今天会同孔老夫子坐在一条板凳上,在长安大戏院里欣赏全本的《四郎探母》,那是多么可笑而不可思议的情景啊!我继而又一想,如果5000年来人人都不死,小小的地球上早就承担不了了。所以我们又应该感谢造化小儿。

在对待生命问题上,中国人与印度人迥乎不同。中国人希望转生,连唐明皇和杨贵妃不也是希望"生生世世为夫妻"吗?印度人则在笃信轮回转生之余,努力寻求跳出轮回的办法。以佛教而论,小乘终身苦修,目的是想到达涅槃。大乘顿悟成佛,目的也无非是想达到涅槃。涅槃者,圆融清静之谓,这个字的原意就是"终止",终止者,跳出轮回不再转生也。中印两国人民的心态,在对待生死大事方面,是完全不同的。

据我个人的看法,人一死就是涅槃,不用你苦苦去追求。那种追求是"可怜无补费工夫"。在亿万年地球存在的期间,一个人只能有一次生命。这一次生命是万分难得的。我们每一个人都必须认识到这一点,切不可掉以轻心。尽管人的寿夭不同,这是人们自己无能为力的。不管寿长寿短,都要尽力实现这仅有的一次生命的价值。多体会民胞物与的意义,使人类和动植物都能在仅有的一生中过得愉快,过得幸福,过得美满,过得祥和。

2000年10月7日凌晨一挥而就

长寿之道

我已经到了望九之年,可谓长寿矣。因此经常有人向我询问长寿之道、养生之术。

我敬谨答曰:"养生无术是有术。"

这话看似深奥,其实极为简单明了。我有两个朋友,十分重视养生之道。每天锻炼身体,至少要练上两个钟头。曹操诗曰:"对酒当歌,人生几何?"人生不过百年,每天费上两个钟头,统计起来,要有多少钟头啊!利用这些钟头,能做多少事情呀!如果真有用,也还罢了。他们二人,一个先我而走,一个卧病在家,不能出门。

因此,我首创了三"不"主义:不锻炼,不挑食,不嘀咕,名闻全国。

我这个三"不"主义,容易招误会,我现在利用这个机会解释一下。我并不绝对反对适当的体育锻炼,但不要过头。一个人如果天天望长寿如大旱之望云霓,而又绝对相信体育锻炼,则此人心态恐怕有点失常,反不如顺其自然为佳。

至于不挑食,其心态与上面相似。常见有人年才逾不惑,就开始挑食,蛋黄不吃,动物内脏不吃,每到吃饭,战战兢兢,如履薄冰,窘态可掬,看了令人失笑。以这种心态而欲求长寿,岂非南辕而北辙!

我个人认为,第三点最为重要。对什么事情都不嘀嘀咕咕,心胸开朗,乐观愉快,吃也吃得下,睡也睡得着,有问题则设法解决之,有困难则努力克服之,决不视芝麻绿豆大的窘境如苏迷庐山般大,也决不毫无原则随遇而安,决不玩世不恭。"应尽便须尽,无复独多虑。"有这样的心境,焉能不健康长寿?

我现在还想补充一点,很重要的一点。根据我个人七八十年的经验,一个人决不能让自己的脑筋投闲置散,要经常让脑筋活动着。根据外国一些科学家实验结果,"用脑伤神"的旧说法已经不能成立,应改为"用脑长寿"。人的衰老主要是脑细胞的死亡。中老年人的脑细胞虽然天天死亡;但人一生中所启用的脑细胞只占细胞总量的四分之一,而且在活动的情况下,每天还有新的脑细胞产生。只要脑筋的活动不停止,新生细胞比死亡细胞数目还要多。勤于动脑筋,则能经常保持脑中血液的流通状态,而且能通过脑筋协调控制全身的功能。

我过去经常说:"不要让脑筋闲着。"我就是这样做的。结果是有人说我"身轻如燕,健步如飞"。这话有点过了头,反正我比同年龄人要好些,这却是真的。原来我并没有什么科学根据,只能算是一种朴素的直觉。现在读报纸,得到了上面认识。在沾沾自喜之余,谨作补充如上。

这就是我的"长寿之道"。

难得糊涂

清代郑板桥提出来的亦书写出来的"难得糊涂"四个大字,在中国,真可以说是家喻户晓,尽人皆知的。一直到今天,二百多年过去了,但在人们的文章里,讲话里,以及嘴中常用的口语中,这四个字还经常出现,人们都耳熟能详。

我也是难得糊涂党的成员。

不过,在最近几个月中,在经过了一场大病之后,我的脑筋有点开了窍。我逐渐发现,糊涂有真假之分,要区别对待,不能眉毛胡子一把抓。

什么叫真糊涂,而什么又叫假糊涂呢?

用不着做理论上的论证,只举几个小事例就足以说明了。例子就从郑板桥举起。

郑板桥生在清代乾隆年间,所谓康乾盛世的下一半。所谓盛世历代都有,实际上是一块其大无垠的遮羞布。在这块布下面,一切都照常进行。只是外寇来得少,人民作乱者寡,大部分人能勉强吃饱了肚子,"不识不知,顺帝之则"了。最高统治者的宫廷斗争,仍然是血腥淋漓,外面小民是不会知道的。历代的统治者都喜欢没有头脑没有思想的人,有这两个条件的只是士这个阶层。所以士一直是历代统治者的眼中钉。可离开他们又不行。于是胡萝卜与大棒并举。少部分争取到皇帝帮闲或帮忙的人,大致已成定局。等而下之,一大批士都只有一条向上爬的路——科举制度。成功与否,完全看自己的运气。翻一翻《儒林外史》,就能洞悉一切。但同时皇帝也多以莫须有的罪名大兴文字狱,杀鸡给猴看。统治者就这样以软硬兼施的手法,统治天下。看来大家都比较满意。但是我认为,这是真糊涂,如影随形,就在自己身上,并不难得。

我的结论是:真糊涂不难得,真糊涂是愉快的,是幸福的。

此事古已有之,历代如此。楚辞所谓"举世皆浊我独清,众人皆醉我独醒"。所谓"醉",就是我说的糊涂。

可世界上还偏有郑板桥这样的人,虽然人数极少极少,但毕竟是有的。他们为天地留了点正气。他已经考中了进士。据清代的一本笔记上说,由于他的书法不是台阁体,没能点上翰林,只能外放当一名知县,"七品官耳"。他在山东潍县做了一任县太爷,又偏有良心,同情小民疾苦,有在潍县衙斋里所作的诗为证。结果是上官逼,同僚挤,他忍受不了,只好丢掉乌纱帽,到扬州当八怪去了。他一生诗书画中都有一种愤懑不平之气,有如司马迁的《史记》。他倒霉就倒在世人皆醉而他独醒,也就是世人皆真糊涂而他独必须装糊涂,假糊涂。

我的结论是:假糊涂才真难得,假糊涂是痛苦,是灾难。

现在说到我自己。

我初进301医院的时候,始终认为自己患的不过是癣疥之疾。隔壁房间里主治大夫正与北大校长商议发出病危通告,我这里却仍然嬉皮笑脸,大说其笑话。终医院里的四十六天,我始终没有危急感。现在想起来,真正后怕。原因就在,我是真糊涂,极不难得,极为愉快。

我虔心默祷上苍,今后再也不要让真糊涂进入我身,我宁愿一生背负假糊涂这一个十字架。

<blockquote>
2002年12月2日在301医院于大夫护士嘈杂声中写成,亦一快事也。
</blockquote>

八十述怀

我从来没有想到,我能活到八十岁;如今竟然活到了八十岁,然而又一点也没有八十岁的感觉。岂非咄咄怪事!

我向无大志,包括自己活的年龄在内。我的父母都没有活过五十,因此,我自己的原定计划是活到五十。这样已经超过了父母,很不错了。不知怎么一来,宛如一场春梦,我活到了五十岁。那时正值所谓三年自然灾害。我流年不利,颇挨了一阵子饿。但是,我是"曾经沧海难为水",在第二次世界大战时,我正在德国,我经受了而今难以想象的饥饿的考验,以致失去了饱的感觉。我们那一点灾害,同德国比起来,真如小巫见大巫;我从而顺利地度过了那一场灾难,而且我当时的精神面貌是我一生最好的时期,一点苦也没有感觉到,于不知不觉中冲破了我原定的年龄计划,渡过了五十岁大关。

五十一过,又仿佛一场春梦似的,一下子就到了古稀之年,不容我反思,不容我踟蹰。其间跨越了一个十年浩劫。我当然是在劫难逃,被送进牛棚。我现在不知道应当感谢哪一路神灵:佛祖、上帝、安拉;由于一个万分偶然的机缘,我没有走上绝路,活下来了。活下来了,我不但没有感到特别高兴,反而时有悔愧之感在咬我的心。活下来了,也许还是有点好处的。我一生写作翻译的高潮,恰恰出现在这个期间。原因并不神秘：我获得了余裕和时间。在浩劫期间，我被打得一佛出世，二佛升天。后来不打不骂了，我却变成了"不可接触者"。在很长时间内，我被分配挖大粪，看门房，守电话，发信件。没有以前的会议，没有以前的发言。没有人敢来找我，很少人有勇气同我谈上几句话。一两年内，没收到一封信。我服从任何人的调遣与指挥。只敢规规矩矩，不敢乱说乱动。然而我的脑筋还在，我的思想还在，我的感情还在，我的理智还在。我不甘心成为行尸走肉，我必须干点事情。二百多万字的印度大史诗《罗摩衍那》，就是在这时候译完的。"雪夜闭门写禁文"，自谓此乐不减羲皇上人。

又仿佛是一场缥缈的春梦，一下子就活到了今天，行年八十矣，是古人称之为耄耋之年了。倒退二三十年，我这个在寿命上胸无大志的人，偶尔也想到耄耋之年的情况：手拄拐杖，白须飘胸，步履维艰，老态龙钟。自谓这种事情与自己无关，所以想得不深也不多。哪里知道，自己今天就到了这个年龄了。今天是新年元旦。从夜里零时起，自己已是不折不扣的八十老翁了。然而这老景却真如古人诗中所说的"青霭入看无"，我看不到什么老景。看一看自己的身体，平平常常，同过去一样。看一看周围的环境，平平常常，同过去一样。金色的朝阳从窗子里流了进来，平平常常，同过去一样。楼前的白杨，确实粗了一点，但看上去也是平平常常，同过去一样。时令正是冬天，叶子落尽了；但是我相信，它们正蜷缩在土里，做着春天的梦。水塘里的荷花只剩下残叶，"留得残荷听雨声"，现在雨没有了，上面只有白皑皑的残雪。我相信，荷花们也蜷缩在淤泥中，做着春天的梦。总之，我还是我，依然故我；周围的一切也依然是过去的一切……

我是不是也在做着春天的梦呢？我想，是的。我现在也处在严寒中，我也梦着春天的到来。我相信英国诗人雪莱的两句话："既然冬天已经到了，春天还会远吗？"我梦着楼前的白杨重新长出了浓密的绿叶；我梦着池塘里的荷花重新冒出了淡绿的大叶子；我梦着春天又回到了大地上。

可是我万万没想到，"八十"这个数目字竟有这样大的威力，一种神秘的威力。"自己已经八十岁了！"我吃惊地暗自思忖。它逼迫着我向前看一看，又回头看一看。向前看，灰蒙蒙一团，路不清楚，但也不是很长。确实没有什么好看的地方。不看也罢。

而回头看呢，则在灰蒙蒙的一团中，清晰地看到了一条路，路极长，是我一步一步地走过来的，这条路的顶端是在清平县的官庄。我看到了一片灰黄的土房，中间闪着苇塘里的水光，还有我大奶奶和母亲的面影。这条路延伸出去，我看到了泉城的大明湖。这条路又延伸出去，我看到了水木清华，接着又看到德国小城哥廷根斑斓的秋色，上面飘动着我那母亲似的女房东和祖父似的老教授的面影。路陡然又从万里之外折回到神州大地，我看到了红楼，看到了燕园的湖光塔影。令人泄气而且大煞风景的是，我竟又看到了牛棚的牢头禁子那一副牛头马面似的狞恶的面孔。再看下去，路就缩住了，一直缩到我的脚下。

在这一条十分漫长的路上，我走过阳关大道，也走过独木小桥。路旁有深山大泽，也有平坡宜人；有杏花春雨，也有塞北秋风；有山重水复，也有柳暗花明；有迷途知返，也有绝处逢生。路太长了，时间太长了，影子太多了，回忆太重了。我真正感觉到，我负担不了，也忍受不了，我想摆脱掉这一切，还我一个自由自在身。

回头看既然这样沉重，能不能向前看呢？我上面已经说到，向前看,路不是很长,没有什么好看的地方。我现在正像鲁迅的散文诗《过客》中的那一个过客。他不知道是从什么地方走来的,终于走到了老翁和小女孩的土屋前面,讨了点水喝。老翁看他已经疲惫不堪,劝他休息一下。他说:"从我还能记得的时候起,我就在这么走,要走到一个地方去,这地方就在面前。我单记得走了许多路,现在来到这里了。我接着就要走向那边去……况且还有声音常在前面催促我,叫唤我,使我息不下。"那边,西边是什么地方呢?老人说:"前面,是坟。"小女孩说:"不,不,不的。那里有许多野百合,野蔷薇,我常常去玩,去看他们的。"

我理解这个过客的心情,我自己也是一个过客。但是却从来没有什么声音催着我走,而是同世界上任何人一样,我是非走不行的,不用催促,也是非走不行的。走到什么地方去呢?走到西边的坟那里,这是一切人的归宿。我记得屠格涅夫的一首散文诗里,也讲了这个意思。我并不怕坟,只是在走了这么长的路以后,我真想停下来休息片刻。然而我不能,不管你愿意不愿意,反正是非走不行。聊以自慰的是,我同那个老翁还不一样,有的地方颇像那个小女孩,我既看到了坟,也看到野百合和野蔷薇。

我面前还有多少路呢?我说不出,也没有仔细想过。冯友兰先生说:"何止于米?相期以茶。" "米"是八十八岁,"茶"是一百零八岁。我没有这样的雄心壮志,我是"相期以米"。这算不算是立大志呢?我是没有大志的人,我觉得这已经算是大志了。

我从前对穷通寿夭也是颇有一些想法的。"十年浩劫"以后,我成了陶渊明的志同道合者。他的一首诗,我很欣赏:

纵浪大化中,不喜亦不惧。
应尽便须尽,无复独多虑。

我现在就是抱着这种精神,昂然走上前去。只要有可能,我一定做一些对别人有益的事,决不想成为行尸走肉。我知道,未来的路也不会比过去的更笔直,更平坦,但是我并不恐惧。我眼前还闪动着野百合和野蔷薇的影子。

1991 年 1 月 1 日

九十述怀

杜甫诗："人生七十古来稀。"对旧社会来说，这是完全正确的，因为它符合实际情况。但是，到了今天，老百姓却创造了三句顺口溜："七十小弟弟，八十多来兮，九十不稀奇。"这也是完全正确的，因为它符合实际情况。

但是，对我来说，却另有一番纠葛。我行年九十矣，是不是感到不稀奇呢？答案是：不是，又是。不是者，我没有感到不稀奇，而是感到稀奇，非常的稀奇。我曾在很多地方都说过，我在任何方面都是一个没有雄心壮志的人，我不会说大话，不敢说大话，在年龄方面也一样。我的第一本账只计划活四十岁到五十岁。因为我的父母都只活了四十多岁，遵照遗传的规律，遵照传统伦理道德，我不能也不应活得超过了父母。我又哪里知道，仿佛一转瞬间，我竟活过了从心所欲不逾矩之年，又进入了耄耋的境界，要向期颐进军了。这样一来，我能不感到稀奇吗？

但是，为什么又感到不稀奇呢？从目前的身体情况来看，除了眼睛和耳朵有点不算太大的问题和腿脚不太灵便外，自我感觉还是良好的，写一篇一两千字的文章，倚马可待。待人接物，应对进退，还是"难得糊涂"的。这一切都同十年前，或者更长的时间以前，没有什么两样。李太白诗："高堂明镜悲白发。"

我不但发已全白（有人告诉我，又有黑发长出），而且秃了顶。这一切也都是事实，可惜我不是电影明星，一年照不了两次镜子，那一切我都不视不见。在潜意识中，自己还以为是"朝如青丝"哩。对我这样无知无识、麻木不仁的人，连上帝也没有办法。在这样的情况下，我怎么能会不感到不稀奇呢？

但是，我自己又觉得，我这种精神状态之所以能够产生，不是没有根据的。我国现行的退休制度，教授年龄是六十岁到七十岁。可是，就我个人而论，在学术研究上，我的冲刺起点是在八十岁以后。开了几十年的会，经过了不知道多少次政治运动，做过不知道多少次自我检查，也不知道多少次对别人进行批判，最后又经历了十年浩劫，"对酒当歌，人生几何？"我自己的一生就是这样白白地消磨过去了。如果不是造化小儿对我垂青，制止了我实行自己年龄计划的话，在我八十岁以前（这也算是高寿了）就"遽归道山"，我留给子孙后代的东西恐怕是不会多的。不多也不一定就是坏事。留下一些不痛不痒，灾祸梨枣的所谓著述，对任何人都没有好处。但是，对我自己来说，恐怕就要"另案处理"了。

在从八十岁到九十岁这个十年内，在我冲刺开始以后，颇有一些值得纪念的甜蜜的回忆。在撰写我一生最长的一部长达八十万字的著作《糖史》的过程中，颇有一些情节值得回忆，值得玩味。在长达两年的时间内，我每天跑一趟大图书馆，风雨无阻，寒暑无碍。燕园风光旖旎，四时景物不同。春天姹紫嫣红，夏天荷香盈塘，秋天红染霜叶，冬天六出蔽空。称之为人间仙境，也不为过。然而，在这两年中，我几乎天天都在这样瑰丽的风光中行走。可是我都视而不见，甚至不视不见。未名湖的涟漪，博雅塔的倒影，被外人视为奇观的胜景，也未能逃过我的漠然，懵然，无动于衷。我心中想到的只是大图书馆中的盈室满架的图书,鼻子里闻到的只有那里的书香。

《糖史》的写作完成以后,我又把阵地从大图书馆移到家中来。运筹于斗室之中,决战于几张桌子之上。我研究的对象变成了吐火罗文A方言的《弥勒会见记剧本》。这也不是一颗容易咬的核桃,非用上全力不行。最大的困难在于缺乏资料,而且多是国外的资料。没有办法,只有时不时地向海外求援。现在虽然号称为信息时代,可是我要的消息多是刁钻古怪的东西,一时难以搜寻,我只有耐着性子恭候。舞笔弄墨的朋友,大概都能体会到,当一篇文章正在进行写作时,忽然断了电,你心中真如火烧油浇,然而却毫无办法,只盼喜从天降了,只能听天由命了。此时燕园旖旎的风光,对于我似有似无,心里想到,切盼的只有海外的来信。如此又熬了一年多,《弥勒会见记剧本》英译本终于在德国出版了。

两部著作完了以后,我平生大愿算是告一段落。痛定思痛,蓦地想到了,自己已是望九之年了。这样的岁数,古今中外的读书人能达到的只有极少数。我自己竟能置身其中,岂不大可喜哉!

我想停下来休息片刻,以利再战。这时就想到,我还有一个家。在一般人心目中,家是停泊休息的最好的港湾。我的家怎样呢?直白地说,我的家就我一个孤家寡人,我就是家,我一个人吃饱了,全家不饿。这样一来,我应该感觉很孤独了吧。然而并不。我的家庭"成员"实际上并不止我一个"人"。我还有四只极为活泼可爱的,一转眼就偷吃东西的,从我家乡山东临清带来的白色波斯猫,眼睛一黄一蓝。它们一点礼节都没有,一点规矩都不懂,时不时地爬上我的脖子,为所欲为,大胆放肆。有一只还专在我的裤腿上撒尿。这一切我不但不介意,而且顾而乐之,让猫们的自由主义恶性发展。

我的家庭"成员"还不止这样多，我还养了两只山大小校友张衡送给我的乌龟。乌龟这玩意儿，现在名声不算太好；但在古代却是长寿的象征。有些人的名字中也使用"龟"字，唐代就有李龟年、陆龟蒙等等。龟们的智商大概低于猫们，它们决不会从水中爬出来爬上我的肩头。但是，龟们也自有龟之乐，当我向它喂食时，它们伸出了脖子，一口吞下一粒，它们显然是愉快的。可惜我遇不到惠施，它决不会同我争辩，我何以知道龟之乐。

我的家庭"成员"还没有到此为止，我还饲养了五只大甲鱼。甲鱼，在一般老百姓嘴里叫"王八"，是一个十分不光彩的名称，人们讳言之。然而我却堂而皇之地养在大瓷缸内，一视同仁，毫无歧视之心。是不是我神经出了毛病？用不着请医生去检查，我神经十分正常。我认为，甲鱼同其他动物一样有生存的权利。称之为王八，是人类对它的诬蔑，是向它头上泼脏水。可惜甲鱼无知，不会到世界最高法庭上去状告人类，还要要求赔偿名誉费若干美元，而且要登报声明。我个人觉得，人类在新世纪，新千年中最重要的任务是处理好与大自然的关系。恩格斯已经警告过我们："不要过分陶醉于我们对自然界的胜利。对每一次这样的胜利，自然界都报复了我们。"一百多年来的历史事实，日益证明了恩格斯警告之正确与准确。在新世纪中，人类首先必须改恶向善，改掉乱吃其他动物的恶习。人类必须遵守宋代大儒张载的话："民吾同胞，物吾与也"，把甲鱼也看成是自己的伙伴，把大自然看成是自己的朋友，而不是征服的对象。这样一来，人类庶几能有美妙光辉的前途。至于对我自己，也许有人认为我是《世说新语》中的人物，放诞不经。如果真正有的话，那就，那就——由它去吧。

再继续谈我的家和我自己。

我在十年浩劫中，自己跳出来反对那位倒行逆施的"老佛爷"，被打倒在地，被戴上了无数顶莫须有的帽子，天天被打，被骂。最初也只觉得滑稽可笑。但"谎言说上一千遍，就变成了真理"，最后连我自己都怀疑起来了："此身合是坏人未？泪眼迷离问苍天。"其实我并没有那么坏，但在许多人眼中，我已经成了一个"不可接触者"。

然而，世事多变，人间正道。不知道是怎么一来，我竟转身一变成了一个"极可接触者"。我常以知了自比。知了的幼虫最初藏在地下，黄昏时爬上树干，天一明就脱掉了旧壳，长出了翅膀，长鸣高枝，成了极富诗意的虫类，引得诗人"倚杖柴门外，临风听暮蝉"了。我现在就是一只长鸣高枝的蝉，名声四被，头上的桂冠比"文革"中头上戴的高帽子还要高出很多，有时候我自己都觉得脸红。其实我自己深知，我并没有那么好。然而，我这样发自肺腑的话，别人是不会相信的。这样一来，我虽孤家寡人，其实家里每天都是热闹非凡。有一位多年的老同事，天天到我家里来"打工"，处理我的杂务，照顾我的生活，最重要的事情是给我读报，读信，因为我眼睛不好。还有，就是同不断打电话来或者亲自登门来的自称是我的"崇拜者"的人们打交道。学校领导因为觉得我年纪已大，不能再招待那么多的来访者，在我门上贴出了通告，想制约一下来访者的袭来，但用处不大，许多客人都视而不见，照样敲门不误。有少数人竟在门外荷塘边上等上几个钟头。除了来访者打电话者外，还有扛着沉重的录像机而来的电视台的导演和记者，以及每天都收到的数量颇大的信件和刊物。有一些年轻的大中学生，把我看成了有求必应的土地爷，或者能预言先知的季铁嘴，向我请求这请求那，向我倾诉对自己父母都不肯透露的心中的苦闷。这些都要我那位"打工"的老同事来处理，我那位打工者此时就成了拦驾大使。想尽花样，费尽唇舌，说服那些想来采访，想来拍电视的好心和热心又诚心的朋友们，请他们稍安毋躁。这是极为繁重而困难的工作，我能深切体会。其忙碌困难的情况，我是能理解的。

最让我高兴的是，我结交了不少新朋友。他们都是著名的书法家、画家、诗人、作家、教授。我们彼此之间，除了真挚的感情和友谊之外，决无所求于对方。我是相信缘分的，"有缘千里来相会，无缘对面不相识"，缘分是说不明道不白的东西，但又确实存在。我相信，我同朋友之间就是有缘分的。我们一见如故，无话不谈。没见面时，总惦记着见面的时间；既见面则如鱼得水，心旷神怡；分手后又是朝思暮想，忆念难忘。对我来说，他们不是亲属，胜似亲属。有人说："人生得一知己足矣。"我得到的却不只是一个知己，而是一群知己。有人说我活得非常滋润。此情此景，岂是"滋润"二字可以了得！

我是一个呆板保守的人，秉性固执。几十年养成的习惯，我决不改变。一身卡其布的中山装，国内外不变，季节变化不变，别人认为是老顽固，我则自称是"博物馆的人物"，以示"抵抗"，后发制人。生活习惯也决不改变。四五十年来养成了早起的习惯，每天早晨四点半起床，前后差不了五分钟。古人说"黎明即起"，对我来说，这话夏天是适合的；冬天则是在黎明之前几个小时，我就起来了。我五点吃早点，可以说是先天下之早点而早点。吃完立即工作。我的工作主要是爬格子。几十年来，我已经爬出了上千万的字。这些东西都值得爬吗？我认为是值得的。我爬出的东西不见得都是精金粹玉，都是甘露醍醐，吃了能让人升天成仙；但是其中绝没有毒药,绝没有假冒伪劣,读了以后至少能让人获得点享受,能让人爱国,爱乡,爱人类,爱自然,爱儿童,爱一切美好的东西。总之一句话,能让人在精神境界中有所收益。我常常自己警告说:人吃饭是为了活着,但活着绝不是为了吃饭。人的一生是短暂的,决不能白白把生命浪费掉。如果我有一天工作没有什么收获,晚上躺在床上就疚愧难安,认为是慢性自杀。爬格子有没有名利思想呢?坦白地说,过去是有的。可是到了今天名利对我都没有什么用处了,我之所以仍然爬,是出于惯性,其他冠冕堂皇的话,我说不出。"爬格不知老已至,名利于我如浮云",或可能道出我现在的心情。

你想到过死没有呢?我仿佛听到有人在问。好,这话正问到节骨眼上。是的,我想到过死,过去也曾想到死,现在想得更多而已。在十年浩劫中,在一九六七年,一个千钧一发般的小插曲使我避免了走上"自绝于人民的"道路。从那以后,我认为,我已经死过一次,多活一天,都是赚的,到现在已经三十多年了,我真赚了个满堂满贯,真成为一个特殊的大富翁了。但人总是要死的,在这方面,谁也没有特权,没有豁免权。虽然常言道:"黄泉路上无老少";但是,老年人毕竟有优先权。燕园是一个出老寿星的宝地。我虽年届九旬,但按照年龄顺序排队,我仍落在十几名之后。我曾私自发下宏愿大誓:在向八宝山的攀登中,我一定按照年龄顺序鱼贯而登,决不抢班夺权,硬去加塞。至于事实究竟如何,那就请听下回分解了。

既然已经死过一次,多少年来,我总以为自己已经参悟了人生。我常拿陶渊明的四句诗当作座右铭:"纵浪大化中,不喜亦不惧,应尽便须尽,无复独多虑"。现在才逐渐发现,我自己并没能完全做到。常常想到死,就是一个证明,我有时幻想,自己为什么不能像朋友送给我摆在桌上的奇石那样，自己没有生命，但也决不会有死呢？我有时候也幻想：能不能让造物主勒住时间前进的步伐，让太阳和月亮永远明亮，地球上一切生物都停住不动，不老呢？哪怕是停上十年八年呢？大家千万不要误会，认为我怕死怕得要命。绝不是那样。我早就认识到，永远变动，永不停息，是宇宙的根本规律，要求不变是荒唐的。万物方生方死，是至理名言。江文通《恨赋》中说："自古皆有死，莫不饮恨而吞声。"那是没有见地的庸人之举，我虽庸陋，水平还不会那样低。即使我做不到热烈欢迎大限之来临，我也决不会饮恨吞声。

但是，人类是心中充满了矛盾的动物，其他动物没有思想，也就不会有这样多的矛盾。我忝列人类的一分子，心里面的矛盾总是免不了的。我现在是一方面眷恋人生，一方面却又觉得，自己活得实在太辛苦了，我想休息一下了。我向往庄子的话："大块载我以形，劳我以生。"大家千万不要误会，以为我就要自杀。自杀那玩意儿我决不会再干了。在别人眼中，我现在活得真是非常非常惬意了。不虞之誉，纷至沓来；求全之毁，几乎绝迹。我所到之处，见到的只有笑脸，感到的只有温暖。时时如坐春风，处处如沐春雨，人生至此，实在是真应该满足了。然而，实际情况却并不完全这样惬意。古人说："不如意事常八九。"这话对我现在来说也是适用的。我时不时地总会碰到一些令人不愉快的事情，让自己的心情半天难以平静。即使在春风得意中，我也有自己的苦恼。我明明是一头瘦骨嶙峋的老牛，却有时被认成是日产鲜奶千磅的硕大的肥牛。已经挤出了奶水五百磅，还求索不止，认为我打了埋伏。其中情味，实难向外人道也。这逼得我不能不想到休息。

我现在不时想到，自己活得太长了，快到一个世纪了。九十年前，山东临清县一个既穷又小的官庄出生了一个野小子，竟走出了官庄，走出了临清，走到了济南，走到了北京，走到了德国；后来又走遍了几个大洲，几十个国家。如果把我的足迹画成一条长线的话，这条长线能绕地球几周。我看过埃及的金字塔，看过两河流域的古文化遗址，看过印度的泰姬陵，看过非洲的撒哈拉大沙漠，以及国内外的许多名山大川。我曾住过总统府之类的豪华宾馆，会见过许多总统、总理一级的人物，在流俗人的眼中，真可谓极风光之能事了。然而，我走过的漫长的道路并不总是铺着玫瑰花的，有时也荆棘丛生。我经过山重水复，也经过柳暗花明；走过阳关大道，也走过独木小桥。我曾到阎王爷那里去报到，没有被接纳。终于曲曲折折，颠颠簸簸，坎坎坷坷，磕磕碰碰，走到了今天。现在就坐在燕园朗润园中一个玻璃窗下，写着《九十述怀》。窗外已是寒冬。荷塘里在夏天接天映日的荷花，只剩下干枯的残叶在寒风中摇曳。玉兰花也只留下光秃秃的枝干在那里苦撑。但是，我知道，我仿佛看到荷花蜷曲在冰下淤泥里做着春天的梦；玉兰花则在枝头梦着"春意闹"。它们都在活着，只是暂时地休息，养精蓄锐，好在明年新世纪，新千年中开出更多更艳丽的花朵。

我自己当然也在活着。可是我活得太久了，活得太累了。歌德暮年在一首著名的小诗中想到休息。我也真想休息一下了。但是，这是绝对不可能的。我就像鲁迅笔下的那一位"过客"那样，我的任务就是向前走，向前走。前方是什么地方呢？老翁看到的是坟墓，小女孩看到的是野百合花。我写《八十述怀》时，看到的是野百合花多于坟墓，今天则倒了一个个儿，坟墓多而野百合花少了。不管怎样，反正我是非走上前去不行的，不管是坟墓，还是野百合花，都不能阻挡我的步伐。冯友兰先生的"何止于米"，我已经越过了

"米"的阶段。下一步就是"相期以茶"了。我觉得,我目前的选择只有眼前这一条路,这一条路并不遥远。等到我十年后再写《百岁述怀》的时候,那就离"茶"不远了。

2000 年 12 月 20 日

九三述怀

前几天,在医院里过了一个生日,心里颇为高兴;但猛然一惊:自己已经又增加了一岁,现在是九十三岁了。

在五十多年前,当我处在四十岁阶段的时候,九十三这个数字好像是一个天文数字,可望而不可即。我当时的想法是:我大概只能活到四五十岁。因为我的父母都没有超过这个年龄,由于 X 基因或 Y 基因的缘故,我决不能超过这个界限的。

然而人生真如电光石火,一转瞬间已经到了九十三岁。只有在医院里输液的时候感到时间过得特别慢以外,其余的时间则让我感到快得无法追踪。

近两年来,运交华盖,疾病缠身,多半是住在医院中。医院里的生活,简单而又烦琐。我是因一种病到医院里来的。入院以后,又患上了其他的病。在我入院前后所患的几种病中最让人讨厌的是天疱疮。手上起泡出水,连指甲盖下面都充满了水,是一种颇为危险的病。从手上向臂上发展,发展到一定的程度,就有性命危险。来到 301 医院,经李恒进大夫诊治,药到病除,真正是妙手回春。后来又患上了几种别的病。有一种是前者的发展,改变了地方,改变了形式,长在了右脚上,黑黢黢脏兮兮的一团,大概有一斤多重。我自己看了都恶心。有时候简直想把右脚砍掉,看你这些丑类到何处去藏身！幸亏老院长牟善初的秘书周大夫不知从哪里弄到了一种平常的药膏，抹上，立竿见影，脏东西除掉了。为了对付这一堆脏东西，301医院曾组织过三次专家会诊，可见院领导对此事之重视。

你想到了死没有？想到过的，而且不止一次。不这样也是不可能的。人类是生物的一种。凡是生物，莫不好生而恶死，包括植物在内，一概如此。人们常说：好死不如赖活着。江淹《恨赋》中说："自古皆有死，莫不饮恨而吞声。"我基本上也不能脱这个俗。但是，我有我的特殊经历，因此，我有我的生死观。我在十年浩劫中，实际上已经死过一次。在《牛棚杂忆》中对此事有详细的叙述。我在这里不再重复。现在回忆起来，让我吃惊的是，临死前心情竟是那样平静，那样和谐。什么"饮恨"，什么"吞声"，根本不沾边儿。有了这样的独特的经历，即使再想到死，一点恐惧之感也没有了。

总起来说，我的人生观是顺其自然，有点接近道家。我生平信奉陶渊明的四句诗："纵浪大化中，不喜亦不惧。应尽便须尽，无复独多虑。"在这里一个关键的字是"应"。谁来决定"应""不应"呢？一个人自己，除了自杀以外，是无权决定的。因此，我觉得，对个人的生死大事不必过分考虑。

我最近又发明了一个公式：无论什么人，不管是男是女，不管是外国人还是中国人，也不管是处在什么年龄阶段，同阎王爷都是等距离的。中国有两句俗话："阎王叫你三更死，不能留人到五更。"这都说明，人们对自己的生死大事是没有多少主动权的。但是，只要活着，就要活得像个人样子。尽量多干一些好事，千万不要去干坏事。

人们对自己的生命也并不是一点主观能动性都没有的。人们不都在争取长寿吗？在林林总总的民族之林中，中国人是最注重长寿，甚至长生的。在过去几千年的历史上，我们创造了很多长寿甚至长生的故事。什么"王子去求仙，丹成人九天。山中方七日，世上几千年。"这实在没有什么意义。一些历史上的皇帝，甚至英明之主，为了争取长生，"为药所误"。唐太宗就是一个好例子。

中国古代文人对追求长生有自己的表达方式。苏东坡词："谁道人生无再少？门前流水尚能西。休将白发唱黄鸡。"在这里出现"再少"这个词儿。肉体上的再少，是不可能的。时间不能倒转。我的理解是，如果老年人能做出像少年的工作，这就算是"再少"了。

我现在算不算是"再少"，我自己不敢说。反正我从来不敢懈怠，从来不倚老卖老。我现在既向后看，回忆过去的九十年；也向前看，看到的不是八宝山，而是活过一百岁。眼前就有我的好榜样。上海的巴金，长我七岁；北京的臧克家，长我六岁，都仍然健在。他们的健在给了我信心，给了我勇气，也给了我灵感。我想同他们竞赛，我们都会活到一百多岁的。

但是，我并不是为活着而活着。活着不是我的目的，而是我的手段。前辈学人陈翰笙先生，当他一百岁时人们为他在人民大会堂祝寿的时候，他眼睛已经失明多年，身体也不见得怎么好。可是，请他讲话的时候，他第一句话就是："我要工作。"全堂为之振奋不已。

我觉得，中国人民在过去几千年的历史上成就了许多美德，其中一条是"鞠躬尽瘁，死而后已。"（出自《三国志·蜀志·诸葛亮传》）这能代表我们中华民族伟大的一个方面。在几千年的历史上起着作用，至今不衰。

在历史上，我们的先人对人生还有一些细致入微而又切中要害的感悟。我举一个例子。多少年来，社会上流传着两句话：不如意事常八九,能与人言无二三。根据我们每一个人的亲身体会,这两句话是完全没有错的。在我们的生活中,在我们的社会交往中,尽管有不少令人愉快的如意的事情,但也不乏不愉快不如意的事情。年年如此,月月如此,天天如此。这个平凡的真理也不是最近才发现的。宋代的伟大词人辛稼轩就曾写道:"肘后俄生柳,叹人生,不如意事,十常八九。"这颇能道出古今人人人心中都会有的想法。我们老年人对此更应该加强警惕。因为不如意事有的是人招惹出来的。老年人,由于生理的制约,手和脑都会不太灵光,招惹不如意事的机会会更多一些。我原来的原则是随遇而安,近来我又提高了一步:知足常乐,能忍自安。境界显然提高了一步。

　　写到这里,我想写一个看来与我的主题无关而实极有关的问题:中西高级知识分子比较研究。所谓高级知识分子,无非是教授、研究员、著名的艺术家——画家、音乐家、歌唱家、演员等等。这个题目,在过去似乎还没有人研究过。我个人经过比较长期的思考,觉得其间当然有共性,都是知识分子嘛;但是区别也极大。简短截说,西方高级知识分子大多数是自了汉,就是只管自己那一亩三分地里的事情,有点像过去中国老农那一种"老婆、孩子、热炕头,外加二亩地、一头牛"的样子。只要不发生战争,他们的工资没有问题,可以安心治学,因此成果显著地比我们多。他们也不像我们几乎天天开会,天天在运动中。我们的高知继承了中国自古以来知识分子(士)的传统,家事、国事、天下事,事事关心。中国古代的皇帝们最恨知识分子这种毛病。他们希望士们都能夹起尾巴做人。知识分子偏不听话,于是在中国历史上,所谓"文字狱"这种玩意儿就特别多。很多皇帝都搞文字狱。到了清朝,又加上了个民族问题。于是文字狱更特别多。

最后，我还必须谈一谈服老与不服老的辩证关系。所谓服老，就是，一个老人必须承认客观现实。自己老了，就要老实承认。过去能做到的事情，现在做不到了，就不要勉强去做。但是，如果完完全全让老给吓住，什么事情都不做，这无异于坐而待毙，是极不可取的行为。人们的主观能动性的能量是颇为可观的。真正把主观能动性发挥出来，就能产生一种不服老的力量。正确处理服老与不服老的关系并不容易。二者之间的关系有点恍兮惚兮，其中有物。但是，这个物是什么，我却说不清楚。领悟之妙，在于一心。普天下善男信女们会想出办法的。

我已经写了不少。为什么写这样多呢？因为我感觉到，我们的生活环境和生活条件，日益改善，将来老年人会越来越多。我现在把自己的一点经历写了出来，供老人们参考。

千言万语，不过是一句话：我们老年人不要一下子躺在老字上，无所事事，我们的活动天地还是够大的。

有道是：

走过独木桥，
跳过火焰山。
豪情依然在，
含笑颂九三！

2003年8月18日于301医院

九十五岁初度

又碰到了一个生日。一副常见的对联的上联是:"天增岁月人增寿。"我又增了一年寿。庄子说:万物方生方死。从这个观点上来看,我又死了一年,向死亡接近了一年。

不管怎么说,从表面上来看,我反正是增长了一岁,今年算是九十五岁了。

在增寿的过程中,自己在领悟、理解等方面有没有进步呢?

仔细算,还是有的。去年还有一点叹时光之流逝的哀感,今年则完全没有了。这种哀感在人们中是最常见的。然而也是最愚蠢的。"人间正道是沧桑。"

时光流逝,是万古不易之理。人类,以及一切生物,是毫无办法的。夫"天地者,万物之逆旅;光阴者,百代之过客。"对于这种现象,最好的办法是听之任之,用不着什么哀叹。

我现在集中精力考虑的一个问题是:如何避免"当时只道是寻常"的这种尴尬情况。"当时"是指过去的某一个时间。"现在",过一些时候也会成为"当时"的。这样一来,我们就会永远有这样的哀叹。我认为,我们必须从事实上,也可以说是从理论上考察和理解这个问题。我想谈两个问题,第一个是如何生活?第二个是如何回忆生活?

先谈第一个问题。

一般人的生活,几乎普遍有一个现象,就是倥偬。用习惯的说法就是匆匆忙忙。"五四"运动以后,我在济南读到了俞平伯先生的一篇文章。文中引用了他夫人的话:"从今以后,我们要仔仔细细过日子了。"言外之意就是嫌眼前日子过得不够仔细,也许就是日子过得太匆匆的意思。怎样才叫仔仔细细呢?俞先生夫妇都没有解释,至今还是个谜。我现在不揣冒昧,加以解释。所谓仔仔细细就是:多一些典雅,少一些粗暴;多一些温柔,少一些莽撞;总之,多一些人性,少一些兽性;如此而已。

至于如何回忆生活,首先必须指出:这是古今中外一个常见的现象。一个人,不管活得多长多短,一生中总难免有什么难以忘怀的事情。这倒不一定都是喜庆的事情,比如洞房花烛夜,金榜题名时之类。这固然使人终身难忘。反过来,像夜走麦城这样的事,如果关羽能够活下来,他也不会忘记的。

总之,我认为,回想一些俱往矣类的事情,总会有点好处。回想喜庆的事情,能使人增加生活的情趣,提高向前进的勇气。回忆倒霉的事情,能使人引以为鉴,不至再蹈覆辙。

现在,我在这里,必须谈一个无论如何也绕不过去的问题:死亡问题。我已经活了九十五年。无论如何也必须承认这是高龄。但是,在另一方面,它离开死亡也不会太远了。

一谈到死亡,没有人不厌恶的。我虽然还不知道,死亡究竟是什么样子,我也并不喜欢它。

写到这里,我想加上一段非无意义的问话。对于寿命的态度,东西方是颇不相同的。中国人重寿,自古已然。汉瓦当文延年益寿,可见汉代的情况。人名李龟年之类,也表示了长寿的愿望。从长寿再进一步，就是长生不老。李义山诗："嫦娥应悔窃灵药，碧海青天夜夜心。"灵药当即不死之药。这也是一些人，包括几个所谓英主在内，所追求的境界。汉武帝就是一个狂热的长生不老的追求者。精明如唐太宗者，竟也为了追求长生不老而服食玉石散之类的矿物，结果是中毒而死。

上述情况，在西方是找不到的。没有哪一个西方的皇帝或国王会追求长生不老。他们认为，这是无稽之谈，不屑一顾。

我虽然是中国人，长期在中国传统文化熏陶下成长起来的；但是，在寿与长生不老的问题上，我却倾向西方的看法。中国民间传说中有不少长生不老的故事，这些东西侵入正规文学中，带来了不少的逸趣，但始终成不了正果。换句话说，就是，中国人并不看重这些东西。

中国人是讲求实际的民族。人一生中，实际的东西是不少的。其中最突出的一个东西就是死亡。人们都厌恶它，但是却无能为力。

上文中我已经涉及死亡问题，现在再谈一谈。一个九十五岁的老人，若不想到死亡，那才是天下之怪事。我认为，重要的事情，不是想到死亡，而是怎样理解死亡。世界上，包括人类在内，林林总总，生物无虑上千上万。生物的关键就在于生，死亡是生的对立面，是生的大敌。既然是大敌，为什么不铲除之而后快呢？铲除不了的。有生必有死，是人类进化的规律。是一切生物的规律，是谁也违背不了的。

对像死亡这样的谁也违背不了的灾难，最有用的办法是先承认它，不去同它对着干，然后整理自己的思想感情。我多年以来就有一个座右铭："纵浪大化中，不喜亦不惧。应尽便须尽，无复独多虑。"是陶渊明的一首诗。"该死就去死，不必多嘀咕。"多么干脆利落！我目前的思想感情也还没有超过这个阶段。江文通《恨赋》最后一句话是："自古皆有死，莫不饮恨而吞声。"我相信，在我上面说的那些话的指引下，我一不饮恨，二不吞声。我只是顺其自然，随遇而安。

我也不信什么轮回转世。我不相信，人们肉体中还有一个灵魂。在人们的躯体还没有解体的时候灵魂起什么作用，自古以来，就没有人说得清楚。我想相信，也不可能。

对你目前的九十五岁高龄有什么想法？我既不高兴，也不厌恶。这本来是无意中得来的东西，应该让它发挥作用。比如说，我一辈子舞笔弄墨，现在为什么不能利用我这一支笔杆子来鼓吹升平，增强和谐呢？现在我们的国家是政通人和海晏河清。可以歌颂的东西真是太多太多了。歌颂这些美好的事物，九十五年是不够的。因此，我希望活下去。岂止于此，相期以茶。

2006年8月8日

反躬自省

我在上面，从病原开始，写了发病的情况和治疗的过程，自己的侥幸心理，掉以轻心，自己的瞎鼓捣，以至酿成了几乎不可收拾的大患，进了301医院，边叙事、边抒情、边发议论、边发牢骚，一直写了一万三千多字。现在写作重点是应该换一换的时候了。换的主要枢纽是反求诸己。

301医院的大夫们发扬了三高的医风，熨平了我身上的创伤，我自己想用反躬自省的手段，熨平我自己的心灵。

我想从认识自我谈起。

每一个人都有一个自我，自我当然离自己最近，应该最容易认识。事实证明正相反，自我最不容易认识。所以古希腊人才发出了Know thyself的惊呼。一般的情况是，人们往往把自己的才能、学问、道德、成就等等评估过高，永远是自我感觉良好。这对自己是不利的，对社会也是有害的。许多人事纠纷和社会矛盾由此而生。

不管我自己有多少缺点与不足之处，但是认识自己我是颇能做到一些的。我经常剖析自己。想回答："自己究竟是一个什么样的人？"这样一个问题。我自信能够客观地实事求是地进行分析的。我认为，自己决不是什么天才，决不是什么奇材异能之士，自己只不过是一个中不溜丢的人；但也不能说是蠢材。我说不出，自己在哪一方面有什么特别的天赋。绘画和音乐我都喜欢，但都没有天赋。在中学读书时，在课堂上偷偷地给老师画像，我的同桌同学画得比我更像老师，我不得不心服。我羡慕许多同学都能拿出一手儿来，唯独我什么也拿不出。

我想在这里谈一谈我对天才的看法。在世界和中国历史上，确实有过天才；我都没能够碰到。但是，在古代，在现代，在中国，在外国，自命天才的人却层出不穷。我也曾遇到不少这样的人。他们那一副自命不凡的天才相，令人不敢向迩。别人嗤之以鼻，而这些"天才"则巍然不动，挥斥激扬，乐不可支。此种人物列入儒林外史》是再合适不过的。我除了敬佩他们的脸皮厚之外，无话可说。我常常想，天才往往是偏才。他们大脑里一切产生智慧或灵感的构件集中在某一个点上，别的地方一概不管，这一点就是他的天才之所在。天才有时候同疯狂融在一起，画家梵高就是一个好例子。

在伦理道德方面，我的基础也不雄厚和巩固。我决没有现在社会上认为的那样好，那样清高。在这方面，我有我的一套"理论"。我认为，人从动物群体中脱颖而出，变成了人。除了人的本质外，动物的本质也还保留了不少。一切生物的本能，即所谓"性"，都是一样的，即一要生存，二要温饱，三要发展。在这条路上，倘有障碍，必将本能地下死力排除之。根据我的观察，生物还有争胜或求胜的本能，总想压倒别的东西，一枝独秀。这种本能人当然也有。我们常讲，在世界上，争来争去，不外名利两件事。名是为了满足求胜的本能，而利则是为了满足求生。二者联系密切，相辅相成，成为人类的公害，谁也铲除不掉。古今中外的圣人贤人们都尽过力量，而所获只能说是有限。

至于我自己，一般人的印象是，我比较淡泊名利。其实这只是一个假象,我名利之心兼而有之。只因我的环境对我有大裨益,所以才造成了这一个假象。我在四十多岁时,一个中国知识分子当时所能追求的最高荣誉,我已经全部拿到手。在学术上是中国科学院学部委员,即后来的院士。在教育界是一级教授。在政治上是全国政协委员。学术和教育我已经爬到了百尺竿头,再往上就没有什么阶梯了。我难道还想登天做神仙吗?因此,以后几十年的提升提级活动我都无权参加,只是领导而已。假如我当时是一个二级教授——在大学中这已经不低了——,我一定会渴望再爬上一级的。不过,我在这里必须补充几句。即使我想再往上爬,我决不会奔走、钻营、吹牛、拍马,只问目的,不择手段。那不是我的作风,我一辈子没有干过。

写到这里就跟一个比较抽象的理论问题挂上了钩:什么叫好人?什么叫坏人?什么叫好?什么叫坏?我没有看过伦理教科书,不知道其中有没有这样的定义。我自己悟出了一套看法,当然是极端粗浅的,甚至是原始的。我认为,一个人一生要处理好三个关系:天人关系,也就是人与大自然的关系;人人关系,也就是社会关系;个人思想和感情中矛盾和平衡的关系。处理好了,人类就能够进步,社会就能够发展。好人与坏人的问题属于社会关系。因此,我在这里专门谈社会关系,其他两个就不说了。

正确处理人与人的关系,主要是处理利害关系。每个人都有自己的利益,都关心自己的利益。而这种利益又常常会同别人有矛盾的。有了你的利益,就没有我的利益。你的利益多了,我的就会减少。怎样解决这个矛盾就成了广大芸芸众生最棘手的问题。

人类毕竟是有思想能思维的动物。在这种极端错综复杂的利益矛盾中,他们绝大部分人都能有分析评判的能力。至于哲学家所说的良知和良能,我说不清楚。人们能够分清是非善恶,自己处理好问题。在这里无非是有两种态度,既考虑自己的利益,为自己着想,也考虑别人的利益,为别人着想。极少数人只考虑自己的利益,而又以残暴的手段攫取别人的利益者,是为害群之马,国家必绳之以法,以保证社会的安定团结。

这也是衡量一个人好坏的基础。地球上没有天堂乐园,也没有小说中所说的"君子国"。对一般人民的道德水平不要提出过高的要求。一个人除了为自己着想外能为别人着想的水平达到百分之六十,他就算是一个好人。水平越高,当然越好。那样高的水平恐怕只有少数人能达到了。

大概由于我水平太低,我不大敢同意"毫不利己,专门利人"这种提法,一个"毫不",再加上一个"专门",把话说得满到不能再满的程度。试问天下人有几个人能做到。提这个口号的人怎样呢?这种口号只能吓唬人,叫人望而却步,决起不到提高人们道德水平的作用。

至于我自己,我是一个谨小慎微,性格内向的人。考虑问题有时候细入毫发。我考虑别人的利益,为别人着想,我自认能达到百分之六十。我只能把自己划归好人一类。我过去犯过许多错误,伤害了一些人。但那决不是有意为之,是为我的水平低修养不够所支配的。在这里,我还必须再做一下老王,自我吹嘘一番。在大是大非问题前面,我会一反谨小慎微的本性,挺身而出,完全不计个人利害。我觉得,这是我身上的亮点,颇值得骄傲的。总之,我给自己的评价是:一个平平常常的好人,但不是一个不讲原则的滥好人。

现在我想重点谈一谈对自己当前处境的反思。

我生长在鲁西北贫困地区一个僻远的小村庄里。晚年,一个幼年时的伙伴对我说:"你们家连贫农都够不上!"在家六年,几乎不知肉味,平常吃的是红高粱饼子,白馒头只有大奶奶给吃过。没有钱买盐,只能从盐碱地里挖土煮水酶咸菜。母亲一字不识,一辈子季赵氏,连个名都没有捞上。

我现在一闭眼就看到一个小男孩,在夏天里浑身上下一丝不挂,滚在黄土地里,然后跳入浑浊的小河里去冲洗。再滚,再冲;再冲,再滚。

"难道这就是我吗?"

"不错,这就是你!"

六岁那年,我从那个小村庄里走出,走向通都大邑,一走就走了将近九十年。我走过阳关大道,也跨过独木小桥。有时候歪打正着,有时候也正打歪着。坎坎坷坷,跌跌撞撞,磕磕碰碰,推推搡搡,云里,雾里。不知不觉就走到了现在的九十二岁,超过古稀之年二十多岁了。岂不大可喜哉!又岂不大可惧哉!我仿佛大梦初觉一样,糊里糊涂地成为一位名人。现在正住在301医院雍容华贵的高干病房里。同我九十年前出发时的情况相比,只有李后主的"天上人间"四个字差堪比拟于万一。我不大相信这是真的。

我在上面曾经说到,名利之心,人皆有之。我这样一个平凡的人,有了点名,感到高兴,是人之常情。我只想说一句,我确实没有为了出名而去钻营。我经常说,我少无大志,中无大志,老也无大志。这都是实情。能够有点小名小利,自己也就满足了。可是现在的情况却不是这样子。已经有了几本传记,听说还有人正在写作。至于单篇的文章数量更大。其中说的当然都是好话,当然免不了大量溢美之词。别人写的传记和文章,我基本上都不看。我感谢作者,他们都是一片好心。我经常说,我没有那样好,那是对我的鞭策和鼓励。

我感到惭愧。

常言道："人怕出名猪怕壮。"一点小小的虚名竟能给我招来这样的麻烦,不身历其境者是不能理解的。麻烦是错综复杂的,我自己也理不出个头绪来。我现在,想到什么就写点什么,绝对是写不全的。首先是出席会议。有些会议同我关系实在不大。但却又非出席不行,据说这涉及会议的规格。在这一项大帽子下面,我只能勉为其难了。其次是接待来访者,只这一项就头绪万端。老朋友的来访,什么时候都会给我带来欢悦,不在此列。我讲的是陌生人的来访,学校领导在我的大门上贴出布告:谢绝访问。但大多数人却熟视无睹,置之不理,照样大声敲门。外地来的人,其中多半是青年人,不远千里,为了某一些原因,要求见我。如见不到,他们能在门外荷塘旁等上几个小时,甚至住在校外旅店里,每天来我家附近一次。他们来的目的多种多样;但是大体上以想上北大为最多。他们慕北大之名;可惜考试未能及格。他们错认我有无穷无尽的能力和权力,能帮助自己。另外想到北京找工作也有,想找我签个名照张相的也有。这种事情说也说不完。我家里的人告诉他们我不在家。于是我就不敢在临街的屋子里抬头,当然更不敢出门,我成了"囚徒"。其次是来信。我每天都会收到陌生人的几封信。有的也多与求学有关。有极少数的男女大孩子向我诉说思想感情方面的一些问题和困惑。据他们自己说,这些事连自己的父母都没有告诉。我读了真正是万分感动,遍体温暖。我有何德何能,竟能让纯真无邪的大孩子如此信任!据说,外面传说,我每信必复。我最初确实有这样的愿望。但是,时间和精力都有限。只好让李玉洁女士承担写回信的任务。这个任务成了德国人口中常说的"硬核桃"。其次是寄来的稿子，要我"评阅"，提意见，写序言，甚至推荐出版。其中有洋洋数十万言之作。我哪里有能力有时间读这些原稿呢？有时候往旁边一放，为新来的信件所覆盖。过了不知多少时候，原作者来信催还原稿。这却使我作了难。"只在此室中，书深不知处"了。如果原作者只有这么一本原稿，那我的罪孽可就大了。其次是要求写字的人多，求我的"墨宝"，有的是楼台名称，有的是展览会的会名，有的是书名，有的是题词，总之是花样很多。一提''墨宝"，我就汗颜。小时候确实练过字。但是，一入大学，就再没有练过书法，以后长期居住在国外，连笔墨都看不见，何来"墨宝"。现在，到了老年，忽然变成了"书法家"，竟还有人把我的"书法"拿到书展上去示众，我自己都觉得可笑！有比较老实的人，暗示给我：他们所求的不过"季羡林"三个字。这样一来，我的心反而平静了一点，下定决心：你不怕丑，我就敢写，其次是广播电台，电视台，还有一些什么台，以及一些报刊杂志编辑部的录像采访。这使我最感到麻烦。我也会说一些谎话的；但我的本性是有时嘴上没遮掩，有时说溜了嘴，在过去，你还能耍点无赖，硬不承认。今天他们人人手里都有录音机，"君子一言，驷马难追"，同他们订君子协定，答应删掉；但是，多数是原封不动，合盘端出，让你哭笑不得。上面的这一段诉苦已经够长的了；但是还远远不够，苦再诉下去，也了无意义，就此打住。

我虽然有这样多麻烦；但我并没有被麻烦压倒。我照常我行我素，做自己的工作。我一向关心国内外的学术动态。我不厌其烦地鼓励我的学生阅读国内外与自己研究工作有关的学术刊物。一般是浏览，重点必须细读。为学贵在创新。如果连国内外的新都不知道，你的新何从创起？我自己很难到大图书馆看杂志了。幸而承蒙许多学术刊物的主编不弃,定期寄赠。我才得以拜读,了解了不少当前学术研究的情况和结果,不致闭目塞听。我自己的研究工作仍然照常进行。遗憾的是,许多多年来就想研究的大题目,曾经积累过一些材料,现在拿起来一看,顿时想到自己的年龄,只能像玄奘当年那样,叹一口气说:"自量气力,不复办此。"

对当前学术研究的情况,我也有自己的一套看法,仍然是顿悟式地得来的。我觉得,在过去,人文社会科学学者在进行科研工作时,最费时间的工作是搜集资料,往往穷年累月,还难以获得多大成果。现在电子计算机光盘一旦被发明,大部分古籍都已收入。不费吹灰之力,就能涸泽而渔。过去最繁重的工作成为最轻松的了。有人可能掉以轻心,我却有我的忧虑。将来的文章由于资料丰满可能越来越长,而疏漏则可能越来越多。光盘不可能把所有的文献都吸引进去,而且考古发掘还会不时有新的文献呈现出来。这些文献有时候比已有的文献还更重要,万万不能忽视的。好多人都承认,现在学术界急功近利浮躁之风已经有所抬头,剽窃就是其中最显著的表现,这应该引起人们的戒心。我在这里抄一段朱子的话,献给大家。朱子说:"圣人言语,一步是一步。近来一类议论,只是跳蹿。初则两三步做一步,甚则十数步做一步,又甚则千百步作一步。所以学之者皆颠狂。"(《朱子语类》124)。愿与大家共勉力戒之。

天上人间

大家一看就知道,这个题目来自南唐李后主的词:"流水落花春去也,天上人间。"这是表示他生活中巨大的落差的:从一个偏安的小君主一落而为宋朝的阶下囚,这落差真可谓大矣。我们平头老百姓是没有这些福气的。

但是,比这个较小的生活落差,我们还会有的。我现在已住在医院中,是赫赫有名的301医院。这一所医院规模大、设备全、护士大夫水平高、敬业心强。

在这里治病,当然属于天上。

现在就让我在北京找一个人间的例子,我还真找不出来,因为我没有到过几家医院。

在这里,我只有乞灵于回忆了。

大约在六七十年以前,当时还在济南读书,父亲在故乡清平官庄病倒了。叔父和我不远数百里回老家探亲。父亲直挺挺地躺在土炕上,面色红润,双目甚至炯炯有光,只是不能说话。

那时候,清平官庄一带没有医生,更谈不到医院。只有北边十几里路的地方,有一个地主大庄园,这个地主被誉为医生。谁也不会去打听,他在哪里学的医。只要有人敢说自己是医生,百姓就趋之若鹜了。我当然不能例外。我从二大爷那里要了一辆牛车。隔几天上午就从官庄乘牛车,嘎悠嘎悠走十多里路去请大夫,决不会忘记在路上某一小村买一木盒点心。下午送大夫回家的时候,又不会忘记到某一小村去抓一服草药。

当时正是夏天,青纱帐茁起,正是绿林大王活动的好时候,青纱帐深处好像有许多只不怀好意的眼睛在瞅着我们,并不立即有什么行动,但是威胁是存在的。我并不为我自己担心,我贫无立锥之地,不管山大王或山小王,都不会对我感什么兴趣;但是坐在车里面的却有大地主身。平常时候,青纱帐一起,他就蛰伏在大庄园内,决不出门。现在为了给我这个大学生一个面子,冒险出来,给我父亲治病。

但是,结果怎样呢?结果是:暑假完了,父亲死了,牛车不再嘎悠了,点心匣子不再提了,秋收完毕,青纱帐消失了,地主可以安居大庄园里了。总之,父亲生病和去世这个过程,正好提供了一个与今天301医院相反的例子。现在是天上,那时是人间。如此而已。

死的浮想

但是,我心中并没有真正达到我自己认为的那样的平静,对生死还没有能真正置之度外。

就在住进病房的第四天夜里,我已经上了床躺下,在尚未入睡之前我偶尔用舌尖舔了舔上颚,蓦地舔到了两个小水泡。这本来是可能已经存在的东西,只是没有舔到过而已。今天一旦舔到,忽然联想起邹铭西大夫的话和李恒进大夫对我的要求,舌头仿佛被火球烫了一下,立即紧张起来。难道水泡已经长到咽喉里面来了吗?

我此时此刻迷迷糊糊,思维中理智的成分已经所余无几,剩下的是一些接近病态的本能的东西。一个很大的"死"字突然出现在眼前,在我头顶上飞舞盘旋。在燕园里,最近十几年来我常常看到某一个老教授的门口开来救护车,老教授登车的时候心中作何感想,我不知道,但是,在我心中,我想到的却是"风萧萧兮易水寒,壮士一去兮不复还!"事实上,复还的人确实少到几乎没有。我今天难道也将变成了荆轲吗?我还能不能再见到我离家时正在十里飘香绿盖擎天的季荷呢!我还能不能再看到那一个对我依依不舍的白色的波斯猫呢?

其实,我并不是怕死。我一向认为,我是一个几乎死过一次的人。十年浩劫中,我曾下定决心"自绝于人民"。我在上衣口袋里,在裤子口袋里装满了安眠药片和安眠药水,想采用先进的资本主义自杀方式,以表示自己的进步。在这千钧一发之际,押解我去接受批斗的牢头禁子猛烈地踢开了我的房门,从而阻止了我到阎王爷那里去报到的可能。批斗回来以后,虽然被打得鼻青脸肿,帽子丢掉了,鞋丢掉了一只,身上全是革命小将,也或许有中将和老将吐的痰。游街仪式完成后,被一脚从汽车上踹下来的时候,躺在11月底的寒风中,半天爬不起来。然而,我"顿悟"了。批斗原来是这样子呀!是完全可以忍受的。我又下定决心,不再自寻短见,想活着看一看,"看你横行到几时。"

一个人临死前的心情,我完全有感性认识。我当时心情异常平静,平静到一直到今天我都难以理解的程度。老祖和德华谁也没有发现,我的神情有什么变化。我对自己这种表现感到十分满意,我自认已经参透了生死奥秘,渡过了生死大关,而沾沾自喜,认为自己已经修养得差不多了,已经大大地有异于常人了。

然而黄铜当不了真金,假的就是假的,到了今天,三十多年已经过去了,自己竟然被上颚上的两个微不足道的小水泡吓破了胆,使自己的真相完全暴露于光天化日之下,这完全出乎我的意料。我自己辩解说,那天晚上的行动只不过是一阵不正常的歇斯底里爆发。但是正常的东西往往寓于不正常之中。我虽已经痴长九十二岁,对人生的参透还有极长的距离。今后仍须加紧努力。

节选自《在病中》,2002年

笑着走

走者,离开这个世界之谓也。赵朴初老先生,在他生前曾对我说过一些预言式的话。比如,1986年,朴老和我奉命陪班禅大师乘空军专机赴尼泊尔公干。专机机场在大机场的后面。当我同李玉洁女士走进专机候机大厅时,朴老对他的夫人说:"这两个人是一股气。"后来又听说,朴老说:别人都是哭着走,独独季羡林是笑着走。这一句话给我留下了很深的印象。我认为,他是十分了解我的。

现在就来分析一下我对这一句话的看法。应该分两个层次来分析:逻辑分析和思想感情分析。

先谈逻辑分析。

江淹的《恨赋》最后两句是:"自古皆有死,莫不饮恨而吞声。"第一句话是说,死是不可避免的。对待不可避免的事情,最聪明的办法是,以不可避视之,然后随遇而安,甚至逆来顺受,使不可避免的危害性降至最低点。如果对生死之类的不可避免性进行挑战,则必然遇大灾难。"服食求神仙,多为药所误"。秦皇、汉武、唐宗等等都是典型的例子。既然非走不行,哭又有什么意义呢?反不如笑着走更使自己洒脱、满意、愉快。这个道理并不深奥,一说就明白的。我想把江淹的文章改一下:既然自古皆有死,何必饮恨而吞声呢?

总之,从逻辑上来分析,达到了上面的认识,我能笑着走,是不成问题的。

但是,人不仅有逻辑,他还有思想感情。逻辑上能想得通的,思想感情未必能接受。而且思想感情的特点是变动不居。一时冲动,往往是靠不住的。因此,想在思想感情上承认自己能笑着走,必然有长期的磨练。

在这里,我想,我必须讲几句关于朴老的话。很多人都知道,朴老一生吃素,不近女色,他有特异功能,是理所当然的。他是虔诚的佛教徒,一生不妄言。他说我会笑着走,我是深信不疑的。

我虽然已经九十五岁,但自觉现在讨论走的问题,为时尚早。再过十年,庶几近之。

2006 年 3 月 19 日